GÊNERO, NEOCONSERVADORISMO E DEMOCRACIA

GÊNERO, NEOCONSERVADORISMO E DEMOCRACIA

DISPUTAS E RETROCESSOS NA AMÉRICA LATINA

FLÁVIA BIROLI,
MARIA DAS DORES CAMPOS MACHADO
E JUAN MARCO VAGGIONE

© Boitempo, 2020
© Flávia Biroli, Maria das Dores Campos Machado, Juan Marco Vaggione, 2020

Todos os direitos reservados.

Esta publicação recebeu apoio da Fundação de Apoio à Pesquisa do Distrito Federal (FAP-DF), edital 04/2017.

Direção-geral Ivana Jinkings
Edição Isabella Marcatti
Coordenação de produção Juliana Brandt
Assistência de produção Livia Viganó
Assistência editorial Pedro Davoglio
Preparação e assistência editorial Carolina Mercês
Revisão Sílvia Balderama Nara
Capa e diagramação Antonio Kehl
imagem de capa: *Blue Girl*, de Edgar Garcia, Washington D.C.

Equipe de apoio Artur Renzo, Débora Rodrigues, Dharla Soares, Elaine Ramos, Frederico Indiani, Heleni Andrade, Higor Alves, Ivam Oliveira, Kim Doria, Luciana Capelli, Marina Valeriano, Marissol Robles, Marlene Baptista, Maurício Barbosa, Raí Alves, Thais Rimkus, Tulio Candiotto.

CIP-BRASIL. CATALOGAÇÃO NA PUBLICAÇÃO
SINDICATO NACIONAL DOS EDITORES DE LIVROS, RJ

B523g

Biroli, Flavia
  Gênero, neoconservadorismo e democracia : disputas e retrocessos na América Latina / Flavia Biroli, Juan Marco Vaggione, Maria das Dores Campos Machado. - 1. ed. - São Paulo : Boitempo, 2020.

  Inclui bibliografia
  ISBN 978-65-5717-016-8

  1. América Latina - Política e governo. 2. Democracia - América Latina. 3. Igualdade de gênero - América Latina - Condições sociais. 4. Minorias sexuais - América Latina - Condições sociais. 5. Mulheres - América Latina - Condições sociais. I. Vaggione, Juan Marco. II. Machado, Maria das Dores Campos. III. Título.

20-65989
CDD: 327.8
CDU: 327.39(8)

Leandra Felix da Cruz Candido - Bibliotecária - CRB-7/6135

É vedada a reprodução de qualquer parte deste livro sem a expressa autorização da editora.

1ª edição: setembro de 2020
1ª reimpressão: abril de 2025

BOITEMPO
Jinkings Editores Associados Ltda.
Rua Pereira Leite, 373
05442-000 São Paulo SP
Tel.: (11) 3875-7250 | 3875-7285
editor@boitempoeditorial.com.br | boitempoeditorial.com.br
blogdaboitempo.com.br | youtube.com/tvboitempo

SUMÁRIO

Apresentação   7

Introdução. Matrizes do neoconservadorismo religioso na América Latina – *Juan Marco Vaggione, Maria das Dores Campos Machado e Flávia Biroli*   13

1. A restauração legal: o neoconservadorismo e o direito na América Latina – *Juan Marco Vaggione*   41

2. O neoconservadorismo cristão no Brasil e na Colômbia – *Maria das Dores Campos Machado*   83

3. Gênero, "valores familiares" e democracia – *Flávia Biroli*   135

Conclusão – *Maria das Dores Campos Machado, Juan Marco Vaggione e Flávia Biroli*   189

Bibliografia   203

APRESENTAÇÃO

A segunda década do século XXI tem sido considerada pela mídia e por analistas políticos um momento de inflexão do que se convencionou chamar a "onda vermelha" na América Latina. E isso porque foi na década de 2010 que se iniciou o desmantelamento dos governos de centro-esquerda que vinham se desenvolvendo em países da região. Da destituição de Fernando Lugo (Paraguai, 2012) e Dilma Rousseff (Brasil, 2016) ao golpe de Estado contra Evo Morales (Bolívia, 2019), passando pelas eleições de Pedro Pablo Kuczynski (Peru, 2016), Sebastián Piñera (Chile, 2010 e 2018) e Jair Bolsonaro (Brasil, 2018), uma parcela importante das sociedades latino-americanas vem enfrentando processos marcados, a um só tempo, por grande instabilidade política e pelo recrudescimento do conservadorismo religioso e do neoliberalismo. Embora reúna atores com perfis ideológicos e interesses materiais variados, a direita que vem assumindo a máquina estatal nesses países tem como ponto comum ignorar as políticas de direitos humanos e os tratados internacionais assinados para garantir direitos nos campos da sexualidade e da reprodução. Ainda que se saiba que a "onda vermelha" foi menos que "rosa" em muitos países e que governos de centro-esquerda não garantiram, necessariamente, a expansão desses direitos, estamos diante de uma correlação de forças que amplia o espaço e o potencial de atuação dos grupos conservadores religiosos e de seus aliados seculares.

Não bastassem as consequências para mulheres e populações LGBTQI, em muitos países a recusa desses direitos vem acompanhada de políticas que transformam movimentos sociais em inimigos políticos e, por meio de diferentes estratégias, procuram subtrair legitimidade às agendas de justiça social. "Feminismo radical" e "marxismo cultural" são expressões-chave não só nas ações contra direitos de mulheres e pessoas LGBTQI, mas também contra os direitos de meninas e meninos, sempre em nome dos "valores familiares". É nesse contexto que as reações globais contra as agendas da igualdade de gênero e da diversidade sexual ganham contornos regionais.

Este livro é fruto de uma investigação transnacional realizada no decorrer de 2018 e 2019 e de um profícuo diálogo envolvendo as duas autoras e o autor sobre as relações entre gênero, religião, direitos e democracia. De forma sucinta, a obra analisa as novas configurações do conservadorismo religioso e os conflitos em torno das agendas da igualdade de gênero e da diversidade sexual na América Latina, levando em conta sua relação com a democracia.

Um dos argumentos centrais dos autores é que a forma atual do conservadorismo latino-americano está relacionada a uma temporalidade marcada pelos avanços dos movimentos feministas e LGBTQI e expressa coalizões políticas de grupos cristãos com setores não religiosos da direita. Nesse sentido, dedica atenção ao combate à "cultura da morte" e à "ideologia de gênero", que têm destaque entre as novas estratégias utilizadas pelos conservadores para restringir as agendas da igualdade de gênero e da diversidade sexual. Afirmam-se, assim, na oposição a direitos reivindicados historicamente por movimentos feministas, de mulheres e LGBTQI. Trata-se, ainda, de uma tática que permite reposicionar o Estado laico e a relação entre autoridade estatal, autoridade paterna e direitos individuais. O redesenho das normas jurídicas e do próprio Estado é, assim, fundamental a essa empreitada.

Nossa atenção a atores e estratégias vai além de um diagnóstico descritivo. Em um esforço para compreender em que consistem os padrões atuais da reação ao gênero, desenvolvemos uma moldura teórica na qual têm especial relevância o conceito de neoconservadorismo e a conexão entre as disputas em torno do gênero e os processos correntes de erosão da democracia. A originalidade da obra se deve, em grande parte, ao caráter interdisciplinar da análise, que procurou articular os debates mais relevantes sobre as temáticas aqui elencadas nos campos da ciência política, da sociologia e do direito.

O livro está organizado em três capítulos, antecedidos por uma introdução e seguidos de uma conclusão. Na introdução, os autores procuram estabelecer um marco teórico no qual se destaca a investigação sobre o que há de novo na reação conservadora ao gênero. Acompanhando outros estudos, propõem a utilização do conceito de neoconservadorismo, fundamentando essa proposta na identificação das diferentes dimensões do conservadorismo religioso atual.

Em seguida, no primeiro capítulo do livro, Juan Marco Vaggione articula as mudanças nas formulações discursivas e nas estratégias de atuação da Igreja católica na esfera pública contemporânea, que têm o propósito de restaurar a ordem moral nos países latino-americanos. Ele chama atenção para a crescente importância do campo jurídico nas relações atuais das religiões com a política na região. O conceito de juridificação[1] reativa é proposto em referência ao uso do direito por atores religiosos e seculares, em sua defesa de princípios morais que consideram violados pelas demandas dos movimentos feministas e LGBTQI.

No segundo capítulo, Maria das Dores Campos Machado analisa a participação de mulheres cristãs, em especial as evangélicas, na promoção da lógica normativa neoconservadora. Investigando os casos da Colômbia e do Brasil, examina também a política de ocupação das agências estatais por evangélicos/evangélicas e católicos/católicas, a partir das eleições de Iván Duque e Jair Bolsonaro em 2018, e as ações de cristãos/cristãs para desmontar as políticas sexuais e de gênero desenvolvidas no Brasil pelo Partido dos Trabalhadores (PT) a partir da eleição de Luiz Inácio Lula da Silva para a Presidência da República em 2002. A autora também apresenta informações sobre as redes regionais que têm se formado para a promoção de uma moralidade antagônica àquela que fundamenta o respeito aos direitos sexuais e reprodutivos. Elas são fundamentais para que se possa compreender o escopo regional das disputas políticas de que tratamos.

O terceiro capítulo, escrito por Flávia Biroli, situa os conflitos relacionados ao gênero no contexto de consolidação das democracias na América Latina e, mais recentemente, nos processos de erosão da democracia que têm tido expressão em países da região. Sistematizando o debate teórico sobre desdemocratização, discute o lugar do gênero nesses processos. A análise de protestos de rua contra a "ideologia de gênero" em diferentes países, a partir de 2016, coloca em cena enquadramentos que promovem a defesa da família, enquanto são contestados valores democráticos como a pluralidade, a igualdade e o direito à crítica, abarcando um amplo leque de direitos individuais. Em nome da família

---

[1] O termo juridificação tem diferentes dimensões. Nós o usamos em dois sentidos vinculados: por um lado, o crescente uso de instrumentos e normas legais para resolver os conflitos sociais e políticos e, por outro, o processo pelo qual as pessoas começam a considerar-se como sujeitos legais e portadores de direitos. O fenômeno da judicialização, que é uma das dimensões da juridificação, implica o uso crescente do poder judicial para a resolução de conflitos. Embora seja importante para compreender certos processos na América Latina, como a judicialização da política, é insuficiente para dar conta de outros usos do direito que ultrapassam inclusive as cortes e o Judiciário. Daí a opção feita neste livro pelo termo mais amplo, "juridificação", considerando o conjunto de processos que analisamos. Para uma discussão aprofundada sobre as diferentes dimensões da juridificação, ver Lars Chr. Blichner e Anders Molander, "Mapping Juridification", *European Law Journal*, v. 14, n. 1, dez. 2007.

e das tradições, a produção intelectual difundida para combater a "ideologia de gênero" movimenta narrativas que têm o objetivo de deslegitimar os movimentos feministas e LGBTQI, a produção de conhecimento sobre o gênero e também as agendas de justiça social que fizeram parte da ampliação do sistema internacional de direitos humanos nas últimas décadas. Dessa perspectiva, o próprio conceito de democracia adquire novos sentidos.

Por fim, a conclusão, escrita conjuntamente, retoma a ideia de disputas entre moralidades distintas para tratar do problema que perpassa todo o livro: a atualização do conservadorismo religioso, que entendemos ser um fenômeno que se desenvolve em uma temporalidade marcada pelos avanços no campo dos direitos sexuais e reprodutivos, por deslocamentos nas relações de gênero e na moral sexual, mas também por mudanças na correlação de forças no campo religioso. Nesse ponto, são particularmente importantes, na América Latina, o declínio do catolicismo e a expansão do pentecostalismo. Novas alianças entre católicos e evangélicos têm sido firmadas para o combate aos direitos reprodutivos e sexuais. Eles convergem no interesse mais amplo de renaturalização da moral religiosa como ética pública (e a batalha contra o gênero serve bem a esse interesse), mas há divergências que podem se manifestar em disputas concretas por espaços e recursos.

A politização reativa das demandas dos movimentos sociais, ancorada na ideia de "defesa da família", permeia o direito e a política institucional. O primeiro é um espaço privilegiado para o reenquadramento dos próprios direitos, renaturalizando a moralidade cristã como fundamento da lei. A segunda oferece um paradoxo: foi por canais democráticos que atores conservadores religiosos ampliaram sua atuação na região nas últimas décadas e que as novas alianças mencionadas se constituíram, mas essa atuação, marcadamente antipluralista, contribui para a erosão das democracias. A disputa entre moralidades, analisada em todos os capítulos, inclui novos padrões de ação e de mobilização de enquadramentos, que abrem oportunidades para lideranças de extrema direita, colocam em xeque valores democráticos e reforçam tendências autoritárias.

Com este livro, esperamos contribuir para as pesquisas em curso, em especial para um olhar que permita, ao mesmo tempo, destrinchar especificidades nacionais, entender padrões regionais e conectar o que se passa na América Latina às dinâmicas globais da reação ao gênero.

Gostaríamos de registrar que fizemos esforços para encontrar alternativas às marcas de gênero na linguagem. Como sabemos, a adoção do masculino como se fosse neutro e universal contribui para apagar sujeitos e perspectivas. Esse é, no entanto, um enorme desafio, sobretudo quando a língua demarca o gênero extensamente, como no caso do português. Para evitar prejuízos à fluência e à clareza do texto, optamos pela regra gramatical padrão, mas evitando, sempre que possível, o artifício da neutralidade.

Não poderíamos finalizar esta apresentação sem uma série de agradecimentos a instituições e pessoas que tornaram possível esta publicação.

Registramos nosso agradecimento à Fundação de Apoio à Pesquisa do Distrito Federal (FAP-DF), que financiou a pesquisa "Democracia, direitos e a ofensiva contra a 'ideologia de gênero'" (Edital 04/2017), a qual deu origem a este livro. Da mesma forma, agradecemos ao Conselho Nacional de Desenvolvimento Científico e Tecnológico (CNPq) pelas bolsas de produtividade em pesquisa concedidas a Flávia Biroli e a Maria das Dores Campos Machado para o desenvolvimento de seus projetos de investigação científica. Durante o período em que trabalhava na finalização do livro, Flávia Biroli também se beneficiou da estrutura concedida pela Jesus College, na Universidade de Oxford, à qual esteve vinculada como *fellow* entre janeiro e março de 2020.

Ao longo dos dois anos em que foi realizada, a pesquisa contou com bolsistas de iniciação científica (FAP-DF), a quem agradecemos: Angela Castellanos Aranguren, Betânia Alves, Davi Gomes, Henrique do Amaral, João Victor Gonzalez, João Vitor Martins e Natália Oliveira. Também colaboraram para a pesquisa Daniel Jacó, Raniery Teixeira e Rayani Mariano, que nesse período desenvolveram, respectivamente, dissertações de mestrado sobre as reações ao programa Escola sem Homofobia e à chamada "ideologia de gênero" no Congresso Nacional e tese de doutorado sobre as disputas em torno da definição de família na Câmara dos Deputados (nos três casos, no programa de pós-graduação em ciência política da Universidade de Brasília).

O diálogo com colegas de nossas próprias instituições e de diferentes universidades, centros de pesquisa e organizações não governamentais foi também fundamental para a compreensão da complexidade das disputas de que tratamos aqui. Pelas parcerias ou pelo tempo que nos concederam para conversas sobre o contexto nacional ao qual têm dedicado suas pesquisas e/ou atuado em defesa de direitos das mulheres e da população LGBTQI, agradecemos especialmente a Andreza de Souza Santos, Céli Pinto, Conny Roggeband, Constanza Tabbush, Daniel Jones, Danusa Marques, Eleonor Faur, Fanni Muñoz, Franklin Gil Hernandez, Gina Romero, Gisela Zaremberg, Javier Armando Pineda Duque,

Joluzia Batista, José Fernando Serrano Amaya, José Luis Pérez Guadalupe, José Manuel Morán Faúndes, Juan Esquivel, Laura Alexandra Castro Gonzalez, Luciana Ballestrin, Maria Alicia Gutiérrez, Maria Angélica Peñas Defago, Maria Mercedes Acosta, Mariana Caminotti, Marlise Matos, Mauricio Albarracin, Oscar Amat y Leon, Patricia Ruiz-Bravo, Sonia Alvarez, Stéphanie Rousseau, Susana Chavez, Viviana Carolina Machuca e William Maurício Beltran Cely. Nosso agradecimento especial a Sonia Corrêa, que generosamente leu e fez apontamentos importantes nos originais. Equívocos ou limites analíticos que ainda possam existir são, é claro, de nossa inteira responsabilidade. Com essa lista certamente incompleta, estendemos nossos agradecimentos às redes de pesquisadoras que têm se dedicado a compreender as reações contra a agenda da igualdade de gênero e da diversidade sexual na América Latina e às ativistas comprometidas com a defesa dos direitos e da integridade física e psíquica de mulheres, de meninas e meninos e da população LGBTQI na região.

Agradecemos também às pessoas queridas que nos apoiaram no cotidiano de trabalho, dentro e fora de casa. Sem seu cuidado, seu tempo e sua compreensão, a circulação para a realização da pesquisa e o diálogo com pesquisadores, assim como a produção deste livro, seriam bem mais difíceis – e, em alguns casos, impossíveis.

Por fim, ressaltamos a importância de ambientes acadêmicos plurais, nos quais exista liberdade para a pesquisa e para o ensino, assim como condições materiais adequadas para a realização dessas atividades. O ensino público e o apoio à pesquisa científica são, sem dúvida, pilares fundamentais da produção de conhecimento e do desenvolvimento e fortalecimento da democracia na região.

INTRODUÇÃO
MATRIZES DO NEOCONSERVADORISMO RELIGIOSO NA AMÉRICA LATINA

Juan Marco Vaggione, Maria das Dores Campos Machado e Flávia Biroli

Nas últimas quatro décadas, temos observado o fortalecimento político de atores coletivos com agendas conflitantes na América Latina: os movimentos feministas e LGBTQI, por um lado, e os segmentos católicos carismáticos e evangélicos pentecostais, por outro. Enquanto os primeiros atuam para promover a igualdade de gênero e pela extensão dos direitos sexuais e reprodutivos, os setores pentecostal e católico também adotam uma política de identidade e representação, mas com uma agenda de defesa da liberdade religiosa, da família e da moral sexual cristã. Sem desconsiderar a heterogeneidade existente nos dois lados, quando se trata das disputas em torno do gênero e da sexualidade, é possível detectar o antagonismo entre uma agenda marcada pelo pluralismo ético e outra orientada por concepções morais unitárias.

O conservadorismo, assim como suas configurações atuais que, como defendemos neste livro, permitem falar em neoconservadorismo, não se restringe a atores, agendas e linguagem de caráter religioso. Entretanto, religiosos conservadores e seu apelo a uma "maioria cristã" são centrais aos processos e disputas de que tratamos aqui. Eles têm reafirmado, em diversos espaços, uma perspectiva moral que serviria de base para a regulação da vida social e reprodutiva de toda a população.

Longe de ser um remanescente do passado, a política estabelecida por esses atores religiosos projeta e impacta os debates públicos na maioria das sociedades latino-americanas. Isso demanda uma avaliação cuidadosa da relação entre religião e política, compreendendo seus padrões atuais.

A análise que apresentamos aborda essa relação numa temporalidade específica, a da reação dos atores religiosos conservadores à agenda da igualdade de gênero e da diversidade sexual, pauta incorporada ao sistema internacional de direitos humanos e, mais especificamente, às diretrizes da Organização das Nações Unidas (ONU) a partir dos anos 1990. No início deste século, essa reação se intensificaria, com maior mobilização no âmbito do Judiciário, do Legislativo e de protestos de rua em "defesa da família" e contra o gênero. A noção de "ideologia de gênero", que tem origem nos anos 1990, seria, nesse processo, transformada em uma estratégia política que facilitou a atuação conjunta de diferentes atores conservadores e forneceu novos recursos para a mobilização popular. Assim, ao tratarmos das relações entre religião e política e do neoconservadorismo, voltamos nossa atenção a um conjunto específico de ações, assim como aos atores nele engajados, com um olhar regional para a América Latina.

Sem desconsiderar, é claro, o que foi produzido nas décadas anteriores, um novo conjunto de problemas passou a ser analisado. Isso se deu à medida que as novas democracias latino-americanas, constituídas a partir dos anos 1980, transformaram-se em um espaço de disputas de movimentos feministas e LGBTQI contra movimentos de caráter conservador. Ao mesmo tempo, nos anos 2010, o impacto político das ações contra o gênero ultrapassou o escopo das disputas em torno de legislação e de políticas públicas específicas, sendo notado em diferentes processos na região, como o acordo de paz entre o governo colombiano e as Forças Armadas Revolucionárias da Colômbia (Farc) em 2016, as eleições na Costa Rica e no Brasil em 2018 e, nesse mesmo ano, a oposição à paridade de gênero na participação política no Paraguai.

Em grande parte, o interesse pelo assunto veio do ativismo, que encontrou na influência política dos religiosos um dos principais obstáculos ao reconhecimento dos direitos sexuais e reprodutivos[1]. Acadêmicos do campo da sociologia e da antropologia da religião têm participado intensamente do debate com coletivos feministas e LGBTQI e produzido estudos importantes sobre os desafios que os grupos religiosos colocam para a agenda dos direitos sexuais e reprodutivos na América Latina[2].

---

[1] Ver Yury Puello Orosco, "Mulheres, aids e religião", *Cadernos de Católicas pelo Direito de Decidir*, n. 10, 2002, disponível em: <http://catolicas.org.br/biblioteca/publicacoes/mulheres-aids-religiao/>, acesso em: 12 maio 2020; Marta Vasallo, "Fundamentalismos religiosos *vs.* Estado laico", em *Defensa de los derechos sexuales en contextos fundamentalistas* (Buenos Aires/Córdoba, CDD/IGLHRC, 2006); Sonia Corrêa e Richard Parker (orgs.), *Sexualidade e política na América Latina: histórias, interseções e paradoxos* (Rio de Janeiro, Abia/Sexuality Policy Watch, 2011), disponível em: <http://www.sxpolitics.org/ptbr/wp-content/uploads/2011/07/dialogo-la_total_final.pdf>, acesso em: 17 jan. 2020; Marco Aurélio Maximo Prado e Sonia Corrêa, "Retratos transnacionais e nacionais das cruzadas antigênero", *Revista Psicologia Política*, São Paulo, v. 18, n. 43, set.-dez. 2018, p. 444-8, disponível em: <http://pepsic.bvsalud.org/scielo.php?script=sci_arttext&pid=S1519-549X2018000300003&lng=pt&nrm=iso>, acesso em: 17 jan. 2020.

[2] Ver Maria José F. Rosado-Nunes e Regina Soares Jurkewicz, "Aborto: surgimento do grupo Católicas pelo Direito de Decidir", em Elisabete Aparecida Pinto e Ivan Antônio Almeida (orgs.), *Religiões: tolerância e igualdade no espaço da diversidade*, São Paulo, Fala Preta! Organização de

Apesar do impacto político dessa questão nas democracias que se organizaram nas últimas décadas e em processos políticos recentes, na área de ciência política especificamente, ainda são poucos os estudos que assumem tal enfoque[3]. Consideramos, no entanto, que as relações históricas entre religião e política são incontornáveis para a análise do Estado na região, assim como para o entendimento das disputas e das formas correntes de polarização. Um olhar atento a esses processos pode contribuir para uma melhor compreensão da relação entre religião e democracia, assim como das clivagens políticas atuais. Estudos recentes têm também reposicionado essa discussão, abordando suas conexões com o neoliberalismo[4].

Este livro se insere no debate em questão a partir de reflexões realizadas em diferentes áreas disciplinares, levantando algumas questões que perpassam todos os capítulos. São elas:

• Qual o contexto em que se definem as disputas entre movimentos feministas e LGBTQI, de um lado, e movimentos conservadores que se opõem à agenda dos primeiros, de outro?

• Quais atores estão engajados nessas disputas e quais são as principais agendas em que a controvérsia pública se estabelece?

• O conservadorismo contra o gênero que ganhou expressão mundo afora – e, especificamente, na América Latina – no início do século XXI é uma continuidade de fenômenos anteriores ou estamos lidando com um fenômeno de novo tipo?

Mulheres Negras, v. 2, 2004, p. 251-83; Luiz Fernando Dias Duarte, Marcelo Natividade, Edilaine Gomes e Raquel A. Menezes (orgs.), *Valores religiosos e legislação no Brasil: a tramitação de projetos de lei sobre temas morais controversos* (Rio de Janeiro, Garamond, 2009); Juan Esquivel, "Religion and Politics in Argentina: Religious Influence on Legislative Decisions on Sexual and Reproductive Rights", *Latin American Perspectives*, 22 fev. 2016, p. 133-43; Macarena Sáez e José Manuel Morán Faúndes, *Sexo, delitos y pecados: intersecciones entre religión, sexualidad y el derecho en América Latina* (Washington, DC, Center for Latin American & Latino Studies – American University, 2016); Ana Cristina González Vélez et al. (orgs.), *Develando la retórica del miedo de los fundamentalismos: la campaña "Con mis hijos no te metas" en Colombia, Ecuador y Perú* (Lima, Centro de la Mujer Peruana Flora Tristán, 2018); entre outros.

[3] Mala Htun, *Sex and the State: Abortion, Divorce, and the Family under Latin American Dictatorships and Democracies* (Cambridge, Cambridge University Press, 2003); Joanildo Burity, "A cena da religião pública: contingência, dispersão e dinâmica relacional", *Novos Estudos Cebrap*, São Paulo, n. 102, jun. 2015, p. 89-105.

[4] Flávia Biroli, "O recesso da democracia e as disputas em torno da agenda de gênero", *Blog da Boitempo*, 24 maio 2019; Elzbieta Korolczuk e Agnieszka Graff, "Gender as 'Ebola from Brussels': The Anti-Colonial Frame and the Rise of Illiberal Populism", *Signs: Journal of Women in Culture and Society*, v. 43, n. 4, 2018; Conny Roggeband e Andrea Krizsán, "Reversing Gender Policy Progress: Patterns of Backsliding in Central and Eastern European New Democracies", *European Journal of Gender and Politics*, v. 1, n. 3, 2018, p. 367-85.

• Considerando que o gênero, situado nessas disputas, se transformou em uma nova clivagem política e eleitoral, quais são as consequências da reação que aqui analisamos? Em especial, quais são seus efeitos em um contexto de crescente polarização política, em que se tem falado no fortalecimento do iliberalismo e na erosão das democracias?

Nesta introdução, oferecemos uma moldura conceitual e teórica para essas questões, embora não seja nosso objetivo esgotá-las; não pretendemos dar conta neste livro de tudo o que envolve a reação à igualdade de gênero e à diversidade sexual na América Latina nas últimas décadas, mas sim colaborar para a compreensão dos padrões atuais dessa reação.

Sabemos que as disputas em torno de direitos relacionados à posição das mulheres na sociedade e, em especial, à reprodução e à sexualidade, não são propriamente novas. Nosso entendimento, no entanto, é de que há algo novo que precisa ser descrito e explicado. Partimos, assim, de uma análise da temporalidade do fenômeno para, em seguida, definir conceitualmente nosso objeto e explicar por que mobilizamos a noção de neoconservadorismo.

Temporalidade

Embora venha sendo discutida no meio acadêmico desde os anos 1980, a noção de gênero levou certo tempo para se tornar comum em documentos internacionais e, principalmente, em debates parlamentares, campanhas eleitorais e protestos na América Latina. A temporalidade das disputas em torno do conceito de gênero está diretamente relacionada a diferentes moralidades – mobilizadas por atores diversos e, em alguns casos, até antagônicos – no que se refere às desigualdades entre mulheres e homens e ao controle da sexualidade. Está também relacionada ao processo de ressignificação da agenda de direitos humanos e da própria noção de cidadania, em um período de consolidação das democracias liberais em diversas partes do mundo.

O fato de que tenha dimensões acadêmicas e políticas é revelador da posição ocupada pela produção teórica feminista. Essa produção tem, simultaneamente, registrado, revelado e colocado em xeque fundamentos das desigualdades e das violências relacionadas a estruturas e dinâmicas patriarcais e heteronormativas. Em tal campo de produção intelectual, que se expandiu justamente nesse período, o diálogo com agendas e lutas políticas dos movimentos sociais e o horizonte de intervenção pública estiveram sempre presentes.

Na década de 1970, intelectuais feministas começaram a recorrer ao termo *gênero* para tratar das relações entre os sexos, compreendendo que as distinções que definem o feminino e o masculino são fundamentalmente sociais[5]. A abordagem histórica dessas diferenças e a compreensão relacional dos papéis e das identidades se tornariam matrizes relevantes para as pesquisas acadêmicas.

Citada com frequência em documentos religiosos e por atores conservadores de diversos países que mobilizam a noção de "ideologia de gênero", Judith Butler publicaria, em 1990, um livro que teria grande impacto nesse debate, *Gender Trouble: Feminism and the Subversion of Identity*[6]. Nele, questionava frontalmente o binarismo e a noção de que há um fundamento sexual natural que possa ser contraposto à construção cultural dos papéis sociais. "[A categoria] sexo é, ela própria, uma categoria generificada" e não uma realidade prévia na qual a cultura se inscreve[7]. Quando a segunda edição do livro foi publicada pela editora estadunidense Routledge em 1999, a noção de gênero já havia sido mobilizada em conferências da Organização das Nações Unidas, incorporada a documentos internacionais e mencionada em textos de intelectuais católicos e documentos da Igreja.

É interessante observar que, apesar disso, no prefácio substantivo que escreveu para a edição de 1999, o foco de Butler está nos conflitos no próprio campo feminista, uma vez que também nele a abordagem de gênero foi controversa e despertou debates[8]. O que ela disse naquele momento serviria, no entanto, para pensar nas reações que foram sendo construídas, estabelecendo uma nova linguagem e uma estratégia política de novo tipo: "A vida do texto excedeu minhas intenções, e isso é, em parte, certamente o resultado de um contexto de recepção em transformação"[9].

Uma nova temporalidade se estabeleceria com a politização reativa da reprodução e da sexualidade[10], mas também da própria noção de gênero; o

---

[5] Ver Gayle Rubin, "The Traffic in Women: Notes on the 'Political Economy' of Sex", em Rayna R. Reiter (org.), *Toward an Anthropology of Women* (Nova York, Monthly Review Press, 1975), p. 157-210; e Joan W. Scott, "Gender: A Useful Category of Historical Analysis", *The American Historical Review*, v. 91, n. 5, 1986, p. 1.053-75.

[6] Judith Butler, *Gender Trouble: Feminism and the Subversion of Identity* (2. ed., Nova York/Londres, Routledge, 1999) [ed. bras.: *Problemas de gênero: feminismo e subversão da identidade*, trad. Renato Aguiar, São Paulo, Civilização Brasileira, 2003].

[7] Ibidem, p. 11 (tradução nossa).

[8] Toril Moi, *What Is a Woman?* (Oxford, Oxford University Press, 1999).

[9] Judith Butler, *Gender Trouble*, cit., p. VII (tradução nossa).

[10] Juan Marco Vaggione, "La Iglesia católica frente a la política sexual: la configuración de una ciudadanía religiosa", *Cadernos Pagu*, Campinas, n. 50, 2017, disponível em: <http://www.scielo.br/scielo.php?script=sci_arttext&pid=S0104-83332017000200303&lng=pt&nrm=iso>, acesso em: 2 maio 2018.

recurso à expressão "ideologia de gênero" é importante na medida em que nos ajuda a compreendê-la. Presente na produção de intelectuais argentinos e estadunidenses desde meados dos anos 1990[11], o primeiro registro dessa expressão em um documento da Igreja católica viria em 1998, com a divulgação do informe "Ideologia de gênero: seus perigos e alcances" pela Comissão da Mulher da Conferência Episcopal Peruana. O informe se baseava no livro *The Gender Agenda: Redefining Equality*, publicado em 1997 pela jornalista Dale O'Leary. Na IV Conferência Mundial sobre a Mulher, promovida pela Organização das Nações Unidas em Pequim em 1995, O'Leary havia tido atuação destacada como representante de organizações da direita católica estadunidense.

Os relatos feitos por Françoise Girard e Sonia Corrêa[12] sobre o que a última definiu como "a constituição paulatina de uma política antigênero" apontam para algo que se assemelha, embora em outra dimensão, ao que Judith Butler disse no prefácio à segunda edição de *Gender Trouble*, mencionado há pouco. A atuação conservadora, que envolveu organizações estadunidenses, países da América Central alinhados à Santa Sé e mesmo uma articulação inesperada entre Vaticano e Estados islâmicos, como o Sudão[13], consistia em uma reação que demandou novos posicionamentos. As feministas que participaram da Conferência de Pequim, muitas delas presentes na Conferência das Nações Unidas sobre o Meio Ambiente e o Desenvolvimento (ECO-92) no Rio de Janeiro, em 1992, e na Conferência Internacional sobre População e Desenvolvimento das Nações Unidas no Cairo, em 1994, encontraram pela primeira vez resistência expressa ao uso do termo "gênero". Foram, assim, "provocadas a explicar gênero" para elas mesmas e para os outros[14].

Os debates da Conferência de Pequim se situam em um processo de longa duração, no qual controle populacional e controle da sexualidade estão em disputa. Uma das novidades de tal processo nos anos 1990 foi a atividade de

---

[11] José Manuel Morán Faundes, "The Geopolitics of Moral Panic: The Influence of Argentinian Neo-Conservatism in the Genesis of the Discourse of 'Gender Ideology'", *International Sociology*, 2019, v. 34, n. 4, p. 402-17.

[12] Ver Sonia Corrêa, "A 'política do gênero': um comentário genealógico", *Cadernos Pagu*, Campinas, n. 53, 2018, disponível em: <https://periodicos.sbu.unicamp.br/ojs/index.php/cadpagu/article/view/8653407>, acesso em: 12 maio 2020.

[13] Idem.

[14] Françoise Girard, "Negotiating Sexual Rights and Sexual Orientation at UN", em Richard Parker, Rosalind Petchesky e Robert Sember (orgs.), *SexPolitics: Reports from the Front Lines*, 2007, p. 338, disponível em: <http://www.sxpolitics.org/frontlines/book/pdf/sexpolitics.pdf>, acesso em: 28 fev. 2018, citado em Sonia Corrêa, "A 'política do gênero'", cit.

lideranças e movimentos feministas, pautando essas duas questões de modo a confrontar perspectivas morais convencionais, além de controvérsias históricas relacionadas ao controle reprodutivo.

A publicação *Women's Declaration on Population Policies*, lançada em maio de 1993 como um desdobramento da intensa discussão sobre população, reprodução e direitos humanos em curso naquele momento, foi aprovada na conferência Saúde Reprodutiva e Justiça, que aconteceu no Rio de Janeiro em janeiro de 1994, em preparação para a Conferência Internacional sobre População e Desenvolvimento, que aconteceria no Cairo em setembro do mesmo ano[15]. Nesse documento, fica claro que a consolidação dos direitos das mulheres como direitos humanos caminhava em conjunto com o valor da autonomia e a reivindicação de um lugar permanente para os movimentos feministas nas mesas de negociação sobre esses temas.

O primeiro princípio ético ressaltado no documento é que "as mulheres devem ser sujeitos, e não objetos, de qualquer política para o desenvolvimento, especialmente das políticas populacionais". Em seguida, elenca-se entre as condições necessárias para que essas diretrizes se consolidem a participação de mulheres engajadas com a agenda de direitos em ao menos 50% das posições decisórias e a alocação para grupos de *advocacy* pelos direitos das mulheres de ao menos 20% dos recursos financeiros disponíveis para programas de população e desenvolvimento.

Assim, ainda que se possa destacar a persistência do conservadorismo no que diz respeito ao controle da reprodução e da sexualidade – sobretudo se tivermos em mente o foco na família heteronormativa como instituição social a ser preservada –, a noção de gênero e a participação ativa dos movimentos feministas nas disputas pela normatização de direitos nos anos 1990 constituem uma inflexão que instauraria novas temporalidades políticas. O conceito de neoconservadorismo, que será discutido nesta introdução, nos ajuda a situar as disputas de que tratamos, defini-las e compreendê-las em seu contexto.

População e autonomia reprodutiva foram, sem dúvida, questões centrais na década de 1990 e no período das conferências da ONU. Já as disputas em torno da sexualidade se apresentavam como um dos eixos principais de controvérsias mobilizadas por ativistas lésbicas[16]. A desvinculação entre o debate

---

[15] Sonia Corrêa, "A 'política do gênero'", cit.
[16] Idem.

sobre direitos e abordagens morais naturalistas era necessária para romper com a ideia de que há corpos e sexualidades legítimos e ilegítimos. Nesse sentido, afastar-se do sexo como natureza significava mais do que analisar as desigualdades entre homens e mulheres produzidas pela divisão sexual do trabalho, com os estereótipos de gênero que a fundamentam. Embora também nesse caso uma suposta natureza do feminino e do masculino fosse colocada em questão[17], o debate sobre gênero em sua vertente butleriana questionava fundamentalmente a dualidade entre os sexos.

Há problemas tanto para aqueles que recusavam o conceito de gênero como para aqueles que hoje mobilizam a noção de "ideologia de gênero" nas disputas públicas. Autonomia reprodutiva e direitos sexuais deslocam sentidos e hierarquias que organizam a ordem patriarcal na modernidade, como a santificação da maternidade e a definição da reprodução como o fim único da união conjugal entre dois adultos, formando a família como célula básica da sociedade.

Entre os atores conservadores, a natureza é situada como determinante das aptidões e dos papéis, prevalecendo sobre as dinâmicas sociais. A complementaridade entre os sexos não é entendida como uma questão do âmbito da cultura ou da crítica, mas como aquilo que seria necessário preservar em nome da ordem natural e social.

Os ataques ao gênero podem ser vistos como tentativas de bloquear a reorganização das relações entre mulheres e homens permitida por novos recursos anticonceptivos, com a contestação da dupla moralidade que os acompanha[18]. São também, em sua essência, reações à "proliferação de sexualidades e gêneros" que se deu no momento em que feministas lésbicas e movimentos LGBTQI passaram a ser reconhecidos como atores políticos no ambiente transnacional, gerando impacto nacional em diversas partes do mundo[19]. Reprodução e sexualidade foram politizadas e ganharam novos espaços e sentidos na agenda de direitos humanos, ainda que isso nunca tenha se dado sem conflitos e resistência.

Na temporalidade política que se abre nos anos 1990, a Igreja católica teve papel relevante na defesa de uma certa concepção ética da natureza, abrangendo a reprodução e a identidade sexual. No discurso teológico que prevaleceu

---

[17] Para uma análise da divisão sexual do trabalho como produtora do gênero, ver Flávia Biroli, *Gênero e desigualdades: limites da democracia no Brasil* (São Paulo, Boitempo, 2018), cap. 1.

[18] Ibidem, cap. 3 e 4.

[19] Sonia Corrêa, "A 'política do gênero'", cit.

nos documentos do Vaticano nessa época, a alegação da existência de uma "cultura da morte" baseada em uma "mentalidade contraceptiva" precedeu o recurso à noção de "ideologia de gênero". A primeira elaboração já apontava para a necessidade de uma atuação política dos católicos, reconhecendo sua abrangência para além da questão do aborto[20]. A encíclica *Evangelium vitae*, publicada em 1995 sob o papado de João Paulo II, faz dessa questão uma chave para a posição teológica assumida pela Igreja, na qual a "cultura da morte" é definida como uma ameaça à família, ao sexo matrimonial e à reprodução[21].

Quase dez anos depois, a publicação intitulada *Carta aos bispos da Igreja católica sobre a colaboração do homem e da mulher na Igreja e no mundo*, de 2004, período final do papado de Karol Wojtyła (papa João Paulo II), apostava fortemente na noção de complementaridade. Afirmava, então, que homens e mulheres têm naturezas distintas e deveriam trabalhar juntos, opondo-se a uma abordagem na qual prevalecessem conflitos ou uma análise crítica de hierarquias. Em nome de uma "antropologia cristã", como esclarece Machado[22], o documento situava o feminino e o masculino como dimensões ontológicas da criação, transpondo, portanto, as transformações históricas e a cultura.

A *Carta* foi assinada por Joseph Ratzinger, o futuro papa Bento XVI, quando ele ainda liderava a Congregação para a Doutrina da Fé. Nela, ainda se lê que "o homem, por seu temperamento, está mais apto a lidar com assuntos externos e negócios públicos", enquanto "a mulher tem maior compreensão dos delicados problemas da vida doméstica e familiar e um toque mais seguro para resolvê-los, o que, é claro, não significa negar que algumas podem mostrar grande capacidade em qualquer esfera da vida pública". Essa abordagem das identidades supera, assim, a sexualidade e pode ser definida como uma moral familista unitária, em contraposição ao pluralismo ético que referenciou os movimentos feministas e LGBTQI.

Os documentos católicos mencionados estabeleceram as bases epistemológicas das campanhas contra a igualdade de gênero e a diversidade sexual que ganhariam as ruas e parlamentos na segunda década do século XXI, seguindo-se

---

[20] Donald DeMarco, *The Contraceptive Mentality* (São Francisco, CA, Ignatius Press, 1983), disponível em: <https://www.catholicculture.org/culture/library/view.cfm?id=3417>, acesso em: 12 maio 2020.

[21] Ver Juan Marco Vaggione, "La Iglesia católica frente a la política sexual", cit.

[22] Maria das Dores Campos Machado, "O discurso cristão sobre a 'ideologia de gênero'", *Revista Estudos Feministas*, v. 26, n. 2, 2018.

a movimentações no âmbito do Judiciário, nas quais já assumiam a forma de uma politização reativa[23].

Na década de 2010, a "ideologia de gênero" se difundiu como estratégia política eficaz. Como uma espécie de "cola simbólica"[24], tem, desde então, viabilizado a atuação conjunta de atores cujos interesses são originalmente distintos. Católicos e evangélicos conservadores têm se unido para bloquear avanços no campo dos direitos sexuais, redefinir o sentido dos direitos e das políticas públicas e, em alguns casos, legitimar a censura. Contam com profissionais das áreas de direito, ciência política e psicologia, entre outras, e com políticos cuja identidade pública não é necessariamente de cunho religioso. No Brasil, reações ao Programa Nacional de Direitos Humanos de 2009 (PNDH-3) e ao Plano Nacional de Educação para o decênio de 2011-2020 mostraram a forma aguda que as disputas assumiriam a partir de então. Ao mesmo tempo, o apelo popular dessa estratégia ficaria evidente no ciclo de protestos de rua dos anos 2010, inicialmente na Europa e, em seguida, a partir de 2016, em diversos países latino-americanos, a começar por Colômbia, México e Peru.

A educação referenciada pela igualdade de gênero e pela diversidade sexual é um eixo central das disputas, juntamente com a união entre pessoas do mesmo sexo e a adoção por casais assim formados. E há uma continuidade entre esses temas e a mobilização política que se estabelece em diferentes países.

Na França, por exemplo, desde 2010 organizações católicas conservadoras, algumas delas ligadas à Opus Dei, vinham atuando contra conteúdos associados à igualdade de gênero e à diversidade sexual nas escolas. Contudo, foi o projeto de legalização do casamento igualitário, apresentado pelo governo ao Parlamento em 7 de novembro de 2012 e aprovado em 23 de abril de 2013, que disparou manifestações com milhares de pessoas nas ruas de Paris[25]. Conhecidas como La Manif pour Touts [a manifestação por todos], iniciaram-se em 2012, mesmo ano do primeiro dos sucessivos protestos contra o conceito de gênero realizados na Polônia. Os movimentos antigênero colaboraram para

---

[23] Ver Juan Marco Vaggione, "Reactive Politicization and Religious Dissidence: The Political Mutations of the Religious", *Social Theory and Practice*, v. 31, n. 2, 2005, p. 233-55.

[24] Ver Eszter Kováts e Maari Põim (orgs.), *Gender as Symbolic Glue* (Budapeste/Bruxelas, FEPS/Friedrich-Ebert-Stiftung, 2015).

[25] Michael Stambolis-Ruhstorfer e Josselin Tricou, "Resisting Gender Theory in France", em Roman Kuhar e David Patternote (orgs.), *Anti-Gender Campaigns in Europe* (Londres/Nova York, Rowman & Littlefield, 2017).

a vitória da direita polonesa nas eleições de 2015, quando algumas de suas lideranças passaram a fazer parte do governo[26], e têm sido também associados aos avanços da extrema direita na Hungria[27].

Na América Latina, as políticas para a educação sexual integral, incluídas em planos educacionais e em legislações específicas em vários países a partir de 2010, e o reconhecimento do casamento igualitário por meio de leis específicas (Argentina, 2009; Uruguai, 2013) ou de decisões das cortes constitucionais (Brasil, 2011; Colômbia, 2016; Equador, 2019) também dispararam manifestações, que serão abordadas neste livro[28]. Entre elas, estão a Marcha de la Familia, na Colômbia, que levou milhares às ruas em 10 de agosto de 2016; a marcha organizada pela Frente Nacional por la Familia, no México, um mês depois; e, em novembro do mesmo ano, o lançamento da campanha #ConMisHijosNoTeMetas no Peru, que anteciparia marchas massivas naquele país a partir de março de 2017.

É importante retomar o argumento de que o recurso à "ideologia de gênero" como estratégia política tem sido uma forma de incidir sobre processos políticos mesmo quando o que está em questão não são diretrizes públicas específicas. É algo que será exemplificado nos capítulos a seguir.

Neste livro, o foco está nas reações ao gênero. Uma das questões propostas na obra diz respeito justamente a como defini-las, levando em conta a complexidade que procuramos abarcar na definição desse fenômeno. Uma moldura teórica que permita, ao mesmo tempo, conectá-lo a processos históricos e compreender sua novidade nos parece a mais adequada. Também nos parece necessário que a abordagem seja capaz de levar em consideração a multiplicidade de atores envolvidos, assim como o eixo atual das disputas entre atores progressistas e conservadores.

Neoconservadorismo

Uma das principais formas de caracterização dos atores religiosos contrários ao gênero e de suas agendas é considerá-los parte de um movimento conservador consolidado em toda a região. Contudo, o debate sobre o conceito de conservadorismo é muito vasto.

---

[26] Agnieszka Graff, "'Ideología de género': conceptos débiles, política poderosa", em Sara Bracke e David Paternotte (orgs.), *Habemus género! La Iglesia católica y la ideología de género* (Rio de Janeiro, Abia/Sexuality Policy Watch, 2018), p. 84-91.
[27] Ver Elzbieta Korolczuk e Agnieszka Graff, "Gender as 'Ebola from Brussels'", cit.
[28] Ver, neste volume, capítulos 2 e 3.

Entendemos que a noção de conservadorismo é posicional, e a ideologia e o movimento político conservadores se desenvolvem em resposta ou resistência a situações históricas de mudanças na estrutura social e política[29]. Ou seja, ideologia e iniciativas conservadoras tendem a aparecer quando segmentos sociais minoritários que desafiam a ordem estabelecida se fortalecem a ponto de ameaçar os fundamentos ideais e materiais das instituições.

Sabemos que rótulos são importantes quando temos como objetivo compreender um fenômeno social e político. Uma característica das publicações sobre a reação conservadora ao gênero é justamente a dispersão de rótulos utilizados para nomeá-la. Já foi definida como fundamentalismo[30], movimento antidireitos[31], contramovimento[32], movimento antigênero[33], neointegrismo[34], política de reconhecimento hiper-reacionária[35], entre outros rótulos. Apesar da variedade terminológica, os estudos tendem a identificar dimensões semelhantes desse fenômeno em diferentes países. Uma das dimensões é a defesa de uma concepção de ordem sexual e familiar considerada ameaçada.

A ordem sexual defendida, perante a dos movimentos feministas e LGBTQI, baseia-se na moralidade cristã, na legalidade e no caráter procriador do sexo. A definição do ato sexual por seu fim reprodutivo se estabelece em oposição à autonomia e ao prazer. Esses últimos são recusados como princípios legítimos

---

[29] Uma perspectiva influente nesse sentido é a de Huntington. Ver Samuel P. Huntington, "Conservatism as an Ideology", *The American Political Science Review*, v. 51, n. 2, jun. 1957, p. 454-73.

[30] Ver Ana Cristina González Vélez et al. (orgs.), *Develando la retórica del miedo de los fundamentalismos*, cit.

[31] Ver Mario Pecheny e Rafael de la Dehesa, "Sexuality and Politics in Latin America: An Outline for Discussion", em Sonia Corrêa, Richard Parker e Rafael de la Dehesa (orgs.), *Sexuality and Politics: Regional Dialogues from the Global South* (Rio de Janeiro, Abia/Sexuality Policy Watch, 2014), p. 96-135.

[32] Alba M. Ruibal, "Feminismo frente a fundamentalismos religiosos: mobilização e contramobilização em torno dos direitos reprodutivos na América Latina", *Revista Brasileira de Ciência Política*, v. 14, 2014, p. 111-38, disponível em: <https://dx.doi.org/10.1590/0103-335220141405>, acesso em: 12 maio 2020.

[33] Sonia Corrêa, "A 'política do gênero'", cit.

[34] Ver Montserrat Sagot, "¿Un paso adelante y dos atrás? La tortuosa marcha del movimiento feminista en la era del neointegrismo y del 'fascismo social' en Centroamérica", em Alba Carosio (org.), *Feminismo y cambio social en América Latina y el Caribe* (Buenos Aires, Clacso, 2012), p. 75-100.

[35] Nancy Fraser, *The Old Is Dying and the New Cannot Be Born* (Nova York, Verso, 2019) [ed. bras.: *O velho está morrendo e o novo não pode nascer*, trad. Gabriel Landi Fazzio, São Paulo, Autonomia Literária, 2020].

para o exercício da sexualidade e para sua regulação. Por sua vez, a concepção da família é baseada em uma definição exclusivamente heterossexual de casamento (heteronormativa), na qual crianças e mulheres são supervisionadas pelo páter-famílias (patriarcal). Qualquer tentativa de estender os limites morais e legais que definem a família para além do casamento heterossexual como fundador do parentesco é rejeitada.

Um termo mais recente, adotado em diferentes publicações e congressos, é neoconservadorismo[36]. Esse termo foi formulado inicialmente nos Estados Unidos, na segunda metade do século XX, para descrever as reações de intelectuais conservadores dos anos 1970 aos movimentos de contracultura[37].

A partir de então, seria utilizado não apenas para descrever o modo como as ideologias conservadoras se definiriam no contexto estadunidense, mas para lançar luz sobre os tipos de coalizões políticas estabelecidas entre diferentes atores – religiosos e não religiosos – visando manter a ordem patriarcal e o sistema capitalista, expressando-se com força no contexto latino-americano. Conceitualmente, permitiu uma aproximação entre conservadorismo cristão e individualismo liberal, assim como entre antipluralismo e neoliberalismo[38]. Na América Latina, é na análise de cristãos conservadores, particularmente evangélicos, que alguns autores têm explorado as afinidades eletivas com políticas neoliberais na forma da "teologia da prosperidade", de uma ênfase ampliada no mérito individual e no "empreendedorismo".

O termo neoconservador tem, como outros, várias limitações; no entanto, permite caracterizar o fenômeno em sua emergência no *momento político atual, ressaltando as coalizões diversas que o sustentam em um contexto específico*. Segundo Wendy Brown, ele se refere a uma racionalidade política que se expressa em forte regulação da moralidade sexual. Essa racionalidade promove uma forma de cultura política e de política de subjetivação que prioriza a mobilização do direito de proteger e garantir uma moral sexual baseada na defesa da família (heterossexual) e legitimada por seu potencial reprodutivo. Isso se dá justamente

---

[36] Camila Gianella Malca, Rachel Sieder e Maria Angélica Peñas Defago, "A New Conservative Social Movement? Latin America's Regional Strategies to Restrict Abortion Rights", *CMI Brief*, Bergen, v. 16, 2017, p. 1-5; ver também Marina Basso Lacerda, *O novo conservadorismo brasileiro* (Porto Alegre, Zouk, 2019).

[37] Ver Terence Ball, Richard Dagger e Daniel I. O'Neill, *Political Ideologies and the Democratic Ideal* (10. ed, Nova York, Routledge, 2017).

[38] Wendy Brown, "American Nightmare: Neoliberalism, Neoconservatism, and De-Democratization", *Political Theory*, v. 34, n. 6, 2006, p. 690-714.

à medida que outras moralidades ganham legitimidade no sistema internacional de direitos, assim como regional e nacionalmente.

A discussão de Michel Foucault sobre a governamentalidade inspira a interpretação de Brown[39] e outros autores que têm procurado associar o neoconservadorismo com uma nova forma de governo, alinhada com as exigências do neoliberalismo. E aqui não se trata da instituição governo, central nos estudos da filosofia e ciência política, mas do governo "no sentido amplo de técnicas e procedimentos destinados a dirigir a conduta dos homens"[40] e ou de produção de novas formas de subjetividades.

O neoconservadorismo pode, assim, ser analisado como uma lógica normativa e disciplinadora interiorizada pelos sujeitos contemporâneos, conformando-os ao "princípio universal da concorrência"[41]. Vai além de um projeto defensivo ou de uma tentativa de obter representação do Estado, consolidando-se como um modelo de governança e cidadania.

Um dos aspectos mais importantes da aliança entre neoliberais e conservadores, que engendra o neoconservadorismo, é que eles convergem em uma narrativa da crise que tem como lócus a família[42]. A presença mais intensa das mulheres no mercado de trabalho remunerado na segunda metade do século XX é vista como fator desestabilizante do casamento e da boa criação dos filhos.

Tirante o fato de que, para a maior parte das mulheres, nunca houve a possibilidade de não realizar trabalho remunerado, a apologia da família patriarcal projeta nela formas de segurança econômica disponíveis apenas para poucas[43]. Além disso, o divórcio e a autonomia sexual produziriam, na perspectiva dos neoconservadores, um quadro de irresponsabilidade masculina e de vulnerabilidade feminina, para o qual a solução seria a adoção de políticas "pró-casamento" e "pró-família"[44]. Trata-se de uma política de responsabilização

---

[39] Em "American Nightmare", artigo de 2006 já citado, mas também nos livros posteriores, *Undoing de Demos: Neoliberalism's Stealth Revolution* (Nova York, Zone Books, 2015) e o mais recente, *In the Ruins of Neoliberalism* (Nova York, Columbia University Press, 2019).

[40] Michel Foucault, "Do governo dos vivos (1979-1980)", em *Resumo dos cursos do Collège de France (1970-1982)* (trad. Andréa Daher, Rio de Janeiro, Zahar, 1997), p. 101.

[41] Pierre Dardot e Christian Laval, *A nova razão do mundo: ensaio sobre a sociedade neoliberal* (trad. Mariana Echalar, São Paulo, Boitempo, 2016).

[42] Melinda Cooper, *Family Values: Between Neoliberalism and the New Social Conservatism* (Boston, MIT Press, 2017).

[43] Flávia Biroli, *Família: novos conceitos* (São Paulo, Perseu Abramo, 2014).

[44] Idem.

fundamental à agenda neoliberal de privatização e desregulamentação[45]. Ainda que o "familismo" possa ser apreendido na aliança entre setores religiosos e não religiosos, parece-nos ser sobretudo no campo da regulação da reprodução e da sexualidade que os primeiros setores têm protagonismo.

O uso do conceito de neoconservadorismo permite identificar as principais mutações e matrizes que caracterizam as ações reativas e contemporâneas de setores religiosos diante das mudanças nas formas de regular a ordem sexual. O fenômeno se localiza em uma temporalidade política específica, marcada pelo impacto dos movimentos feministas e LGBTQI, como mencionado anteriormente. Conquistas importantes na esfera legal de várias sociedades, como a extensão da permissão para o aborto, o reconhecimento do casamento entre pessoas do mesmo sexo e a aprovação de leis de identidade de gênero, tiveram como consequência não intencional o surgimento de estratégias, discursos e atores renovados no campo conservador. As atuais rearticulações conservadoras respondem a uma politização reativa[46] gerada pelo impacto dos movimentos feministas e LGBTQI na América Latina, que levou alguns atores religiosos a adaptarem suas estratégias e seus argumentos para maximizar a influência nas formas de regular a sexualidade.

Sem ignorar a existência de diferenças e tensões no neoconservadorismo, o antagonismo com movimentos feministas e LGBTQI nos permite enxergar uma identidade comum e um projeto compartilhado. A configuração desses movimentos como um exterior constitutivo[47] permite homogeneizar atores e argumentos neoconservadores diferentes entre si. Em outras palavras, apesar da diversidade e das tensões internas ao campo de ação desses movimentos, é diferenciando-se dos movimentos feministas e LGBTQI e combatendo-os que a reação neoconservadora de que falamos ganhou identidade política.

Caracterizando seus antagonistas como movimentos ideológicos que deveriam ser rejeitados, os neoconservadores dão continuidade à lógica ativada por rótulos como "feminismo radical", "agentes de uma cultura da morte" e "hedonistas"; entretanto, a noção de "ideologia de gênero" como estratégia

---

[45] Ver Wendy Brown, *In the Ruins of Neoliberalism: The Rise of Antidemocratic Politics in the West* (Nova York, Columbia University Press, 2019).
[46] Juan Marco Vaggione, "Reactive Politicization and Religious Dissidence: The Political Mutations of the Religious in Social Theory and Practice", *Social Theory and Practice*, Tallahassee, v. 31, n. 2, 2005, p. 233-55.
[47] Chantal Mouffe, *En torno a lo político* (Buenos Aires, Fondo de Cultura Económica, 2007).

política consistiu em uma novidade que permitiu coalizões amplas desde os anos 1990 e aumentou a mobilização popular nos anos 2000, adquirindo centralidade política na América Latina na segunda década deste século, como discutido na seção anterior.

Para analisar esse fenômeno, propomos cinco dimensões que permitem identificar algumas matrizes das ações contemporâneas do conservadorismo religioso e que, com suas especificidades, envolvem atores católicos e evangélicos.

A primeira é que *o conceito de neoconservadorismo permite jogar luz sobre as alianças e afinidades entre diferentes setores.*

Nesta análise, interessam-nos particularmente as alianças e afinidades entre setores evangélicos e católicos, uma vez que a maioria dos pentecostais latino-americanos refutaram as iniciativas dos movimentos ecumênicos da segunda metade do século XX[48]. Há, porém, motivos para considerar essas alianças diversas para além dos atores religiosos. Estudos mostram que organizações empresariais, proprietários de terra e militares têm tido papel na organização de campanhas eleitorais e no peso que os atores neoconservadores têm assumido nos legislativos[49]. Do mesmo modo, o processo político brasileiro recente expõe uma aliança entre extrema direita, ultraneoliberais e militares na qual a reação ao gênero vem sendo um eixo central desde a campanha eleitoral de 2018 até as políticas de governo em diferentes ministérios.

Embora a região tenha uma longa experiência com a atuação da hierarquia católica junto ao Estado em defesa de uma moralidade reprodutiva e

---

[48] Marcado pela cissiparidade e pelo caráter plural, o universo protestante foi responsável pelas primeiras iniciativas ecumênicas na Europa e nos Estados Unidos. No caso da América Latina, região onde, durante séculos, a correlação de forças entre os cristãos foi bem desigual, favorecendo a Igreja católica, as ações ecumênicas ganharam força na segunda metade do século XX, mais precisamente depois do Concílio Vaticano II (1962-1965). As iniciativas de aproximação das igrejas cristãs mobilizaram segmentos luteranos, presbiterianos, anglicanos e católicos da região, mas geraram desconfianças nos grupos pentecostais, que adotaram uma posição crítica em relação ao ecumenismo. Sobre as raízes do movimento ecumênico, ver Antonio Gouvêa Mendonça, "O movimento ecumênico no século XX – algumas observações sobre suas origens e contradições", *Tempo e Presença: Digital*, ano 3, n. 12, set. 2008, disponível em: <http://koinonia.org.br/tpdigital/detalhes.asp?cod_artigo=236&cod_boletim=13&tipo=Artigo>, acesso em: 8 jul. 2020.

[49] Ana Cristina González Vélez e Laura Castro, "Colombia: educación sexual, diversidad y paz – el entramado de la 'ideología de género'", em Ana Cristina González Vélez et al. (orgs.), *Develando la retórica del miedo de los fundamentalismos*, cit. Ver também Anne Wilkinson, *Securing the Family: Transnational Pro-Family Activism in Mexico*, paper apresentado na Conferência Policêntrica IFJP-Flacso México Feminismos y Conservadurismos, Cidade do México, 2019.

matrimonial, o neoconservadorismo integra atores do campo evangélico e engendra novas formas de atuação política.

A aliança conjuntural entre atores católicos e evangélicos tradicionalistas, impelida pelo forte crescimento dos pentecostais em vários países do continente[50], defende a família heterossexual, a vida desde a concepção e a moralidade cristã. Opera unificando esses atores no debate e na ação política, como se não houvesse disputas morais dentro do catolicismo e do pentecostalismo, assim como entre ambos.

Essa aliança baseia-se na rejeição comum ao aborto e à homossexualidade, embora haja ênfases diferentes nesse sentido. O neoconservadorismo católico é inflexível quanto à questão do aborto, uma vez que não há, dessa perspectiva moral, possibilidade de exceções a sua criminalização. O catecismo da Igreja afirma que "a vida humana deve ser respeitada e protegida absolutamente desde o momento da concepção" e considera o aborto "seriamente contrário à lei moral". Quanto à homossexualidade, embora a considere um ato "intrinsecamente desordenado", a Igreja sustenta que os homossexuais "devem ser acolhidos com respeito, compaixão e delicadeza". Dessa maneira, os setores neoconservadores católicos tendem a ser mais tolerantes em questões relacionadas à homossexualidade – desde que o casamento seja exclusivo a casais heterossexuais – do que em relação ao aborto, cuja criminalização não permite exceções.

A desqualificação da homossexualidade também se faz presente entre neoconservadores evangélicos. Alguns grupos pentecostais adotam práticas de exorcismo para combatê-la ou criam centros com o propósito de oferecer acompanhamento espiritual e ajuda de terapeutas cristãos àqueles que não se enquadram na heteronormatividade. Na realidade, esse segmento constituiu nas últimas duas décadas um grupo de especialistas – no campo da psicologia e da advocacia – para garantir a reprodução dos valores cristãos e defender a liberdade de expressão dos líderes pentecostais sobre a temática da homossexualidade.

De modo geral, observa-se a oposição de políticos pentecostais às iniciativas legislativas e judiciárias a favor das minorias sexuais, em especial aquelas iniciativas que valorizam os laços afetivos na composição das famílias, criminalizam a homofobia e estendem o direito de adoção a casais do mesmo sexo. Assim, o tema da homossexualidade parece mobilizar mais os atores neoconservadores

---

[50] José Luis Pérez Guadalupe e Sebastian Grundberger (orgs.), *Evangélicos y poder en América Latina* (Lima, Instituto de Estudios Social Cristianos/Konrad Adenauer Stiftung, 2018).

evangélicos do que a questão da interrupção da gravidez. Como mostram pesquisas qualitativas na Argentina[51] e no Brasil[52], há posições diferenciadas sobre a ampliação dos permissivos do aborto entre os pentecostais.

Apesar das diferenças doutrinárias, das formas de organização e governo (eclesiástico, congregacional ou presbiteriano) e até do confronto histórico dos evangélicos com a Igreja católica, esses atores atualmente compartilham a agenda antigênero. Ela permitiu uma política de alianças dos líderes pentecostais com intelectuais e militantes católicos em várias sociedades da região. Mais do que isso, percebe-se uma tendência de mimetismo, com os setores pentecostais adotando configurações discursivas – associação do aborto à cultura da morte, narrativa da "ideologia de gênero" – e estratégias de intervenção na sociedade e nos círculos de poder político oriundas da Igreja católica, em especial do movimento da Renovação Carismática.

Chegamos, assim, a uma *segunda dimensão do neoconservadorismo: a acentuada juridificação da moralidade.*

Os setores religiosos conservadores levaram as preocupações sobre a regulamentação moral da sexualidade para o campo do direito, particularmente a área de direitos humanos, como estratégia e arena para enfrentar movimentos feministas e LGBTQI. Para o catolicismo, a sobreposição entre moral religiosa e leis seculares é um componente central de sua posição naturalista. Precisamente, diante da incorporação dos direitos sexuais e reprodutivos como parte dos direitos humanos, a Igreja católica ativou um discurso baseado em uma moral sexual universal, que reflete a defesa da família natural e da sexualidade vinculadas à reprodução.

Para o campo católico, os direitos humanos são uma prioridade política contra o avanço dos movimentos feministas e LGBTQI. Na visão do Vaticano, o impacto desses movimentos nas Nações Unidas em meados dos anos 1990 precisava ser contido. Esse posicionamento é, assim, um marco central na consolidação da reação neoconservadora: trata-se de redefinir sentidos e limites para os direitos, não simplesmente recusá-los.

Diante da inserção dos direitos sexuais e reprodutivos no campo dos direitos humanos, o Vaticano se mobiliza para renaturalizar o discurso sobre os

---

[51] Ver Daniel Jones e Paloma Dulbecco, "La grieta evangélica", *Crisis*, Buenos Aires, n. 36, 2019, p.18-21.

[52] Maria das Dores Campos Machado, "Aborto e ativismo religioso nas eleições de 2010", *Revista Brasileira de Ciência Política*, Brasília, n. 7, 2012, p. 25-37.

direitos humanos, defendendo uma moralidade sexual reprodutiva e unitária. Em 2000, o Pontifício Conselho para a Família da Santa Sé declarou: "Algumas agências internacionais, apoiadas por poderosos *lobbies*, querem impor" novos direitos "a nações soberanas, como 'direitos reprodutivos', que abrangem o acesso ao aborto, à esterilização, ao divórcio fácil, um 'estilo de vida' da juventude que incentiva a banalização do sexo, o enfraquecimento da justa autoridade dos pais na educação dos filhos"[53].

Essa defesa dos direitos humanos se reflete nas ações neoconservadoras de países da América Latina, tanto em debates jurídicos quanto em tribunais judiciais. A legitimidade desse discurso é familiar ao conservadorismo católico, que entende sua apropriação em defesa da vida e da família como uma estratégia relevante[54]. Na Argentina, por exemplo, organizações não governamentais (ONGs) "pró-vida" intervêm com estilo próprio em processos judiciais e debates parlamentares por meio de uma interpretação dos direitos humanos que nega direitos sexuais e reprodutivos.

Em debates políticos e jurídicos, tem-se observado a defesa dos direitos humanos de pais, de nascituros ou de crianças e adolescentes como os principais argumentos a favor da vida e da família, contra a agenda feminista e LGBTQI[55]. Essa apropriação do discurso dos direitos humanos foi observada também no debate sobre a legalização do aborto na Argentina em 2018 e 2019, quando setores opostos à reforma legal abreviaram as normas internacionais para afirmar que os direitos humanos protegem a vida desde a concepção.

A tendência a traduzir suas posições morais em termos de direitos não se limita aos católicos. Os pentecostais, que se tornaram hegemônicos no campo evangélico da América Latina, também têm usado a gramática dos direitos humanos para defender a liberdade de crença, as prerrogativas das instituições religiosas e, em algumas sociedades, a inserção dos princípios morais cristãos nos quadros constitucionais.

---

[53] Pontificio Consejo para la Familia, "La Familia y los Derechos Humanos", disponível em: <http://www.vatican.va/roman_curia/pontifical_councils/family/documents/rc_pc_family_doc_20001115_family-human-rights_sp.html#_ftnref65>, acesso em: 12 maio 2020.

[54] Lynn M Morgan, "¿Honrar a Rosa Parks? Intentos de los sectores católicos conservadores a favor de los 'derechos' en la América Latina contemporánea", *Sexualidad, Salud y Sociedad*, Rio de Janeiro, n. 17, 2014, p.174-97.

[55] María Angélica Peñas Defago e José Manuel Morán Faúndes, "Conservative Litigation Against Sexual and Reproductive Health Policies in Argentina", *Reproductive Health Matters*, v. 22, n. 44, 2014, p. 82-90.

Mais uma vez, a estratégia de confronto público com os segmentos sociais que advogam um pluralismo ético se acentuaria com o recurso à noção de "ideologia de gênero". Na mídia, nas igrejas, nos espaços de poder político – sobretudo nos legislativos – e nas ruas, evidenciaram-se as tensões entre o direito à igualdade de gênero e o que foi codificado como parte do direito à liberdade religiosa na região. Revelou-se, nesse processo, o crescente destaque da liderança pentecostal na luta contra a compreensão da sexualidade como um elemento relevante da cidadania, a legalização do aborto e a educação sexual nas escolas[56].

No Brasil, desde o lançamento do terceiro Programa Nacional de Direitos Humanos pelo governo federal em 2009, instaurou-se uma franca disputa em torno dos sentidos e limites dos direitos humanos por parte de atores religiosos neoconservadores e ativistas feministas e dos movimentos LGBTQI. Nas controvérsias em questão, ora o direito à vida do nascituro era colocado em contraposição à demanda feminista pelo direito ao aborto, ora o direito à liberdade religiosa e de expressão eram enquadrados como ameaçados pela expansão dos direitos LGBTQI, em especial pela proposta de criminalização da homofobia[57]. Com a vitória de Jair Bolsonaro, a pasta diretamente responsável pelas políticas no campo dos direitos humanos foi entregue a uma advogada pastora que se define como "terrivelmente cristã".

Ainda que se possa discutir seus efeitos sobre as democracias, como o faremos, *uma terceira dimensão do neoconservadorismo é que ele opera em contextos democráticos*. É justamente no período em que se deu o processo de liberalização dos regimes políticos na região, nos anos 1980, que novos atores coletivos puderam tomar parte da cena pública, com o retorno ao pluralismo partidário e à liberdade de expressão e debate após longos períodos de regimes ditatoriais em vários países da região.

Em obras influentes, a literatura na área de ciências sociais trata desses novos atores coletivos numa perspectiva progressista e de movimentos e

---

[56] Maria das Dores Campos Machado, "O discurso cristão" cit.; Mario Pecheny e Rafael de La Dehesa, "Sexuality and Politics in Latin America", cit; Daniel Jones e Paloma Dulbecco, "La grieta evangélica", cit.

[57] Maria das Dores Campos Machado e Fernanda Picollo (orgs.), *Religiões e homossexualidades* (Rio de Janeiro, FGV, 2011); Maria das Dores Campos Machado, "Pentecostais, sexualidade e família no Congresso Nacional", *Horizontes Antropológicos*, Porto Alegre, v. 23, n. 47, 2017, p. 351-80; Christina Vital e Paulo Victor Leite, *Religião e política: medos sociais, extremismo religioso e as eleições 2014* (Rio de Janeiro, Fundação Heinrich Böll, 2017).

organizações de esquerda⁵⁸. Não foram apenas setores progressistas, no entanto, que recorreram a novas estratégias de intervenção pública, com os canais de participação reabertos e a contestação pública assumindo um novo padrão. Atores conservadores também o fizeram. Dessa maneira, é possível observar a proliferação de organizações da sociedade civil, partidos políticos confessionais e mesmo funcionários públicos que, orientados por princípios religiosos, buscam impactar o Estado e suas leis. Atores católicos conservadores e evangélicos "maximizam" a ativação dos canais da democracia para permanecer influentes nesse novo contexto. Nossa hipótese, como será discutido, é que os atores conservadores são também partícipes nos processos recentes de transformação das democracias, em um momento em que, mais uma vez, seu sentido está em xeque.

Essa ação no contexto democrático implica, entre outras questões, compreender que a sociedade civil e política inclui os atores conservadores e, especificamente, os religiosos. Sem ignorar sua genealogia religiosa, o neoconservadorismo é composto por uma diversidade de atores que complexifica o fenômeno. Como parte da sociedade civil, há um número crescente de organizações não governamentais "pró-vida" ou "pró-família" nos países da região. Essas ONGs têm diferentes tipos de vínculos com os religiosos: algumas são associações que dependem institucionalmente da Igreja católica, outras se identificam com o catolicismo mesmo por meio de seus nomes (Portal de Belém, Associação de Advogados Católicos etc.) e, por fim, existem ONGs que se apresentam como ecumênicas ou não religiosas⁵⁹.

A Igreja católica tem operado no âmbito estatal e influenciado o sistema partidário de diferentes maneiras historicamente. A formação de partidos democratas cristãos foi uma das estratégias católicas ao longo do século XX. Atualmente, as agremiações partidárias confessionais não são a estratégia privilegiada; no entanto, a Igreja continua a ter impacto sobre a política nos países da região, tendo acesso direto a governantes e sendo parte da história não apenas de partidos conservadores, mas também dos progressistas. É o caso do Partido

---

⁵⁸ Eder Sader, *Quando novos personagens entraram em cena: experiências e lutas dos trabalhadores da Grande São Paulo, 1970-80* (São Paulo, Paz e Terra, 1988).

⁵⁹ Ver José Manuel Morán Faúndes, "El desarrollo del activismo autodenominado 'Pro-Vida' en Argentina, 1980-2014", *Revista Mexicana de Sociología*, v. 77, n. 3, 2015, p. 407-35, disponível em: <http://www.scielo.org.mx/scielo.php?script=sci_arttext&pid=S0188-25032015000300003&lng=es&tlng=es>, acesso em: 12 maio 2020.

dos Trabalhadores no Brasil e do campo peronista na Argentina, para dar dois exemplos da evidente tensão entre as diretrizes religiosas e as de centro-esquerda, presentes na região em todo o período da chamada "onda rosa"[60].

Já no âmbito evangélico, a literatura regional[61] revela a estratégia de criação de partidos políticos confessionais em vários países da América Latina nas últimas décadas, entre eles Colômbia, Brasil, Peru e Chile. A maioria dessas iniciativas tem fracassado devido à tendência dos atores políticos desse campo religioso a se dividirem em pequenos partidos que adotam uma perspectiva mais próxima ao pensamento cristão. Entretanto, existem outras formas de organização, como as frentes parlamentares confessionais no Congresso Nacional do Brasil, que reúnem políticos católicos (Frente Parlamentar Mista Católica Apostólica Romana) e evangélicos (Frente Parlamentar Evangélica) e mostram padrões de ação estratégica por meio de amplas alianças.

Hoje, às antigas práticas clientelistas e aos padrões já conhecidos de definição da laicidade[62], somam-se ataques frontais ao pluralismo político. Esses ataques também se opõem a concepções igualitárias de justiça, fundadas em diretrizes coletivas, e o fazem em nome de crenças individuais e de um novo reforço à esfera privada. Ao mesmo tempo, o repúdio aos direitos dos homossexuais e a estigmatização da atuação das mulheres na esfera pública têm sido feitos de modo a naturalizar violências contra essas populações.

As reações à igualdade de gênero e à diversidade sexual se colocam em oposição a princípios liberais ativos nas esferas internacionais e nacionais hoje, numa relação tensa com uma agenda ampliada de direitos individuais que é contestada com base na ideia de direito das famílias e de liberdade religiosa. Retoricamente, o discurso público do "inimigo" – gays, feministas, elites

---

[60] Elisabeth Jay Friedman e Constanza Tabbush (orgs.), *Seeking Rights from the Left: Gender, Sexuality, and the Latin American Pink Tide* (Nova York, Duke University Press, 2018).

[61] Paul Freston, *Protestantes e política no Brasil: da Constituinte ao impeachment* (tese de doutorado, Campinas, Universidade Estadual de Campinas, 1993); ver também José Luis Pérez Guadalupe e Sebastian Grundberger (orgs.), *Evangélicos y poder en América Latina*, cit.

[62] Entendemos os padrões já conhecidos da laicidade no sentido definido por Ari Pedro Oro ao analisar a situação legal das relações dos Estados nacionais com as religiões em países da Comunidade Econômica Europeia e da América Latina. Oro identificou três modelos distintos de laicidade: "a dos países que mantêm um regime de separação Estado-Igreja; países que adotam o regime de separação entre religião e Estado com dispositivos particulares em relação a algumas religiões ou igrejas; e países que adotam o regime de Igreja do Estado". Ver Ari Pedro Oro, "A laicidade no Brasil e no Ocidente: algumas considerações", *Civitas*, Porto Alegre, v. 11, n. 2, maio-ago. 2011, p. 221, disponível em: <http://revistaseletronicas.pucrs.br/ojs/index.php/civitas/article/view/9646>, acesso em: 8 jul. 2020.

internacionais que orquestrariam ataques contra a família – tem ampliado o apoio a medidas iliberais, como a censura e o banimento de atividades culturais e conteúdos escolares.

Outro ponto relevante é que a estratégia de definir como "ideológicos" os movimentos referenciados pelo pluralismo ético permite a atores conservadores reivindicar a ciência e até a democracia, ainda que sua atuação pese sobre os pressupostos liberais básicos e sobre a própria democracia, enquanto regime que garante direitos a minorias e se pauta pelo pluralismo ético.

Um exemplo dessa estratégia é a "cura gay", defendida como tratamento terapêutico por grupos ou associações profissionais que reúnem cristãos neoconservadores de diferentes campos, como o direito e a psicologia. Esses grupos têm conseguido que as propostas de atendimento psicológico a homossexuais visando a "cura" ou "reversão" da orientação sexual sejam debatidas na sociedade, no Legislativo e no Judiciário brasileiros, deslocando os limites do que seria aceitável como científico. De forma sucinta, poderíamos afirmar que as iniciativas desse segmento neoconservador no Brasil têm dificultado o progresso dos movimentos LGBTQI, obrigados a retomar reiteradamente o tema da despatologização da homossexualidade em vez de avançar estratégias para a ampliação dos direitos desses grupos.

Outro exemplo é a intensificação da penalização das mulheres por questões relacionadas ao aborto. Embora os países da região tenham legislações que criminalizam as mulheres que abortam, os processos judiciais e o encarceramento não eram tão frequentes. A crescente legitimidade do direito ao aborto e as reformas legais que o possibilitam foram acompanhadas, paradoxalmente, por uma criminalização acentuada. Ela inclui iniciativas para suspender o debate sobre aborto e delatar movimentos sociais pelo que tem sido definido como "apologia ao aborto".

Com o crescimento da representação dos evangélicos na população e o fortalecimento político dos pentecostais, hoje já podem ser identificados evangélicos em posições-chave para a implementação de políticas públicas nos campos dos direitos humanos, da religião e da família em países como Colômbia e Brasil. A Política Pública de Liberdade Religiosa e de Cultos, formulada por uma liderança pentecostal e implementada na Colômbia desde 2016, abre brechas para a utilização do princípio da objeção de consciência por parte de cristãos em diferentes áreas, assim como para um controle mais amplo das famílias sobre conteúdos escolares de educação sexual e religiosa das crianças.

No caso do Brasil, como teremos oportunidade de analisar ao longo deste livro, a eleição, em 2018, de um presidente de extrema direita identificado com o neoconservadorismo possibilitou uma ampliação considerável do número de atores religiosos no poder Executivo, com vários líderes evangélicos pentecostais e não pentecostais assumindo postos no primeiro e no segundo escalões do governo. Entre as primeiras consequências da presença mais expressiva de cristãos conservadores na máquina de Estado, encontram-se a substituição da noção de desigualdade de gênero pela expressão "desigualdade entre homens e mulheres" nos documentos governamentais; o descumprimento das diretrizes da ONU no campo do combate às discriminações com base na orientação sexual; o esvaziamento de conselhos que garantiam a participação da sociedade civil na elaboração de políticas públicas[63]; e a denúncia, feita pela ministra da Mulher, da Família e dos Direitos Humanos, contra um órgão de imprensa feminista junto ao Ministério Público e à Polícia Federal por apologia ao crime de aborto[64].

Assim, o processo de pluralização do campo cristão nas últimas décadas, embora tenha abalado a hegemonia cultural da Igreja católica em algumas sociedades latino-americanas, não reduziu os desafios enfrentados pelas mulheres e pelos grupos LGBTQI na luta pela equidade de gênero e diversidade sexual. A crescente participação de líderes pentecostais nas disputas eleitorais e no debate público em vários países contrabalançou as dificuldades enfrentadas pela hierarquia católica em manter o alinhamento do sistema jurídico com a moralidade cristã e o patriarcalismo.

A quarta dimensão do neoconservadorismo, segundo apresentamos nesta introdução, *é seu caráter transnacional*, que permite traçar continuidades nas campanhas e nos argumentos que circulam na região. Sem ignorar as diferenças entre os países – como o fato de que dois católicos lideraram as eleições presidenciais recentes na Argentina, enquanto os evangélicos funcionavam como "minoria ativa" nas campanhas antigênero em países como Colômbia e Brasil,

---

[63] Ricardo Galhardo e Tulio Krause, "Procuradora pede esclarecimentos a Damares por paralisação de conselhos", *O Estado de S. Paulo*, 8 mar. 2019, disponível em: <https://politica.estadao.com.br/noticias/geral,procuradora-pede-esclarecimentos-a-damares-por-paralisacao-de-conselhos,70002748458>, acesso em: 12 maio 2020.

[64] Flávia Martinelli, "Damares ataca reportagem sobre aborto seguro recomendado pela OMS", *Jornalistas Livres*, 21 set. 2019, disponível em: <https://jornalistaslivres.org/damares-ataca-reportagem-sobre-aborto-seguro-recomendado-pela-organizacao-mundial-da-saude/>, acesso em: 12 maio 2020.

introduzindo novas clivagens eleitorais –, as ações do neoconservadorismo refletem uma agenda comum, que transcende a órbita nacional.

No caso do catolicismo, o caráter transnacional está impresso na história e na própria estrutura da instituição religiosa. O Vaticano, como vértice do poder, dá à Igreja uma presença global que, embora responda a diferentes contextos nacionais, também os transcende em defesa de uma agenda oficial sobre questões de saúde sexual e reprodutiva. Desse modo, a Igreja católica é um mecanismo político globalizado, que articula instâncias internacionais (haja vista a presença da Santa Sé na ONU), regionais (como o Conselho Episcopal Latino-Americano – Celam – e a condição de Observador Permanente da Organização dos Estados Americanos – OEA), nacionais (conferências episcopais) e locais (paróquias).

O crescente uso do conceito de "ideologia de gênero" é, em si mesmo, uma estratégia transnacional para bloquear as demandas dos movimentos feministas e LGBTQI. Embora seja usado com intensidades diferentes, em alguns anos expandiu-se por toda a região. Sua construção e suas rotas mostram uma complexa rede de atores localizados em diferentes países (de norte a sul) e identificados com o campo religioso de diferentes maneiras (líderes católicos e evangélicos e intelectuais).

O neoconservadorismo articula suas agendas, suas estratégias e seus discursos por meio de campanhas e reuniões internacionais. São muitas as iniciativas de atores políticos cristãos para difundir a agenda "pró-família" entre formuladores e executores de políticas públicas a partir de fóruns regionais. É o caso do Congreso Iberoamericano por la Vida y la Familia, realizado desde 2017 – as edições de 2017 e 2018 aconteceram no México, em seguida deram-se no Panamá e no Peru, respectivamente, em 2019 e 2020. Seu foco principal é a OEA, mas nesses eventos são discutidas também as estratégias para avançar o bloqueio à agenda da igualdade de gênero e da diversidade sexual nos países da região.

Também nessa direção, em 2019 a organização Political Network for Values/Red Política por los Valores, cuja direção é composta por políticos dos Estados Unidos, da Espanha, da Hungria e do México, com um conselho consultivo com membros de diferentes países da América Latina, do leste da Europa e da África[65], organizou a III Cumbre Transatlántica por los Valores, na cidade de

---

[65] "Conselho consultivo", *Political Network for Values*, disponível em: <https://politicalnetworkforvalues.org/en/who-we-are/>, acesso em: 28 de abr. 2020.

Bogotá. Tendo como anfitriões a senadora colombiana María del Rosario Guerra, de quem falaremos no segundo capítulo deste livro, e o então presidente da organização, o político conservador espanhol Jaime Mayor Oreja, o encontro contou com a presença de legisladores, ministros de Estado e representantes da sociedade civil de mais de trinta países. Segundo o portal da entidade, o objetivo do evento era "oferecer uma resposta" à ofensiva do relativismo moral, em especial a "ideologia de gênero" e o antinatalismo no globo, assim como reafirmar os princípios da dignidade humana, o direito à vida, o papel imprescindível da família e do matrimônio, além do fortalecimento das liberdades de religião, de consciência e de educação, segundo os valores cristãos[66].

É inquestionável também que a influência da agenda cultural dos cristãos estadunidenses nos pentecostais latino-americanos aumentou e que as trocas entre líderes cristãos regionais, movimentos "pró-vida" e associações "pró-família" de natureza transnacional estão se tornando cada vez mais vigorosas. A partir de 2017, a organização Capitol Ministries, fundada pelo pastor estadunidense Ralph Drollinger com o objetivo de "criar discípulos de Jesus Cristo na arena política do mundo", abriu ministérios em seis países da América Latina: México, Honduras, Paraguai, Costa Rica, Uruguai e Brasil[67]. Contando com o apoio financeiro e logístico do vice-presidente Mike Pence e do secretário de Estado do governo de Donald Trump, Mike Pompeo, Capitol Ministries também realizou dois grandes eventos de treinamento para liderança empresarial, promovidos pelo Global Leadership Summit, outra organização evangélica estadunidense. O objetivo é recrutar políticos profissionais e pastores de outras nações.

Nos últimos anos, observa-se também a participação de atores religiosos estrangeiros em campanhas eleitorais majoritárias realizadas em países da América Latina, como a de Jair Bolsonaro em 2018, que recebeu apoio da ex-congressista Michele Bachmann e do pastor estadunidense Mario Bramnick. Ambos participam da Iniciativa da Casa Branca para a Fé e a Oportunidade (ICBFO), grupo de assessores cristãos nomeados por Trump, e gravaram

---

[66] "La III Cumbre Transatlántica reunirá en Colombia a líderes políticos de 30 países", *Political Network for Values*, mar. 2019, disponível em: <http://politicalnetworkforvalues.org/2019/03/anuncio-cumbre-colombia-2019/>, acesso em: 31 jul. 2019.

[67] Andrea Dip e Natália Viana, "Os pastores de Trump", *El País*, 12 ago. 2019, disponível em: <https://brasil.elpais.com/brasil/2019/08/12/politica/1565621932_778084.html>, acesso em: 12 maio 2020.

vídeos, divulgados na internet, associando a candidatura de Bolsonaro aos valores cristãos[68].

Também é digna de nota a circulação de atores seculares importantes na construção de um sentido regional para a agenda neoconservadora, conectando a campanha contra o gênero àquela contra o chamado "marxismo cultural". Entre eles, destacam-se os argentinos Nicolás Márquez, advogado, e Agustín Laje, cientista político e também advogado). Autores de *El libro negro de la nueva izquierda: ideología de género o subversión cultural*, publicado em 2016, estão entre os principais difusores da agenda antigênero na América Latina, proferindo palestras e dando entrevistas em diversos países da região desde então. Seus argumentos têm caráter laico e são apresentados na linguagem da ciência e dos direitos.

Campanhas de caráter regional correspondentes a versões de países europeus nas investidas contra o gênero também explicitam um nível de articulação que vai além das fronteiras nacionais. É o caso da campanha #ConMisHijosNoTeMetas, que será discutida em detalhes no terceiro capítulo; por enquanto, destacamos, de maneira específica, sua capacidade de mobilizar públicos simultaneamente em diversos países.

Por fim, *uma quinta dimensão consiste na relação entre neoconservadorismo e neoliberalismo*, que convergem ao posicionar a família no centro de sua concepção mais ampla de sociedade.

A temática da família tem permitido mobilizar inseguranças em um contexto que inclui os efeitos de políticas neoliberais restritivas a investimentos estatais em nome do equilíbrio orçamentário. Uma de suas dimensões seria, assim, a de um "moralismo compensatório"[69], que conecta a temporalidade aqui discutida com a das mudanças no capitalismo. Nancy Fraser[70] chama atenção para os limites da aliança entre o neoliberalismo e uma política progressista de reconhecimento. Para a autora, os anos 2000 explicitaram a crise de um "bloco hegemônico" que, nos Estados Unidos, se fez da aliança entre financistas de Wall Street e movimentos que promoveram a agenda do "empoderamento"

---

[68] Alice Maciel, "Emissários evangélicos de Trump atuaram para mudar embaixada brasileira em Israel", *El País*, 12 ago. 2019, disponível em: <https://brasil.elpais.com/brasil/2019/08/12/politica/1565619027_559862.html>, acesso em: 3 out. 2019.

[69] Flávia Biroli, "O rastro da onda: derrocada de direitos e moralismo compensatório", *Blog da Boitempo*, 20 out. 2017; idem, "A reação contra o gênero e a democracia", *Nueva Sociedad*, ed. especial em português, dez. 2019.

[70] Nancy Fraser, *The Old Is Dying and the New Cannot Be Born*, cit.

de indivíduos de grupos subalternizados, como mulheres, negros e homossexuais. Uma política de reconhecimento hiper-reacionária andaria hoje de mãos dadas com o neoliberalismo, nos novos padrões que assume após a crise de 2008.

Na América Latina, a história é distinta em muitos aspectos. É difícil relacionar movimentos feministas que nasceram da atuação das mulheres em oposição às ditaduras com a trajetória dos feminismos estadunidenses. Ao mesmo tempo, no processo de construção democrática nos países da região, nos anos 1980, fica clara a associação entre a agenda social distributiva e a agenda específica das mulheres, chegando, em muitos casos, a figurar como uma pauta claramente anticapitalista e anticolonialista[71]. Mais recentemente, a reação às agendas da igualdade de gênero e da sexualidade enfrentaria, na região, forte mobilização feminista. O movimento #NiUnaMenos e as greves feministas são exemplos dos padrões atuais dessa mobilização.

Tomamos o conceito de neoconservadorismo como referência teórica, na medida em que as cinco dimensões apresentadas colaboram para a compreensão do fenômeno de que tratamos – alianças entre atores adversos; juridificação dos conflitos políticos de caráter moral; desenvolvimento em contexto liberal-democrático, mas participando, no início do século, de processos iliberais e de erosão das democracias; caráter transnacional; e relação com o neoliberalismo, sobretudo na perspectiva da responsabilização das famílias em meio a processos amplos de privatização e mercantilização.

Com um modelo conceitual e teórico assim definido, organizamos os próximos capítulos de modo a incorporar a temporalidade e a complexidade do fenômeno aqui apresentado.

---

[71] Flávia Biroli, *Gênero e desigualdades*, cit.; ver também Verónica Schild, "Feminismo y neoliberalismo en América Latina", *Nueva Sociedad*, n. 265, 2016; p. 32-49.

1
A RESTAURAÇÃO LEGAL: O NEOCONSERVADORISMO E O DIREITO NA AMÉRICA LATINA[1]

Juan Marco Vaggione

Introdução

As democracias da América Latina experimentam um momento complexo (e, em muitos sentidos, paradoxal) no que diz respeito à política sexual e de gênero. Por um lado, houve avanços nas formas de regular decisões, identidades e práticas sexuais ou reprodutivas, inimagináveis até pouco tempo antes. Mediante leis e casos jurisprudenciais, ampliou-se a legalidade de decisões vinculadas a interrupção voluntária da gestação, diversidade sexual, técnicas reprodutivas e identidade de gênero, entre outras questões. Em um período relativamente curto, a homossexualidade, a transexualidade e o aborto deixaram de ser condutas criminalizadas e/ou medicalizáveis, passando a ser opções amparadas pelo e a partir do direito. Essas mudanças são, é claro, resultado de décadas de ativismo por parte de movimentos feministas e LGBTQI.

Por outro lado, nesse processo, consolidaram-se setores que, em defesa de princípios como a vida, a família ou a liberdade de crença, constituem uma frente conservadora cuja presença se intensificou nos últimos anos. Observa-se em todo o continente a conformação de mobilizações e alianças políticas que têm como um de seus propósitos a restauração de uma ordem moral ameaçada. A consolidação do conservadorismo moral – o neoconservadorismo, como o denominamos na introdução deste livro – impactou a região de formas e com intensidade variadas. É verdade que a existência e a articulação política de atores moralmente conservadores não são novidade. Afinal, desde a própria formação dos Estados, os valores sexuais que a nação deve defender estão sob disputa. No entanto, a sofisticação e a expansão do neoconservadorismo abrem ângulos diferentes para as análises. Essas reações, que em princípio podiam ser vistas como destinadas a desaparecer, mostraram, ao contrário, uma capacidade

---

[1] Originalmente escrito em espanhol para este livro, este capítulo foi traduzido por Flávia Biroli.

crescente de se proliferar, que coloca em dúvida não apenas a estabilidade das transformações geradas, mas também a qualidade mesma das democracias.

A consolidação do neoconservadorismo começou a despertar também o interesse acadêmico por sua compreensão e análise. Esse interesse se estabeleceu, ao menos originalmente, a partir de abordagens e ativismos feministas e LGBTQI, de um lado, e a partir de estudos da religião, de outro, o que implicou ênfases e enfoques específicos. Porém, a expansão do neoconservadorismo e seu impacto político mais amplo intensificaram a importância analítica e normativa desse fenômeno. A tendência inicial das primeiras abordagens foi considerá-lo em conexão com os debates sobre a moral sexual, e/ou vinculado ao impacto da religião na política. Contudo, a complexidade e as mudanças do neoconservadorismo levaram à inclusão de novas questões e abordagens disciplinares. Entre elas, destaca-se a necessidade de pensá-lo em suas interconexões com a arena econômica, emergindo de uma matriz neoliberal[2] e/ou como projeto político que transcende o tema da moral sexual e é parte de processos contemporâneos de fortalecimento da direita ou de desdemocratização[3].

Com uma velocidade que, às vezes, excede o tempo da reflexão acadêmica, o neoconservadorismo se instalou como um problema complexo para a reflexão analítica e normativa. Neste capítulo, pretendemos contribuir para a compreensão (sempre parcial) desse fenômeno, analisando-o como um movimento de restauração moral por meio do direito. Mais que explicar os processos que levam à politização reativa dos conservadorismos morais e religiosos, tema abordado em trabalhos anteriores, o objetivo deste capítulo é analisar o modo pelo qual essa reatividade é juridificada em defesa de uma ordem moral específica.

Utilizamos o conceito de juridificação reativa para nos referirmos ao uso do direito por parte de atores religiosos e seculares em defesa de princípios morais que estes consideram violados pelas demandas dos movimentos feministas e LGBTQI, empregando diferentes argumentos e estratégias. Esse processo, que tem lugar na interface entre direito e religião, abarca não apenas a mobilização por direitos religiosos que analisei em outro texto[4], mas também a utilização do direito como instrumento para a defesa de princípios morais.

---

[2] Wendy Brown, *In the Ruins of Neoliberalism: The Rise of Antidemocratic Politics in the West* (Nova York, Columbia University Press, 2019).

[3] Esses eixos serão aprofundados por Flávia Biroli no capítulo 3.

[4] Ver Juan Marco Vaggione, "La Iglesia católica frente a la política sexual: la configuración de una ciudadanía religiosa", *Cadernos Pagu*, Campinas, n. 50, 2017.

Em particular, nos interessa considerar o direito de uma perspectiva dupla, como arena e como estratégia, na busca da restauração moral. Como arena, remete ao fato de que as principais batalhas da política sexual e de gênero têm lugar no e pelo direito. O que está em disputa é a função simbólica do direito, sua eficácia na ordenação e na hierarquização de práticas e identidades[5]. Ao longo do capítulo, sobretudo na primeira parte, abordaremos o tema do direito como arena de disputas de ordem moral e como espaço de articulação de visões alternativas, inclusive opostas, sobre gênero e sexualidade[6]. Para tanto, analisa-se o impacto dos movimentos feministas e LGBTQI sobre as formas de articulação entre direito secular e doutrina religiosa. Propomos que o paradigma dos direitos sexuais e reprodutivos leva o processo de secularização do direito a um novo limiar, que caracterizamos como um aprofundamento da desarticulação entre direito secular e moral católica.

Frente a tal impacto, a Igreja católica também reage e rearticula uma série de estratégias com o propósito de defender uma concepção do legal atada a uma moral universal em temas vinculados ao gênero e à sexualidade. Para abordar essa questão, analisaremos o enquadramento cultural e político a partir do qual a Igreja católica tece a defesa de sua concepção da ordem legal e moral: a cultura da morte e a "ideologia de gênero". Com isso, pode-se compreender a importância que o direito tem para o neoconservadorismo, não tanto pela eficácia das leis ao controlar as práticas, mas pelo papel que assume na hierarquização da ordem sexual.

A segunda perspectiva mencionada, que enquadra o direito como estratégia, vincula-se a outro objetivo geral do capítulo: analisar os atores e argumentos que caracterizam o neoconservadorismo na América Latina. Em primeiro lugar, considera-se o conjunto de atores que, com distintos vínculos com o religioso, encontram no discurso legal uma de suas principais estratégias para a restauração moral. Caracteriza-se assim uma maquinaria legal conservadora, composta por hierarquias católicas e evangélicas, advogados confessionais e políticos cristãos. Em segundo lugar, consideram-se os principais argumentos

---

[5] Sobre a eficácia simbólica do direito na América Latina, ver Mauricio García Villegas, *La eficacia simbólica del derecho: sociología jurídica del campo político en América Latina* (Bogotá, Iepri/Debate, 2014).

[6] Carol Smart, *Feminism and the Power of Law* (Nova York, Routledge, 1989); María Eugenia Monte, "Disputas sobre la regulación jurídica del aborto en Argentina", *Oñati Socio-Legal Series*, Oñati, v. 8, n. 5, 2018, p. 722-38.

utilizados pelo ativismo neoconservador em defesa da vida, da família e da liberdade religiosa como valores universais.

Com tal perspectiva dupla sobre o direito, este capítulo procura contribuir para a compreensão do neoconservadorismo como um fenômeno que, embora ainda deva ser pensado em conexão com a influência das principais tradições religiosas da região – as matrizes católica e evangélica de que falamos na introdução –, ultrapassa o campo religioso e, em muitos sentidos, transcende a dicotomização entre religioso e secular. As organizações não governamentais (ONGs) "pró-vida" e "pró-família", os partidos políticos cristãos, os funcionários públicos que priorizam suas crenças religiosas e as formas com que a hierarquia religiosa utiliza os direitos humanos são exemplos em que religioso e secular se amalgamam de formas complexas. Transcender a dicotomia religioso-secular não significa que o religioso não seja relevante. De outro modo, aponta a necessidade de entender que grande parte do fenômeno se apresenta nos interstícios mesmos dessa dicotomia.

Além de contribuir para a compreensão do neoconservadorismo, este capítulo também visa colaborar para dois debates inter-relacionados. Em primeiro lugar, o debate sobre a vinculação entre direito e religião. Por décadas, a pergunta sobre a articulação entre religião e direito deixou de ser relevante, sobretudo pelo impacto do secularismo nas agendas acadêmicas. Regressa, agora, em novas abordagens devido ao crescente impacto do religioso na política contemporânea. A centralidade que tem o direito na agenda conservadora também permite considerar algumas conexões entre direito e religião que vão além dos debates sobre como o Estado regula o fenômeno religioso. O neoconservadorismo, enquanto fenômeno, permite analisar as formas pelas quais a agenda religiosa se juridifica, instrumentalizando-se no direito, e nos empurra a repensar a articulação entre religião e direito que havia deixado de ser problematizada nas ciências sociais e humanas. Com a noção de juridificação do religioso, remetemos não apenas aos modos como o direito regula práticas e crenças religiosas, mas também ao uso que atores e instituições religiosas fazem do direito com o objetivo de defender seus sistemas de crenças[7].

Em segundo lugar, este capítulo procura contribuir para o debate sobre religião, política e democracia. Uma das feições mais visíveis (e visibilizadas) do fenômeno é manifesta em seus transbordamentos e excessos, suas ações à parte

---

[7] Para uma análise da juridificação do religioso, ver Russell Sandberg, *Law and Religion* (Cambridge, Cambridge University Press, 2011).

da democracia. Consideramos, no entanto, que é necessário analisar as formas pelas quais o neoconservadorismo se constrói dentro da democracia e suas regras. A abordagem proposta permite observar como o neoconservadorismo utiliza canais e espaços abertos pela democracia na conformação de sua agenda e na implementação de suas estratégias; em particular, a mobilização legal em defesa de uma agenda moralizante. Isso não implica desconhecer as formas antidemocráticas ou as restrições de direitos em seu acionamento. Porém, entendemos ser necessário compreender o fenômeno em suas manifestações paradoxais, de que fazem parte a utilização de canais e estratégias democráticas, em particular o uso do direito com o propósito de restaurar uma ordem moral ameaçada.

O direito como arena: a desimbricação do direito

A sexualidade é um dos campos mais complexos para a análise das fronteiras entre religioso e secular que caracterizam o direito moderno. Com a criação dos Estados-nação, as formas de regular a família e a reprodução começaram a secularizar-se, logrando uma separação entre as leis religiosas e as seculares. A estatização foi, sem dúvida, um momento-chave no processo de modernização do direito. Ela implicou não apenas que o Estado reclamasse seu monopólio na gestão do jurídico, mas também que o religioso se tornasse subordinado ao Estado[8]. Um exemplo desse processo foi a transposição da regulação do casamento para o Estado, diferenciando o matrimônio civil do religioso. O Estado não apenas assumiu a celebração do ato matrimonial, mas também passou a defender o casamento como instituição privilegiada para o ordenamento da sexualidade mediante os direitos hereditários, privilegiando os filhos concebidos dentro do casamento ou mesmo criminalizando o adultério, entre outras formas.

No entanto, a estatização não significou, necessariamente, a descristianização do direito. Como foi assinalado em relação a diferentes regiões, nas quais alguma religião em particular funcionou de maneira hegemônica, é habitual encontrar um processo de transmutação do religioso na cultura[9]. Em poucos

---

[8] Fernando Arlettaz, *Matrimonio homosexual y secularización* (Cidade do México, Instituto de Investigaciones Jurídicas, 2015).

[9] Lori Beaman, "The Will to Religion: Obligatory Religious Citizenship", *Critical Research on Religion*, v. 1, n. 2, 2013, p. 141-57; Janet Jakobsen e Ann Pellegrini, *Love the Sin: Sexual Regulation and the Limits of Religious Tolerance* (Boston, Beacon, 2004); Paula Montero, Aramis Luis Silva e Lilian Sales, "Fazer religião em público: encenações religiosas e influência pública", *Horizontes Antropológicos*, v. 52, 2018, 131-64.

âmbitos esse impacto foi tão intenso e, paradoxalmente, tão naturalizado como na regulação da ordem sexual. Nos países da América Latina, o impacto político e cultural da Igreja católica também implicou a universalização da moral católica sob o manto do direito secular. Esse processo, denominado de imbricação entre o direito secular e a doutrina católica, evidencia outra face do processo de secularização do direito.

A secularização nas formas de regular a sexualidade envolve mais que a tradução das normas da Igreja para o Estado, já que requer também o desmonte da herança religiosa nos padrões morais e culturais impressos no direito estatal. O tipo de vinculação entre Estado e Igreja na América Latina facilitou que o direito secular agisse, em temas sexuais, para proteger a doutrina católica. A secularização do direito envolve, assim, não apenas uma dimensão funcional, posicionando o Estado como regulador, mas também um aspecto material, pertinente ao conteúdo dessa regulação. Identificar esse aspecto é algo mais complexo, uma vez que depende, em grande medida, do modo como se traçam as fronteiras entre religioso e secular, traçado que é inevitavelmente político e dinâmico. Para tanto, é necessário romper com o mito do direito secular (e suas pretensões de objetividade e universalidade) por meio da compreensão das intrincadas imbricações e relações com o religioso que se des/rearticulam de formas móveis. Sem ignorar a importância do deslocamento da Igreja ao Estado, também é necessário analisar como a materialidade do direito guarda conteúdos morais e religiosos e, ao mesmo tempo, os processa e instrumentaliza como parte de um discurso secular.

Desse modo, a secularização do direito em seu aspecto material requer um processo de desimbricação pelo qual se (re)traçam as fronteiras entre religioso e secular e se incrementa o hiato entre normas legais e doutrina católica. Aquilo que se fundia, como parte do mesmo mecanismo disciplinar em que coincidiam Estado e Igreja, direito secular e moral religiosa, pecado e crime, tensiona-se permitindo formas renovadas de regular o desejo e a família. O crescente pluralismo, tanto nas crenças religiosas quanto nas práticas sexuais e reprodutivas – contraface da perda de poder da Igreja sobre a moral sexual –, permitiu não apenas evidenciar a imbricação entre direito secular e moral católica, mas também modificar o direito e purgar (sempre de forma parcial) seus fundamentos religiosos.

O casamento é, sem dúvida, um exemplo das complexas e flutuantes articulações entre direito secular e doutrina católica. O fato de que sua regulação tenha passado ao Estado foi, como mencionado, um momento determinante. Isso não significa que assim encerrou-se o processo de distinção e autonomia entre religioso e secular inscrito no direito. A hegemonia do catolicismo sobre a moral sexual tornou difícil, senão impossível, pensar em um direito secular que negue os princípios religiosos. À estatização seguiu-se um longo processo, que transcorreu o século XX, sobre o reconhecimento legal do divórcio vincular, evidenciando o forte impacto da Igreja católica no conteúdo do direito secular. Esse processo culminou, no ano de 2004, na mudança do direito privado no Chile para que incluísse, finalmente, o divórcio vincular em sua legislação, apesar da marcada oposição da hierarquia católica e de setores a ela aliados. A desimbricação, enquanto secularização do direito, implica assim um duplo movimento: politizar (ou construir) como remanescente religioso aquilo que se legitima como norma secular (a indissolubilidade do casamento) e modificar as legislações, ampliando a brecha entre as normas civis (divórcio vincular) e as de caráter religioso (o casamento como sacramento).

Tal processo de desimbricação do direito, de descristianização da lei, é levado a um novo limiar com a emergência e a consolidação do paradigma dos direitos sexuais e reprodutivos. Se o debate sobre divórcio colocou em questão a defesa da indissolubilidade do casamento pelo direito secular, esses direitos invertem, em muitos aspectos, os princípios doutrinais da Igreja. A sexualidade reprodutiva, a complementaridade entre homem e mulher e a homossexualidade como desordem começaram a ser questionados como fundamentos para as regulações legais. A entrada nas agendas públicas de temáticas tais como o acesso universal ao controle da reprodução, a despenalização e legalização do aborto e o reconhecimento de direitos para as pessoas LGBTQI confrontam de maneira direta o poder da Igreja sobre o Estado, assim como as pretensões de sua hierarquia de defender uma moral universal. Os direitos sexuais e reprodutivos circulam como um paradigma ético e legal alternativo, que tem como finalidade democratizar a ordem sexual e propor uma articulação diferente entre Estado e sexualidade, cancelando o pacto de delegação moral estabelecido desde a conformação dos Estados-nação.

As formas de regular o parentesco, a reprodução e a sexualidade, propostas pelo paradigma dos direitos sexuais e reprodutivos, aprofundam o desmonte do religioso impresso no direito secular. Essa desmontagem requer primeiro a politização do substrato religioso do direito. Por um lado, tal paradigma inscreve um relato crítico nas formas com que o direito secular guarda (e, de algum modo, também torna invisível) a influência da moral cristã. A política que acompanha esses direitos torna visível o modo como o religioso funciona como fundamento, "baixo-relevo"[10] ou "resíduo reprimido"[11] do direito secular. Um dos impactos mais relevantes, e provavelmente menos analisados, da política sexual e de gênero contemporânea é seu êxito em reinscrever como religioso ou católico aquilo que circulava como parte da moral natural ou da cultura nacional. O que foi naturalizado enquanto secular (a definição da família como entidade heterossexual ou da sexualidade como função reprodutiva) se reinscreve como parte de uma herança cristã objetivada no direito e que, como tal, deve ser excluída das normas legais.

Por outro lado, o paradigma dos direitos sexuais e reprodutivos propõe uma articulação entre direito, ética e ordem sexual que é antitética àquela sustentada pela doutrina católica. Representa uma crítica à imbricação entre direito secular e moral cristã, mas também à existência de uma lei da natureza e/ou moral universal como fundamentos do direito, considerando ambas componentes da doutrina católica. Esse paradigma se distancia das definições essencialistas ao ter em conta as formas como o poder afeta (inclusive constitui) o sexual. Não é somente uma crítica a uma concepção biologizante, naturalista, da sexualidade, mas também uma crítica às hierarquizações e relações de poder que essa concepção mascara. Para democratizar a ordem sexual, é imprescindível romper com o essencialismo defendido pelo apelo ao natural, entre outros, feito pela hierarquia católica.

Tal desnaturalização contradiz os aspectos determinantes da postura católica sobre o sexual. Por um lado, os direitos sexuais e reprodutivos buscam garantir que as práticas sexuais se autonomizem em relação a suas consequências reprodutivas e que as decisões reprodutivas possam ser tomadas para além de vínculos sexuais-afetivos. Essa autonomia se contrapõe a um elemento central da doutrina católica: o caráter de procriação da sexualidade, colocado como requisito para sua moralidade e legalidade. Outro aspecto em que os direitos sexuais e reprodutivos se distanciam da doutrina católica é na defesa de um pluralismo ético. Ao politizar a sexualidade, também politizam (e legitimam) os desacordos morais existentes, rompendo com a noção de moral universal

---

[10] Paula Montero, "Secularização e espaço público: a reinvenção do pluralismo religioso no Brasil", *Etnográfica: Revista do Centro em Rede de Investigação em Antropologia*, v. 13, n. 1, 2009.

[11] Winnifred Fallers Sullivan, Mateo Taussig-Rubbo e Robert Yelle, "Introduction", em *After Secular Law* (Stanford, Stanford University Press, 2011).

sustentada pela Igreja católica. O processo de "desmoralização" da ordem sexual não significa um esfumaçamento da ética; ao contrário, a crítica à moral universal é acompanhada da visibilização e da construção de diversas éticas, inclusive em tensão, o que se evidencia, por exemplo, se considerarmos o debate sobre prostituição e trabalho sexual no interior do paradigma dos direitos sexuais e reprodutivos.

A luta por direitos é também a busca pela transformação do *nomos*[12], uma episteme que diz respeito à articulação entre moralidade e sexualidade. Em síntese, o paradigma dos direitos sexuais e reprodutivos tem três efeitos interconectados sobre a articulação entre direito e religião: a) denuncia a suposta neutralidade e objetividade do direito ao evidenciar a influência da doutrina católica sobre as leis; b) politiza como religioso aquilo que circula como parte da cultura (nacional) e da moral (natural); c) legitima novas articulações entre direito e ética sexual para as quais o desejo, o prazer e a autonomia são princípios fundantes.

A sexualização do direito gerou, como analisaremos a seguir, uma nova etapa no processo de juridificação da moral católica. O direito, como espaço institucionalizado das disputas de poder[13], é também uma arena onde atores com agendas diferentes, inclusive opostas, articulam suas visões sobre a sexualidade[14]. Diante da legalização do aborto, da identidade de gênero ou do casamento de pessoas do mesmo sexo, a hierarquia católica e setores aliados juridificam (de forma reativa) a moral sexual baseada na reprodução e o matrimônio em defesa de uma ordem social e moral que consideram ameaçada.

A juridificação (reativa) da moral católica

A Igreja católica foi desafiada de diferentes formas pela modernidade e pela secularização. A diferenciação entre as esferas religiosa e secular ou a necessária separação entre Estado e Igreja foram processos aos quais a instituição eclesial resistiu. Apenas na segunda metade do século XX ela se adaptou institucionalmente à modernidade. Isso se deu, com tensões e desacordos, a partir das

---

[12] Nos termos de Robert Cover, um *nomos* é um universo normativo em que se constrói e mantém a diferenciação entre correto/equivocado, legal/ilegal e válido/inválido. Ver Robert Cover, "The Supreme Court, 1982 Term – Foreword: Nomos and Narrative", *Yale Law School Faculty Scholarship Series*, paper 2.705, 1983.

[13] Carol Smart, *Feminism and the Power of Law*, cit.

[14] María Eugenia Monte, "Disputas sobre la regulación jurídica del aborto en Argentina", cit.

principais decisões do Concílio Vaticano II (1962-1965). A Igreja católica assim se inscreve como parte do mundo, pela aceitação da liberdade religiosa e da separação entre religioso e político, entre outros aspectos, mas isso não significa seu desinteresse por assuntos sociais, culturais e econômicos. Ao contrário, a Igreja moderna defende seu direito de ser um ator público, de levar à esfera política a proteção de seus princípios morais (uma das facetas da privatização, nos termos de Casanova)[15].

Esse *aggiornamento* ao mundo social e político excluiu temáticas vinculadas à sexualidade, as quais, nos anos 1960, foram amplamente discutidas inclusive dentro do catolicismo, sobretudo o uso de anticoncepcionais para controlar a natalidade. Apesar da existência de correntes internas e de uma comissão específica que, durante o Concílio Vaticano II, aconselhou considerar os anticonceptivos como uma opção moral em circunstâncias específicas, a encíclica *Humana vitae* impediu qualquer possibilidade de abertura, reafirmando a inseparabilidade entre ato matrimonial e reprodução. A flexibilização à qual o Concílio Vaticano II correspondeu desconsiderou a sexualidade em um mundo em que nem os próprios crentes seguiam as pautas morais e estruturas defendidas pela hierarquia.

Tal inflexibilidade da Igreja católica em relação à moral sexual se desloca em direção às regulações legais. O direito deveria proteger e respeitar certos valores que a Igreja considera "exigências éticas [...] situadas no ser humano e pertencentes à lei moral natural" e, portanto, não confessionais[16]. A legitimidade do direito, inclusive, se avaliaria não apenas em referência a procedimentos democráticos, já que "a política não pode fazer abstração da ética, nem as leis civis nem o ordenamento jurídico de uma lei moral superior"[17]. Sem desconhecer a importância de questões como a pobreza e a exclusão, é possível afirmar que a defesa de uma ordem moral sexual reprodutivista e matrimonial é um dos

---

[15] José Casanova, *Public Religions in the Modern World* (Chicago/Londres, The University of Chicago Press, 1994).

[16] Congregación para la Doctrina de la Fe, "Nota doctrinal sobre algunas cuestiones relativas al compromiso y la conducta de los católicos en la vida política", *Portal do Vaticano*, 24 nov. 2002, disponível em: <http://www.vatican.va/roman_curia/congregations/cfaith/documents/rc_con_cfaith_doc_20021124_politica_sp.html>, acesso em: 12 maio 2020.

[17] Comisión Teológica Internacional, "En busca de una ética universal: nueva perspectiva sobre la ley natural", *Portal do Vaticano*, 20 maio 2009, disponível em: <http://www.vatican.va/roman_curia/congregations/cfaith/cti_documents/rc_con_cfaith_doc_20090520_legge-naturale_sp.html>, acesso em: 12 maio 2020.

principais eixos das alianças da hierarquia católica com setores governamentais e com outras tradições religiosas.

A centralidade que a regulação da ordem sexual tem para a Igreja ficou evidente nas reações frente aos câmbios culturais e legais das últimas décadas. A hierarquia seguiu com preocupação essas mudanças nas práticas e identidades sexuais, em particular aquelas vinculadas ao aborto e à homossexualidade. Sendo uma instituição global, pôde atestar processos de reformas legais, como a decisão *Roe vs. Wade* (1973), que descriminaliza o aborto nos Estados Unidos, e atuar preventivamente em outros países[18]. Assim, o Vaticano emitiu, de forma quase imediata a essa decisão, documentos nos quais não apenas se reafirma a doutrina católica diante de temáticas como o aborto e a homossexualidade, como também se rechaçam essas "novas" formas de regular a sexualidade e a reprodução[19]. No ano seguinte a *Roe vs. Wade*, publicou a *Declaração sobre o aborto*, em que afirma que "a lei humana pode renunciar ao castigo, mas não pode declarar honesto o que seja contrário ao direito natural, pois tal oposição basta para que uma lei já não seja uma lei"[20]. A fundação da Vida Humana Internacional (VHI) em 1981 é outra das reações dos setores católicos às mudanças legais. Inaugurada nos Estados Unidos, a VHI logo começou a criar filiais pioneiras no movimento "pró-vida" em diferentes países da América Latina.

Para além desses antecedentes, os anos 1990 foram um momento-chave na reação do Vaticano perante os direitos sexuais e reprodutivos. O impacto dos movimentos feministas e de lésbicas nas conferências da Organização das Nações Unidas (ONU) no Cairo (1994) e em Pequim (1995) é um ponto de inflexão para a Igreja católica, já que implicou a incorporação dos direitos sexuais e reprodutivos ao discurso dos direitos humanos. Diante de tal inclusão, que sintetiza anos de ativismo, o Vaticano intensifica e adapta seu papel como líder na defesa de uma ordem moral reprodutivista e matrimonial. Os direitos humanos tornaram-se, então, um campo para a batalha moral e política da Igreja católica, já que neles "estão condensadas as principais exigências

---

[18] Mala Htun, *Sex and the State: Abortion, Divorce, and the Family Under Latin American Dictatorships and Democracies* (Cambridge, Cambridge University Press, 2003).

[19] Pablo Gudiño Bessone, "Aborto, sexualidad y bioética en documentos y encíclicas vaticanas", *Acta Bioethica*, Santiago, v. 24, n. 1, 2018, p. 85-94.

[20] Congregación para la Doctrina de la Fe, "Declaración sobre el aborto", *Portal do Vaticano*, 18 nov. 1974, disponível em: <http://www.vatican.va/roman_curia/congregations/cfaith/documents/rc_con_cfaith_doc_19741118_declaration-abortion_sp.html>, acesso em: 12 maio 2020.

morais e jurídicas que devem presidir a construção da comunidade política"²¹. O embasamento dos direitos humanos na tradição dos direitos naturais²² e a participação formal do Vaticano na ONU (como Observador Permanente) permitiram que a hierarquia católica liderasse a defesa diante das ameaças que representariam os movimentos feministas e de lésbicas.

Entre as reações orquestradas a partir do Vaticano, é importante mencionar como foi construída sua política contra os direitos sexuais e reprodutivos. A Igreja convocou distintos setores (cidadãos e crentes) e ofereceu um diagnóstico no qual expôs os riscos e desafios que a ordem moral e legal atravessava. Precisamente, os termos "cultura da morte" e "ideologia de gênero" passaram a circular, desde meados dos 1990, como forma de explicar o avanço dos movimentos feministas e suas demandas. A luta contra a "cultura da morte" e contra a "ideologia de gênero" funciona como um enquadramento, uma concepção do mundo contemporâneo e de suas principais ameaças²³. Com essas duas noções, o Vaticano articulou uma política de restauração moral diante do avanço dos direitos sexuais e reprodutivos.

A necessidade de defender a "cultura da vida" perante a "cultura da morte" foi a primeira aposta institucional do Vaticano para enfrentar o progresso dos direitos sexuais e reprodutivos. Esse antagonismo foi formulado por João Paulo II na encíclica *Evangelium vitae*, publicada em 1995. A importância dessa publicação não está em seus conteúdos morais, já que mantém o posicionamento existente, mas sim no fato de que inscreve a defesa da vida humana desde a concepção como parte do confronto cultural e legal. A encíclica foi a resposta institucional aos eventos das conferências da ONU mencionadas, já que se argumenta na obra que as sociedades estariam no meio do conflito entre cultura da vida e cultura da morte e, portanto, "todos estamos implicados

---

[21] Pontificio Consejo Justicia y Paz, "Compendio de la doctrina social de la iglesia", *Portal do Vaticano*, 26 maio 2006, §388, disponível em: <http://www.vatican.va/roman_curia/pontifical_councils/justpeace/documents/rc_pc_justpeace_doc_20060526_compendio-dott-soc_sp.html>, acesso em: 12 maio 2020.

[22] Costas Douzinas, *The End of Human Rights* (Oxford, Hart Publishing, 2000).

[23] O conceito de enquadramento (*framing*) provém da bibliografia sobre movimentos sociais/ação coletiva. Para outros usos do conceito na análise da mobilização legal conservadora na América Latina, ver Alba M. Ruibal, "Movilización y contra-movilización legal: propuesta para su análisis en América Latina", *Política y gobierno*, Cidade do México, v. 22, n. 1, 2015, p. 175-98. Além de ser utilizado neste capítulo, o conceito de enquadramento também é importante no capítulo 3, que recorre a ele para discutir as principais narrativas mobilizadas nos protestos de rua contra o gênero, desde 2016, em diferentes países da América Latina.

e obrigados a participar, com a incontornável responsabilidade de decidir incondicionalmente a favor da vida". Assim, o antagonismo entre os defensores da vida e aqueles que respondem à "cultura da morte" sela a centralidade que o aborto, juntamente com a eutanásia, tem para a política da Igreja católica.

Esse quadro vida/morte se vincula de forma direta ao direito, já que, segundo considera a Igreja católica, as leis têm papel central na "promoção da mentalidade e dos costumes"[24]. O Vaticano reconhece a função simbólica do direito, particularmente seu ofício em distinguir o proibido e o permitido, para além de sua eficácia em restringir as condutas. A encíclica sustenta que estamos diante de uma contradição a respeito dos direitos humanos (resultado do que denomina uma "mentalidade anticonceptiva"): "Precisamente numa época em que se proclamam solenemente os direitos invioláveis da pessoa e se afirma publicamente o valor da vida, o próprio direito à vida é praticamente negado e espezinhado, particularmente nos momentos mais emblemáticos da existência, como são o nascer e o morrer"[25]. Não reconhece nenhuma exceção ao aborto enquanto pecado e crime (diferentemente de outras tradições religiosas) e afirma que "a aceitação do aborto na mentalidade, nos costumes e mesmo na lei" é indicativa da "crise do sentido moral, que é cada vez mais incapaz de distinguir entre o bem e o mal".

O direito ocupa um lugar relevante na defesa da vida humana, já que a encíclica conclama legisladores e políticos – em geral, os "responsáveis pela vida pública" – para essa função. Para tanto, instrui como devem votar os legisladores com o propósito de evitar esses tipos de lei ou, quando isso não for possível, de "diminuir assim os efeitos negativos no âmbito da cultura e da moralidade pública". As leis que despenalizam o aborto não são apenas imorais, são também consideradas ilegítimas e sem "validade jurídica". A encíclica sustenta que "quando uma lei civil legitima o aborto ou a eutanásia, ela deixa de ser, por isso, uma verdadeira lei civil moralmente vinculante". A democracia, continua o documento, é um instrumento e não um fim; portanto, seu valor depende da adequação das leis que promulga "à lei moral a que, como qualquer outro comportamento humano, deve submeter-se". A obra sustenta, inclusive, que

---

[24] Congregación para la Doctrina de la Fe, "Consideraciones acerca de los proyectos de reconocimiento legal de las uniones entre personas homosexuales", *Portal do Vaticano*, 31 jul. 2003, disponível em: <http://www.vatican.va/roman_curia/congregations/cfaith/documents/rc_con_cfaith_doc_20030731_homosexuho-unions_sp.html>, acesso em: 12 maio 2020.

[25] João Paulo II, *Evangelium vitae*, Portal do Vaticano, 25 mar. 1995, disponível em: <http://www.vatican.va/content/john-paul-ii/pt/encyclicals/documents/hf_jp-ii_enc_25031995_evangelium-vitae.html>, acesso em: 12 maio 2020.

as leis que autorizam o aborto ou a eutanásia (ou seja, que atentam contra a "cultura da vida") "estabelecem a urgente e precisa obrigação de opor-se a elas pela objeção de consciência". Desse modo, a objeção de consciência deixa de ser um direito excepcional e se inscreve como uma obrigação moral perante leis "intrinsecamente injustas", já que "nunca é lícito" cumpri-las.

O apelo à "cultura da morte", que ocupou um lugar importante nos papados de João Paulo II e de Bento XVI, foi modificado pelo papa Francisco por meio da incorporação da noção de "cultura do descarte", a qual se transformaria no significante que agrupa as principais ameaças ao mundo contemporâneo. Para o atual papa, o individualismo, o narcisismo, a instabilidade nas relações afetivas, entre outros, são articuladores de uma cultura em decadência, uma "cultura do provisório" ou "cultura do descarte". Essas concepções são usadas para caracterizar numerosos aspectos da vida social, enfatizando os sistemas de exclusão econômica, o consumo, a exploração e os efeitos nas famílias[26].

Durante seu discurso na ONU em 2015, o papa Francisco reforçou a necessidade de defender o meio ambiente e lutar contra a exclusão social, particularmente a pobreza, vista como consequência da "cultura do descarte". Ao fazer esse chamado, também reconheceu que essa defesa exige "o reconhecimento de uma lei moral inscrita na própria natureza humana, que inclui a distinção natural entre homem e mulher e o respeito absoluto à vida em todas as suas etapas e dimensões". O papa, sem dúvida, sofisticou o quadro com o uso da "cultura do descarte", mas esse deslocamento segue acompanhado por uma defesa inalienável da vida desde a concepção. Na encíclica *Amoris laetitia*, o pontífice afirma que "é tão grande o valor de uma vida humana e é tão inalienável o direito à vida da criança inocente que cresce no ventre de sua mãe que de nenhum modo se pode reivindicar como um direito sobre o próprio corpo a possibilidade de tomar decisões sobre essa vida, que é um fim em si mesma e nunca pode ser objeto do domínio de outro ser humano"[27].

Em meados dos anos 1990, também se alcunha outro conceito que serve como quadro do ativismo católico conservador: a luta contra a "ideologia de

---

[26] María Candelaria Sgró Ruata e Juan Marco Vaggione, "El papa Francisco I y la sexualidad: políticas de dislocación", *Revista Mexicana de Ciencias Políticas y Sociales*, Cidade do México, v. 63, n. 232, 2018.

[27] Francisco, *Amoris laetitia*, Portal do Vaticano, 19 mar. 2016, disponível em: <http://www.vatican.va/content/francesco/es/apost_exhortations/documents/papa-francesco_esortazione-ap_20160319_amoris-laetitia.html>, acesso em: 12 maio 2020.

gênero"[28], que tem um propósito similar à luta contra a "cultura da morte": ambas proveem um enquadramento para a política conservadora. Ela possibilitou, no entanto, outras apropriações, sentidos e usos táticos. Como assinalam os estudos[29], o neologismo foi idealizado por Dale O'Leary, uma ativista católica "pró-vida", com o propósito de explicar o que se passou nas conferências da ONU de meados dos anos 1990 e "caracterizar" os movimentos que possibilitaram os "novos direitos". Seu uso se massificou e foi além do campo católico, transformando-se em uma das principais estratégias retóricas do autodenominado movimento "pró-família" em diferentes regiões do mundo.

O termo funciona, poderíamos dizer, como um ideologema, um articulador de sentidos culturais e políticos, o que facilita sua circulação e sua apropriação pública. Não corresponde a uma teoria nova, não produz novos posicionamentos morais, mas condensa em uma fórmula acessível e potente a política sexual e de gênero da Igreja católica. Sua expansão e seu posterior impacto foram facilitados pela inclusão desse termo em documentos e declarações públicas da hierarquia católica. Ratzinger, primeiro como prefeito da Congregação para a Doutrina da Fé e depois como papa, teve um papel relevante na adoção, circulação e legitimação de seu uso público. Sua experiência na Alemanha durante os anos 1980, como já haviam exposto as críticas e políticas feministas, foi condensada no *Ratzinger Report* (1985), relatório que, para Mary Ann Case, contém as principais dimensões do que logo se passaria a denominar "ideologia de gênero"[30].

A luta contra a "ideologia de gênero" ocupa um lugar central nas intervenções políticas do Vaticano em recusa aos "novos direitos humanos" – eufemismo para se referir aos direitos sexuais e reprodutivos. Entre seus usos táticos, a "ideologia de gênero" remete a um caráter não científico e falso das demandas dos movimentos feministas e LGBTQI, inscrevendo uma antinomia entre direitos sexuais e reprodutivos (o ideológico) e leis da natureza (o verdadeiro).

---

[28] A análise da luta contra a "ideologia de gênero" será aprofundada nos capítulos 2 e 3; neste último, destaca-se também a conexão dessa luta com os padrões atuais da construção do "feminismo radical" como inimigo político.

[29] Roman Kuhar e David Paternotte (orgs.), *Anti-Gender Campaigns in Europe: Mobilizing against Equality* (Londres, Rowman & Littlefield International, 2017); Rogério Junqueira, "A invenção da 'ideologia de gênero': a emergência de um cenário político-discursivo e a elaboração de uma retórica reacionária antigênero", *Revista Psicologia Política*, São Paulo, v. 18, n. 43, 2018, p. 449-502.

[30] Mary Ann Case, "Trans Formations in the Vatican's War on 'Gender Ideology'", *Signs: Journal of Women in Culture and Society*, Boston, v. 44, n. 3, 2019, p. 639-64.

Para a postura oficial do catolicismo, o foco na cultura dos movimentos feministas e LGBTQI implica desconhecer as leis da natureza que sustentariam as diferenciações de gênero e, desse modo, negar também o plano de Deus que nelas se reflete. Assim, a hierarquia católica estigmatiza e distorce as demandas desses movimentos, considerando-as parte de um construto ideológico que busca confrontar e destruir a família. Em particular, o termo canaliza pânicos morais que acompanham os processos de reformas legais vinculadas à sexualidade e à reprodução[31]. Ainda que esses temores se conectem à sexualidade, também colocam em movimento ansiedades vinculadas a outras questões sociais[32], tais como a raça, a insegurança social ou a nacionalidade, entre outras.

Uma das principais instituições que a "ideologia de gênero" ameaça, segundo a Igreja católica, é a família. Para ser preciso, os primeiros documentos do Vaticano sobre a "ideologia de gênero" foram publicados pelo Pontifício Conselho para a Família, com o propósito de, entre outras questões, advertir que "o desafio mais perigoso [para a família] vem da ideologia de gênero, nascida nos ambientes feministas e homossexuais anglo-saxões e já difundida amplamente pelo mundo". Frente ao posicionamento desses movimentos, a Igreja católica reforçaria a defesa da complementaridade entre homem e mulher, segundo a qual "a identidade sexual é indiscutível porque é a condição objetiva para se formar um casal no matrimônio"[33].

Outra forma em que a "ideologia de gênero" ameaçaria a família é por meio da educação, em particular da educação sexual nas escolas. O documento mais completo do Vaticano sobre essa temática foi publicado em 2019 pela Congregação para a Educação Católica. Intitulado *Homem e mulher os criou*, distingue entre a "ideologia de gênero" e a "teoria de gênero", com o propósito de possibilitar o diálogo com esta última, mantendo a crítica à primeira[34]. A

---

[31] Sara Garbagnoli, "Against the Heresy of Immanence: Vatican's 'Gender' as a New Rhetorical Device Against the Denaturalization of the Sexual Order", *Religion and Gender*, Leiden, v. 6, n. 2, 2016, p. 187-204; Karina Bárcenas Barajas, "Pánico moral y de género en México y Brasil: rituales jurídicos y sociales de la política evangélica para deshabilitar los principios de un estado laico", *Religião & Sociedade*, Rio de Janeiro, v. 38, n. 2, 2018, p. 85-118.

[32] Gayle Rubin "Thinking Sex: Notes for a Radical Theory of the Politics of Sexuality", em Henry Abelove, Michele Aina Barale e David Halperin (orgs.), *The Lesbian and Gay Studies Reader* (Nova York, Routledge, 1993).

[33] Pontificio Consejo Justicia y Paz, "Compendio de la doctrina social de la iglesia", cit., §496.

[34] Congregación para la Educación Católica, "Varón y mujer los creó: para una vía de diálogo sobre la cuestión del *gender* en la educación", Cidade do Vaticano, 2019, disponível em: <http://www.educatio.va/content/dam/cec/Documenti/19_0998_SPAGNOLO.pdf>, acesso em: 12 maio 2020.

"ideologia de gênero" se caracteriza, segundo o documento, por sua vocação desnaturalizadora e por "inspirar programas educativos e tendências legislativas" que promovem ideias sobre "a identidade pessoal e a intimidade afetiva que rompem de forma radical com a diferença biológica entre homem e mulher".

Perante essa "ideologia", o documento sustenta a importância da ciência e da razão científica para evidenciar a falsidade da agenda proposta. Como em declarações prévias, a proposta da Igreja em defesa de uma compreensão adequada do gênero é nutri-la de argumentos e conhecimentos científicos (por exemplo, defende-se o "dimorfismo sexual", recusando o direito à identidade de gênero). A Igreja prioriza o direito como arena para confrontar e resistir ao avanço da "ideologia de gênero", já que esta não apenas buscaria criar uma "revolução cultural e ideológica", fomentando o relativismo, como também "uma revolução jurídica" pela promoção de "direitos individuais e sociais específicos". O documento menciona uma série de direitos fundamentais que devem ser defendidos e protegidos diante dessa "revolução jurídica", em particular os direitos da família e aqueles vinculados à liberdade de pensamento, consciência e religião.

Como veremos na próxima seção, a luta contra a "cultura da morte" e a "ideologia de gênero" influencia as diversas formas de acionamento do neoconservadorismo na América Latina. O neoconservadorismo é heterogêneo em sua conformação, como já foi discutido. Apesar disso, tem como matriz os quadros, estratégias e argumentos gerados pelo Vaticano em sua reação ao avanço dos direitos sexuais e reprodutivos.

América Latina: o neoconservadorismo e a arena legal

Não é surpreendente que a crítica à imbricação entre moral católica e direito secular, aprofundada pelos movimentos feministas e LGBTQI, tenha provocado intensas reações no modo de atuar de setores moralmente conservadores na América Latina. Com a interrupção, ou, ao menos, a deslegitimação do pacto de transferência da moral católica ao Estado, o conservadorismo ensaia novas estratégias em defesa de uma ordem sexual e social em crise. Essas novas formas do conservadorismo, ou neoconservadorismo, são, em grande medida, reativas às mudanças na ética e na legalidade sexual, isto é, à (des)ordem sexual que se inscreve a partir do direito. Não se trata exatamente de reações às transformações nas práticas sexuais e reprodutivas, já que estas sempre foram diversas e complexas, mas principalmente de reações ao reordenamento simbólico dessas práticas, às mudanças na hierarquia sexual[35], para as quais o direito é, como discutido na última seção, uma arena central.

A emergência, a solidificação e, inclusive, o apoio popular ao neoconservadorismo se vinculam à necessidade de certos setores de defender a recuperação de uma ordem moral que se considera ameaçada. Se o neoconservadorismo se volta ao passado para restaurar um modelo moral (nunca de todo vigente), também projeta-o em direção ao futuro enquanto utopia (uma utopia reacionária[36]). Uma das características dessa política restaurativa é a centralidade do direito na defesa da ordem moral em crise. É claro que a juridificação do posicionamento moral-religioso não é novidade; a novidade reside, em certa medida, na consolidação de novos atores, argumentos e estratégias em defesa de uma ordem sexual que privilegia a reprodução sobre o desejo e legitima um modelo único de família.

Sem ignorar que a agenda neoconservadora tem diversas dimensões e racionalidades, a juridificação ou a mobilização do direito é uma estratégia central. Como afirmamos previamente, prioriza-se a função simbólica do direito, sua capacidade de "ordenar" a realidade, de funcionar como matriz de inteligibilidade para os fiéis e para os cidadãos[37]. A luta por um direito que reflita a moral cristã, ou seja, a juridificação dessa moral, é uma forma de "evangelização secular", já que as normas legais passam a servir como instrumento para pregar um posicionamento a respeito da família, da vida e da liberdade. O processo de recristianizar a sociedade por meio do direito implica seu uso como instrumento e estratégia para defender e difundir socialmente uma doutrina moral. Nesse processo, o advogado ou operador do direito parece substituir, metaforicamente, o pastor ou o sacerdote.

O próximo item deste capítulo busca explicar a utilização do direito como estratégia para a restauração moral por meio da análise aprofundada de duas dimensões do neoconservadorismo. Em primeiro lugar, identificaremos os principais atores e operadores que mobilizam o direito para restaurar uma ordem moral em crise. Essa ordem moral foi embasada quase exclusivamente na moral católica, mas, em seu intento atual de restauração, se amplia e se torna cristã devido à participação de setores evangélicos. Em segundo lugar, analisaremos

---

[35] Gayle Rubin, "Thinking Sex", cit.
[36] Enzo Traverso, *Las nuevas caras de la derecha* (Buenos Aires, Siglo Veintiuno Editores, 2018).
[37] Mauricio García Villegas, *La eficacia simbólica del derecho*, cit.

alguns usos específicos dos argumentos legais; em particular, as formas em que a agenda moral religiosa se transforma em projetos de lei ou casos judiciais em contraposição ao avanço dos direitos sexuais e reprodutivos.

Maquinaria legal neoconservadora: operadores jurídicos

Uma das principais características do neoconservadorismo, como assinalam vários estudos, é a diversidade de atores que o compõem[38]. É comum a esses trabalhos o entendimento de que, embora as hierarquias religiosas tenham uma presença relevante, a elas se agregam atores da sociedade civil e política que apresentam formas diversas de vinculação com o religioso. Como o propósito desta seção é focalizar o fenômeno da restauração legal, vamos nos concentrar em atores que participam enquanto operadores do direito, desempenhando uma multiplicidade de funções na sanção e na interpretação das normas jurídicas. Uma das facetas do neoconservadorismo, talvez a mais relevante, é que ele opera como uma maquinaria legal, mobilizando estratégias e argumentos para a restauração moral.

Como dito no primeiro tópico deste capítulo, a hierarquia religiosa é, sem dúvida, um dos principais atores na sustentação de um sistema legal imbricado com uma moral conservadora. O Vaticano, por exemplo, devido a seu papel privilegiado na ONU e na Organização dos Estados Americanos (OEA), tem uma marcada influência no movimento conservador que busca excluir os direitos sexuais e reprodutivos do discurso dos direitos humanos. Tem, inclusive, levado a luta contra a "ideologia de gênero" a esses organismos internacionais. A hierarquia católica também é um ator influente nas formas de regular a família e a sexualidade em países da América Latina, já que o tipo de vínculo existente entre essa hierarquia e o governo é central para criar ou restringir oportunidades para reformas legais em temas como o aborto, o divórcio ou a definição de família[39]. Junto à hierarquia católica, deve-se incluir a hierarquia evangélica, que passou a ter forte impacto em diversos países da região[40]. O aumento do percentual de evangélicos na população ampliou o impacto

---

[38] Grande parte dos estudos pioneiros sobre o tema foi mencionada, com as devidas referências bibliográficas, na introdução e também está compilada na bibliografia ao fim deste volume.

[39] Ver Mala Htun, *Sex and the State*, cit.

[40] A atuação da hierarquia evangélica na América Latina será analisada em detalhes por Maria das Dores Campos Machado no capítulo 2.

potencial das lideranças evangélicas sobre os debates públicos e sobre as formas de regular legalmente a ordem sexual.

Sem desconhecer a importância que a hierarquia religiosa tem na sanção e na interpretação do direito, interessa-nos focar outro fenômeno vinculado: as formas pelas quais atores do campo político e jurídico se mobilizam para restaurar uma ordem legal baseada em suas crenças religiosas. Junto à hierarquia religiosa, é possível observar, como parte da maquinaria legal neoconservadora, um conjunto de atores que mobiliza o direito em defesa de uma moral reprodutivista e matrimonial. Em particular, analisamos dois tipos de atores, pela transcendência que têm no neoconservadorismo: os políticos cristãos e os advogados e juristas confessionais. Esses atores, como veremos a seguir, transcendem a dicotomia religioso-secular, já que fundem sua identificação religiosa a suas funções no sistema partidário e no campo jurídico.

Políticos cristãos

A politização reativa perante questões como o aborto ou os direitos de pessoas do mesmo sexo, entre outras, tem correspondido ao uso de canais partidários por certos atores conservadores em defesa de uma ordem moral em crise. Desse modo, em reação à agenda dos direitos sexuais e reprodutivos, é comum observar políticos que assumem posicionamentos "pró-vida" ou "pró-família" como parte de sua função pública e de suas agendas eleitorais. Esses políticos não são, é claro, um fenômeno novo na região; a novidade está na conformação, em diferentes países, de alianças, blocos ou mesmo partidos cuja proposta prioriza a defesa de valores como a vida, a família e a liberdade religiosa. Está, também, em algumas circunstâncias, no impacto eleitoral dessas propostas.

A identificação com o religioso é um elemento relevante na consolidação de posicionamentos "pró-vida"/"pró-família" no sistema partidário, para além de motivações eleitorais. Como identificado por diferentes estudos, a intensidade do sentimento religioso é uma das principais causas do rechaço dos direitos sexuais e reprodutivos. Isso inclui também as justificativas de alguns políticos para sua oposição à legalização do aborto, aos direitos para casais do mesmo sexo ou à implementação da educação sexual nas escolas. Os processos de laicização implicaram que alguns cidadãos e políticos distinguissem suas crenças pessoais de seus posicionamentos públicos. Para outros, ao contrário, existe uma indeterminação entre seus valores morais como crentes e seu papel como governantes e/ou legisladores[41]. Nesse caso, encontram em sua identificação religiosa (católica ou evangélica) uma motivação importante para sua atuação política, razão pela qual a defesa da vida e da família, em conexão com a doutrina cristã, é uma prioridade nas funções que ocupam.

Tais políticos cristãos se vinculam ao sistema partidário de diferentes formas. Uma delas é por meio da filiação a partidos expressamente alinhados com a agenda religiosa. Dentro da tradição católica, os partidos democratas cristãos foram uma proposta institucional em defesa dos princípios doutrinários. Ainda que a democracia cristã continue existindo em diferentes países – e seus líderes tendam a defender uma posição conservadora em temas sexuais –, ela perdeu terreno enquanto estratégia política da Igreja católica, salvo algumas exceções. O papa atual já reafirmou que os partidos políticos católicos "não são o caminho" para que os fiéis se envolvam em debates públicos[42]. A desarticulação da democracia cristã como projeto institucional não implica, no entanto, que a Igreja tenha deixado de ter fortes vínculos e influência sobre o sistema partidário. Por exemplo, partidos políticos como o Partido de Ação Nacional (PAN), no México, ou a União Democrata Independente (UDI), no Chile, ainda que não se firmem numa explícita identidade religiosa, compartilham, em suas origens e suas agendas, uma visão cristã da sociedade.

A estratégia atual do campo católico não é a formação de partidos religiosos, mas o chamado a políticos para que atuem com base em suas crenças, com uma inserção transversal em diferentes partidos, uma "interseção indireta"[43]. Desse modo, os documentos da Igreja católica afirmam que o político deve defender um sistema de moral natural e universal e "está chamado a discordar de uma concepção do pluralismo na chave do relativismo moral, nociva à própria vida democrática"[44]. O mesmo documento sustenta, referindo-se aos parlamentares, que "a consciência cristã bem-formada não permite que ninguém favoreça com o próprio voto a realização de um programa político ou a aprovação de uma lei

---

[41] Juan Marco Vaggione, "Sexual Rights and Religion: Same-Sex Marriage and Lawmakers' Catholic Identity in Argentina", *Miami Law Review*, v. 935, 2011.

[42] "'Los partidos políticos católicos no son el camino', asegura el papa", *Excelsior*, 30 abr. 2015, disponível em: <https://www.excelsior.com.mx/global/2015/04/30/1021658>, acesso em: 12 maio 2020.

[43] Marcos Carbonelli, "Political Parties and Churches in Argentina: Intersections in Quicksand", *Politics and Religion Journal*, v. 12, n. 1, 2018.

[44] Congregación para la Doctrina de la Fe, "Nota doctrinal sobre algunas cuestiones relativas al compromiso y la conducta de los católicos en la vida política", cit.

em particular que contenham propostas alternativas ou contrárias aos conteúdos fundamentais da fé e da moral". Esse posicionamento da Igreja católica se materializa na ativa mobilização de políticos, os quais, a partir de sua identificação religiosa, recusam projetos que visam descriminalizar o aborto, estabelecer a educação sexual ou reconhecer direitos a casais do mesmo sexo, entre outros.

As igrejas evangélicas também impactaram o sistema partidário de diferentes formas. Em princípio, o campo de forças evangélico tendia a rechaçar a participação na política. Deu-se, no entanto, uma virada e, com ela, as igrejas e setores evangélicos passaram a ter influência crescente em distintos países. Os anos 1980 costumam ser assinalados como um momento em que se tornam visíveis tanto a existência (e importância) do "voto evangélico" quanto a criação de partidos políticos evangélicos, processo que se acentua naqueles países em que existem maiores percentuais de evangélicos na população. Enquanto o campo religioso se transformou, ao longo do século XX, devido ao crescimento das igrejas evangélicas, em particular as pentecostais, essa transformação impactou o sistema partidário, uma vez que essas igrejas decidiram participar dos debates públicos e da sociedade política. A formação de partidos e a apresentação de candidaturas evangélicas se potencializaram com a consolidação da reação "pró-família" e "pró-vida" frente à repercussão da agenda dos movimentos feministas e LGBTQI.

O impacto dos políticos evangélicos com uma agenda contrária aos direitos sexuais e reprodutivos é um fenômeno que, embora se apresente com diferentes intensidades, caracteriza de forma geral a América Latina. O Brasil é um caso paradigmático, já que a bancada evangélica no Congresso Nacional – assim como os parlamentares evangélicos nas assembleias legislativas e câmaras de vereadores pelo país – tornou-se um setor relevante nas discussões legislativas, com particular concentração nos temas da família, da educação e da sexualidade. No Chile, em 2015, foi criado o partido Evangélicos en Acción, no auge de uma série de projetos de lei, apresentados pelo poder Executivo, relacionados à descriminalização do aborto e à sanção de uma lei de identidade de gênero. Esse partido explicita que nasceu precisamente em virtude da necessidade de "convocar os cristãos de todo o país, que estão inquietos e que sentem o dever de opor-se à legalização do aborto e do casamento homossexual"[45]. A Costa Rica é outro país em que se formaram partidos liderados por atores evangélicos, como, na

---

[45] "'Evangélicos en acción', un movimiento político con la misión de socializar e institucionalizar los valores cristianos en el país", *Chile Cristiano*, nov. 2015, disponível em: <http://chilecristiano.cl/index.php/noticias/447-evangelicos-fundan-movimiento-politico>, acesso em: 12 maio 2020.

atualidade, o Restauración Nacional, que conta com catorze representantes no Congresso, dos quais a metade é composta por pastores e pregadores[46].

É frequente a atuação coordenada de partidos cristãos, para além de suas identidades religiosas e pertencimentos partidários. Isso se dá justamente por compartilharem, como prioridade, a defesa de uma ordem moral diante do avanço dos direitos sexuais e reprodutivos. É possível observar, nos países em que se discutem questões como o aborto e os direitos de casais do mesmo sexo, a consolidação de frentes parlamentares que, embora provenham de diferentes partidos, geram alianças em defesa da vida ou da família. Em alguns países, essas frentes têm um alto nível de formalização, enquanto em outros se ativam pontualmente, diante de certos debates parlamentares[47]. Também se intensificaram os espaços transnacionais em que políticos cristãos compartilham experiências e estratégias. Um exemplo é o Congreso Hemisférico de Parlamentarios, que reúne legisladores da região para promover o diálogo e a cooperação entre eles em matéria de direitos humanos, particularmente em temas relacionados à dignidade da pessoa, à família e à liberdade religiosa[48]. Em 2017, foi produzida a chamada *Declaración de México* (*Declaración americana sobre la independencia y autodeterminación de los pueblos em asuntos relacionados a la vida, la familia y la libertad religiosa*), por meio da qual setecentos congressistas de dezoito países da América exigem que a OEA abandone "a agenda abortista e de gênero que pretende impor a seus povos"[49].

Como evidenciam as ações desses políticos, as crenças religiosas continuam sendo uma clivagem importante da sociedade política dos países da região. Longe de retroceder em sua influência, essas crenças estruturam debates parlamentares vinculados à sexualidade e à reprodução, dando lugar a alianças que transcendem inclusive identidades partidárias.

---

[46] Hulda Miranda, "Mitad de diputados de Restauración Nacional son pastores evangélicos", *Semanario Universidad*, 6 fev. 2018, disponível em: <https://semanariouniversidad.com/pais/mitad-diputados-restauracion-nacional-pastores-evangelicos/>, acesso em: 12 maio 2020.

[47] Nesse sentido, o Brasil, com a formação e o lançamento da Frente Parlamentar em Defesa da Vida e da Família, serve de exemplo. Ver "Frente em defesa da vida e da família é lançada hoje", *Agência Câmara de Notícias*, 27 mar. 2019, disponível em: <https://www.camara.leg.br/noticias/554207-frente-em-defesa-da-vida-e-da-familia-e-lancada-hoje/>, acesso em: 12 maio 2020.

[48] "Quienes somos", *El Sitio Oficial de Parlamentarios*, disponível em: <http://www.parlamentarios.org/quienes-somos/>, acesso em: 12 maio 2020.

[49] Diego Hernández, "700 congresistas de América exigen que la OEA abandone agenda gay y del aborto", *Redacción ACI Prensa/Actuall*, 17 jun. 2017, disponível em: <https://www.aciprensa.com/noticias/700-congresistas-de-america-exigen-que-la-oea-abandone-agenda-gay-y-abortista-23744>, acesso em: 12 maio 2020.

Advogados e juristas confessionais

O campo jurídico, com suas regras específicas e sua linguagem técnica, é outro espaço no qual atores neoconservadores se mobilizam contra os direitos sexuais e reprodutivos. Diante do impacto dos movimentos feministas e LGBTQI, o conservadorismo teve a necessidade de sofisticar as estratégias e os argumentos para se contrapor ao avanço do paradigma dos direitos sexuais e reprodutivos na doutrina e na jurisprudência. Assim, advogados e juristas confessionais atuam, de maneiras diferentes, em defesa de uma interpretação do direito imbricada à moral sexual cristã[50]. São denominados confessionais porque eles se autoidentificam com a doutrina religiosa quando exercem suas funções profissionais. Suas crenças religiosas não se separam de sua atuação técnica dentro do campo jurídico, nem estão em conflito com seus papéis profissionais. Ao contrário, parecem sustentá-los e respaldá-los.

Uma das formas de atuação desses operadores do direito é o uso do litígio estratégico em defesa de uma interpretação legal alinhada com a doutrina religiosa. A ativação estratégica do litígio pode ter sua origem associada aos movimentos feministas e LGBTQI, porém começou a ser utilizada por advogados confessionais em rechaço à liberalização do aborto, aos direitos para a diversidade sexual ou à educação sexual nas escolas, entre outras questões. Esses advogados confessionais são, em muitos casos, parte de organizações denominadas "pró-vida" e "pró-família" que passaram a incluir profissionais do direito em suas equipes, devido a sua importância nos debates sobre sexualidade e reprodução.

O papel dos advogados confessionais gerou um processo de judicialização conservadora em defesa de princípios como a vida, a família ou a liberdade religiosa. Na Argentina, por exemplo, a organização Portal de Belén foi pioneira na utilização do litígio de forma estratégica para evitar a vigência dos direitos sexuais e reprodutivos. Os advogados dessa organização judicializaram a anticoncepção de emergência, o programa de saúde sexual e reprodução responsável e os protocolos de acesso ao aborto em casos não puníveis pela legislação vigente[51]. Outro exemplo é a ONG Mujeres por la Vida,

---

[50] O conceito de juristas confessionais foi utilizado em artigo publicado com Mariela Puga no jornal *Página 12*. Ver Juan Marco Vaggione e Mariela Puga, "Los 'juristas confesionales' y el aborto", *Página 12*, 3 ago. 2018, disponível em: <https://www.pagina12.com.ar/132583-los-juristas-confesionales-y-el-aborto>, acesso em: 12 maio 2020.

[51] Maria Eugenia Monte e Juan Marco Vaggione, "Cortes irrumpidas: la judicialización conservadora del aborto en Argentina", *Revista Rupturas*, San José, v. 9, n. 1, 2018, p. 107-25;

que modificou seu estatuto para litigar em temáticas similares às do Portal de Belén[52]. Outra forma de litígio implementada na região são os recursos de inconstitucionalidade apresentados contra os direitos sexuais e reprodutivos, por meio da defesa de princípios como a vida desde a concepção ou a defesa da família. Muitas dessas ações judiciais apelam a uma interpretação do discurso dos direitos humanos em oposição ao reconhecimento e à legitimidade dos direitos sexuais e reprodutivos.

Os advogados dos movimentos "pró-vida" e "pró-família" também são atores importantes na produção e na circulação de argumentos legais para resistir à denominada "ideologia de gênero". Na Argentina, Jorge Scala, um advogado identificado com a Opus Dei, teve um papel importante na conformação do movimento "pró-vida" e na produção de argumentos legais em defesa da vida desde a concepção. Scala publicou numerosos trabalhos defendendo, entre outros temas, a necessidade de cerrar fileiras pelos direitos humanos contra novas demandas. Também é pioneiro na definição da "ideologia de gênero" como uma das principais ameaças ao direito, com trabalhos que adquiriram impacto regional, sendo traduzidos para o português e publicados no Brasil[53].

Outro exemplo é Alejandro Ordoñez, na Colômbia, que também publicou trabalhos sobre os desafios legais contemporâneos, em particular diante do avanço da "ideologia de gênero"[54]. Uma peculiaridade de Ordoñez é que, a partir de sua posição como Procurador General de la Nación (2009-2016), liderou a reação conservadora contra o aborto e o reconhecimento de direitos para casais do mesmo sexo. Também podemos destacar, no Brasil, o papel de Ives Gandra Martins, católico conservador e membro da Opus Dei. Esse jurista, além de ter publicado diferentes trabalhos em defesa da vida, compilou uma publicação sobre "ideologia de gênero" no ano de 2016 juntamente com Paulo de Barros Carvalho[55] e escreveu uma apresentação à edição em português do livro de Jorge Scala sobre o mesmo tema.

María Angélica Peñas Defagó, "Cuerpos impugnados ante las cortes", *Revista Direito e Práxis*, Rio de Janeiro, v. 9, n. 3, 2018, p. 1.401-23.

52 María Angélica Peñas Defagó, "Cuerpos impugnados ante las cortes", cit.
53 A produção de Scala será discutida por Flávia Biroli no capítulo 3.
54 Alejandro Ordóñez Maldonado, *Ideología de género: utopía trágica o subversión cultural* (Bogotá, Universidad Santo Tomás, 2006).
55 Sonia Corrêa e Isabela Kalil, *Políticas antigénero en América Latina: Brasil – ¿la catástrofe perfecta?* (Rio de Janeiro, Abia/Sexuality Policy Watch, 2020, coleção Género & Política en América Latina), p. 66-7.

Ao papel desses advogados, agregam-se as associações profissionais ou organizações de advogados católicos. Além de integrar a judicialização conservadora previamente referida, essas corporações respondem ao chamado que a Igreja faz aos cidadãos e profissionais para que sejam parte da defesa da cultura da vida. A estratégia de evangelizar a sociedade por meio de profissionais católicos não é novidade. Ela adquire, no entanto, novas facetas e adaptações diante da política sexual e de gênero contemporânea. Algumas dessas organizações (juntamente às de outros profissionais, como médicos) foram fundadas nas primeiras décadas do século XX, com o propósito de defender uma cultura católica ameaçada pela laicidade. Elas continuam existindo, mas se adaptaram para operar em contextos democráticos e laicos, caracterizados pelo pluralismo religioso. Sua centralidade para a política do Vaticano foi reafirmada quando a Santa Sé outorgou, em 2002, o reconhecimento canônico à União Internacional de Juristas Católicos, que agrupa associações já existentes de distintos países, principalmente da América e da Europa. A União tem como finalidade "contribuir para a manutenção ou a recuperação dos princípios cristãos na filosofia e na ciência do direito, na atividade legislativa, judicial e administrativa, no ensino e na investigação, assim como na vida pública e profissional"[56].

No campo evangélico também existem organizações profissionais semelhantes. Um exemplo é a Federação Interamericana de Juristas Cristãos, antes conhecida como Rede Latino-Americana de Advogados Cristãos (RLAAC). Foi criada no ano de 2001, como resultado da primeira Convenção Latino-Americana de Advogados Cristãos, realizada no Peru. Segundo sua página na internet, a Federação reúne organizações de advogados e juristas cristãos de ao menos treze países. Outro exemplo é a Associação Nacional de Juristas Evangélicos (Anajure), criada no Brasil em 2012, que tem participado de numerosos *amicus curiae* no Supremo Tribunal Federal (STF) com o propósito de defender os valores da vida, da família e dos direitos humanos numa perspectiva cristã[57].

A maquinaria legal neoconservadora também é composta por professores e pesquisadores do direito. Na América Latina, existe uma tendência a que advogados litigantes também sejam professores universitários. Ainda assim, o desempenho e o propósito dessas funções no campo jurídico são distintos.

---

[56] "Unión Internacional de Juristas Católicos", *CJCF/CathoJuris*, disponível em: <https://www.cathojuris.org/la-cjcf/union-international-de-juristas-catolicos/>, acesso em: 12 maio 2020.

[57] "Associação Nacional de Juristas Evangélicos", *Portal da Anajure*, disponível em: <https://anajure.org.br/>, acesso em: 12 maio 2020.

O professor de direito, diferentemente do advogado litigante, tem um papel relevante nos processos de construção e difusão da doutrina – papel que tem sido ressignificado diante do impacto dos movimentos feministas e LGBTQI na formação universitária. Esses professores têm destacada atividade, portanto, na construção e na difusão de argumentos contrários aos direitos sexuais e reprodutivos, baseados no direito privado (particularmente no direito de família), no direito público ou na renaturalização dos direitos humanos[58]. Existe, desse modo, um processo de relegitimação de interpretações restritivas do direito, que se difunde por meio do ensino legal e de seu efeito na doutrina e na jurisprudência. A isso se agrega o impacto transnacional, em particular dos professores de universidades nos Estados Unidos e na Espanha, na difusão de novas correntes do direito natural[59].

As faculdades de direito, particularmente aquelas que fazem parte de universidades católicas, são um dos principais espaços de instrumentalização de uma compreensão dos direitos antagônica aos direitos sexuais e reprodutivos. Têm sido realizadas oficinas para treinar advogados confessionais, em geral impulsionadas por organizações dos Estados Unidos (Heritage Foundation e Alliance for Defending Freedom) e por faculdades de direito da América Latina e dos Estados Unidos. Os centros acadêmicos também se mobilizam como produtores de conhecimento especializado durante os debates legais ou, por meio dos *amicus curiae*, em distintos processos judiciais. Existem diversos exemplos na região, tal como a intervenção feita pela Faculdade de Direito da Pontifícia Universidade Católica do Chile, em debate na Corte Interamericana de Direitos Humanos em 2017, frente ao Estado da Costa Rica. Na Argentina, três universidades com vinculações a distintos setores dentro do catolicismo tornaram-se atores públicos, de diferentes formas, nos debates sobre aborto e sobre casamento de pessoas do mesmo sexo, entre outros: a Universidade Austral, vinculada à Opus Dei, a Pontifícia Universidade Católica da Argentina e a Fraternidad de

---

[58] Ver Julieta Lemaitre Ripoll, "Laicidad y resistencia: movilización católica contra los derechos sexuales y reproductivos en América Latina", em *Colección de Cuadernos Jorge Caprizo* (Cidade do México, Instituto de Investigaciones Jurídicas/Universidad Autónoma de México, 2013); Juan Marco Vaggione, "The Catholic Church's Legal Strategies: The Re-Naturalization of Law and the Religious Embedding of Citizenship", em Sonia Corrêa (org.), *Sex Politics: Trends & Tensions in the 21st Century* (Rio de Janeiro, Abia, 2018).

[59] Professores de direito como Mary Ann Glendon (Harvard) ou Paolo Carozza (Notre Dame). Ver Julieta Lemaitre Ripoll, "Laicidad y resistencia", cit; Lynn Morgan, "¿Honrar a Rosa Parks? Intentos de los sectores católicos conservadores a favor de los 'derechos' en la América Latina contemporánea", *Revista Sexualidad, Salud y Sociedad*, n. 17, 2014, p. 174-97.

Agrupaciones Santo Tomás de Aquino (Fasta). É importante mencionar que o campo evangélico também conta com universidades como a Universidade San Pablo, fundada na Guatemala em 2006 por Harold Caballeros, e a Universidade Presbiteriana Mackenzie, cujas atividades se iniciaram no Brasil, em São Paulo, no final do século XIX, e são atualmente próximas ao governo de Jair Bolsonaro.

Advogados e juristas confessionais têm conseguido amalgamar o tecnicismo que envolve o campo jurídico a suas crenças religiosas como parte de sua atuação profissional. São, como foi discutido, atores centrais no processo de restauração moral por meio do direito, já que têm protagonismo na disputa no interior do campo jurídico. Em suas funções de advogados litigantes ou acadêmicos, mobilizam-se por uma interpretação do direito que acolha e proteja a moral sexual cristã.

Legalização da moral cristã: vida, família e liberdade

Ainda que nem todos os atores previamente identificados sejam afiliados ao catolicismo, a Igreja católica tem influência determinante no posicionamento legal do neoconservadorismo. Como exposto na primeira seção, o Vaticano produz e difunde socialmente argumentos e estratégias legais que caracterizam a mobilização contrária aos direitos sexuais e reprodutivos. O pluralismo que acompanha o paradigma dos direitos sexuais e reprodutivos é uma ameaça para a Igreja católica, que o vincula a um relativismo cultural o qual "se faz evidente na teorização e defesa do pluralismo ético, que determina a decadência e dissolução da razão e dos princípios da lei moral natural". Expressamente, a Igreja lista alguns princípios morais ameaçados por esse paradigma, como os ataques aos "direitos do embrião humano", à "família, fundada no matrimônio monogâmico de pessoas de sexos opostos", à "liberdade dos pais na educação de seus filhos" e à liberdade religiosa[60].

A defesa desses princípios requer não apenas uma reação moral, mas também legal, já que "não se trata em si de 'valores confessionais', pois tais exigências éticas estão fundadas no ser humano e pertencem à lei moral natural"[61]. Os direitos sexuais e reprodutivos, então, não apenas afetariam a ordem moral por meio da legitimação de condutas imorais, mas também a ordem legal por

---

[60] Congregación para la Doctrina de la Fe, "Nota doctrinal sobre algunas cuestiones relativas al compromiso y la conducta de los católicos en la vida política", cit.
[61] Idem.

meio da outorga de direitos a práticas consideradas ilegais, inclusive criminalmente. A Igreja católica defende um posicionamento particular e, ao fazê-lo, defende valores universais que deveriam ser reconhecidos por todo sistema legal. Constrói, assim, um paradigma do direito que é empregado de formas e com intensidades distintas e que, desse modo, se descatoliciza, pois é também utilizado por atores evangélicos, e se "desreligioniza", pois é também implementado por atores seculares.

O objetivo desta seção é identificar três linhas argumentativas que caracterizam a mobilização neoconservadora do direito na América Latina: a "cidadanização do feto", a "renaturalização da família" e a "ampliação da proteção às crenças religiosas". Com diferentes intensidades e usando estratégias variáveis, a partir dessas três linhas é possível analisar as formas pelas quais a moral cristã se juridifica em reação aos direitos sexuais e reprodutivos.

A cidadanização do feto

A centralidade que a defesa da "cultura da vida" tem para o Vaticano se manifesta de maneira visível na América Latina, região que contou, e ainda conta, com as leis mais punitivas do mundo a respeito do aborto. O direito penal tem funcionado de maneira paradoxal na região: embora estabeleça uma forte criminalização formal do aborto, com alta penalização, uma vez que o considera um delito na maior parte das circunstâncias, conviveu, por muitas décadas, com um baixo (ou mesmo nulo, em alguns momentos) índice de pessoas presas. Mais do que evitar a prática do aborto, o direito tem, ou teve, até pouco tempo, o papel simbólico de reforçar a imoralidade dessa prática. Seu propósito não parecia ser o de encarcerar as mulheres infratoras, mas sim o de reforçar a fronteira entre o permitido e o proibido.

Não surpreende, então, que, diante do impacto dos movimentos feministas e de mulheres em busca de flexibilizar ou liberalizar as leis sobre o aborto, a defesa da vida desde a concepção tenha sido um dos eixos centrais na intervenção pública dos setores católicos. Em reação ao avanço desses movimentos, foram ativadas estratégias com o propósito de reforçar a "cultura da vida" e evitar, assim, o acesso legal ao aborto, já que seu acesso ilegal sempre foi tolerado. Ainda que tais estratégias sejam implementadas em nível nacional, sua similitude em diferentes países evidencia a existência de um ativismo conservador de corte transnacional. Precisamente, desde os anos 1990 tem ocorrido um processo que denominamos "cidadanização do feto". Por meio de distintas táticas legais, busca-se, com ele, ampliar o reconhecimento formal do embrião como pessoa humana.

Uma dessas táticas se dá nos anos 1990, quando diversos países da América Latina começam a celebrar o dia da criança por nascer (nascituro) com o propósito de estabelecer a vida desde a concepção como um princípio legal e, por sua vez, transformá-lo em um pacto nacional. A data escolhida, na maioria dos casos, é 25 de março, que tem um duplo significado confessional. Nesse dia, os católicos comemoram a Anunciação do arcanjo São Gabriel à Virgem Maria, e é também a data de publicação da encíclica *Evangelium vitae*, mencionada na segunda seção. A escolha evidencia a forte marca católica que, nos anos 1990, caracterizou o ativismo conservador na região. As formas pelas quais os países chegaram a essa decisão foram distintas. Em El Salvador, primeiro país a celebrar a data, no ano de 1993, a decisão foi tomada pelo Legislativo a pedido da Fundación Sí a la Vida, filial nacional da organização já mencionada Vida Humana Internacional[62]. Na Argentina, de outro modo, essa celebração e a escolha do dia 25 de março foram decisão do então presidente Carlos Menem, cujo governo se caracterizou por sua aliança com o Vaticano.

Nos anos 1990, também recrudesceu a criminalização do aborto em alguns códigos penais na região, erradicando as situações causais não puníveis[63]. Estas permitem estabelecer que, diante de certas circunstâncias, como estupro ou risco para a vida ou a saúde da mulher, o aborto seja despenalizado e, portanto, permitido. Essas reformas enrijeceram ainda mais os marcos legais, tornando alguns países da América Latina os mais inflexíveis do mundo a respeito do aborto, aos quais se somam apenas dois Estados fora da região em que o catolicismo também é central: Vaticano e Malta. Entre os países latino-americanos, encontram-se Honduras, Nicarágua e El Salvador, que deixaram suas legislações mais rígidas nas últimas décadas. Honduras e El Salvador modificaram seu códigos penais em 1997 e 1998, respectivamente, passando a considerar punível toda mulher que aborta, sem reconhecer exceções. A Nicarágua fez algo semelhante, quase uma década depois, modificando sua legislação em 2006 para que passasse a penalizar o aborto também sem exceções.

---

[62] "25 de marzo: día del niño por nacer", *Catholic.net*, 25 mar. 2020, disponível em: <http://es.catholic.net/op/articulos/16084/25-de-marzo-da-del-nio-por-nacer.html#modal>, acesso em: 12 maio 2020.

[63] O Chile é uma exceção, já que o processo de criminalização total ocorreu sob a ditadura militar, em 1989, sendo restabelecidas as situações causais em 2017.

Outra estratégia em direção similar foram as reformas legais com o objetivo de incorporar o princípio da proteção à vida desde a concepção no direito público e privado. Essas reformas ampliam as barreiras formais e os obstáculos para a despenalização e o acesso ao aborto. Alguns países modificaram suas constituições e/ou seus códigos de infância para incorporar o princípio da proteção da vida desde a concepção ou fecundação. Ainda que tais processos de reforma dos códigos legais possam ser rastreados até os anos 1980, é possível observar um incremento a eles a partir dos anos 1990[64]. Um caso paradigmático nesse sentido é o do México, em que, logo após a legalização do aborto na Cidade do México, em 2007, deu-se um processo generalizado de reformas constitucionais em nível estadual para incorporar a proteção da vida desde a fecundação e, assim, blindar-se na recusa à despenalização e à legalização do aborto.

O processo de enrijecimento dos mecanismos legais vem acompanhado de uma criminalização mais severa das mulheres que interrompem suas gestações. Deixando de ser uma prática tolerada, ainda que formalmente penalizada, passa a ser reforçada como um delito que deveria ser acossado, estigmatizando as mulheres e, inclusive, encarcerando um número crescente delas. El Salvador, entre outros países[65], foi o cenário de uma intensa perseguição e condenação judicial de mulheres com poucos recursos, condenadas por terem sofrido emergências obstétricas e/ou abortos[66]. Em muitos desses casos, os delitos denunciados inicialmente como aborto são posteriormente reenquadrados como homicídios agravados pelo vínculo. Assim, uma possível condenação por aborto, cuja pena máxima seria de oito anos de prisão, com a mudança do enquadramento legal pode subir para uma pena de trinta a cinquenta anos. No Brasil, também têm se intensificado a discriminação, o estigma e a criminalização de mulheres jovens por motivos associados ao aborto[67], e existe uma tendência de aumento das denúncias contra mulheres que abortaram.

---

[64] Camila Gianella Malca, "Movimiento transnacional contra el derecho al aborto en América Latina", em Paola Bergallo, Isabel Jaramillo e Juan Marco Vaggione (orgs.), *El aborto en América Latina* (Buenos Aires, Siglo Veintiuno Editores, 2018).

[65] O Equador também é um exemplo dessa crescente criminalização das mulheres.

[66] Angélica Peñas Defago e Violeta Canaves, "Movilización legal de mujeres y aborto: el caso de El Salvador", em Paola Bergallo, Isabel Jaramillo e Juan Marco Vaggione (orgs.), *El aborto en América Latina*, cit.

[67] Beatriz Galli, "Reflexiones sobre el estigma social y la violencia institucional en procesos judiciales de mujeres y adolescentes 'culpables' de aborto en el estado de Río de Janeiro", em Paola Bergallo, Isabel Jaramillo e Juan Marco Vaggione (orgs.), *El aborto en América Latina*, cit.

Outras propostas legislativas contribuem para o processo de "cidadanização do feto" de novas formas. Existem iniciativas que buscam proteger o feto e borrar as distinções entre pessoa nascida e por nascer. Por exemplo, no Paraguai foi aprovada a Lei n. 5.833/2017, promovida pela Frente Parlamentar pela Vida e pela Família, que permite inscrever no registro civil as mortes dos não nascidos. Segundo a lei, os pais podem registrar essas mortes (ocorridas antes, durante ou depois do parto) usando nome e sobrenome para o feto, o que implica reconhecer seus direitos e situar seu *status* em outro patamar legal. Na Argentina, um advogado especialista em bioética se apresentou à Justiça no ano de 1993 para solicitar uma ação cautelar a respeito dos embriões congelados[68]. Como resultado dessa ação, um tribunal de primeira instância decidiu realizar um censo de embriões congelados e o advogado conseguiu ser nomeado o tutor deles[69]. Em seguida, foram apresentados projetos legislativos para criar a figura do defensor do não nascido ou para permitir a adoção de pessoas por nascer. No Uruguai, onde o aborto é legal, a sentença de uma juíza de primeira instância acatou, em 2017, o mandado de segurança (*recurso de amparo*) de um homem para evitar o acesso de uma mulher ao aborto; a juíza também designou um advogado de ofício para o feto[70]. No Brasil, destacam-se o chamado "Estatuto do Nascituro" e a PEC n. 29/2015, em tramitação na Câmara dos Deputados, que, se aprovados, impediriam o acesso ao aborto legal nos casos já previstos em lei.

A renaturalização da família

A defesa da família contra a "ideologia de gênero" é outro enquadramento determinante na mobilização conservadora do direito. Em particular, os direitos vinculados à identidade de gênero, à educação sexual ou aos casais do mesmo sexo são considerados uma ameaça direta à definição "natural" de família. Essa definição implica diferentes aspectos, que vão do casamento heterossexual como fundação da família à perspectiva da complementaridade

---

[68] "Rabinovich, el tutor criticado por los padres", *La Nación*, 24 jul. 2005, disponível em: <https://www.lanacion.com.ar/sociedad/rabinovich-el-tutor-criticado-por-los-padres-nid724163>, acesso em: 12 maio 2020.

[69] Luciana Peker, "Un elefante en el bazar", *Página 12*, 29 jul. 2005, disponível em: <https://www.pagina12.com.ar/diario/suplementos/las12/13-2111-2005-07-29.html>, acesso em: 12 maio 2020.

[70] "Jueza asignó abogado de oficio para feto en caso sobre aborto en Soriano", *Mujer y Salud en Uruguay*, 24 fev. 2017, disponível em: <http://www.mysu.org.uy/multimedia/mysu-en-medio/jueza-asigno-abogado-de-oficio-para-feto-en-caso-sobre-aborto-en-soriano/>, acesso em: 12 maio 2020.

entre homem e mulher, definindo a família também como o lugar natural para a humanização. Assim, para a Igreja, a família é "o núcleo natural e fundamental da sociedade e tem o direito de ser protegida pela sociedade e pelo Estado"[71].

Uma estratégia legal nesses casos é a defesa da pátria potestade, isto é, o direito dos pais sobre seus filhos, diante do paradigma que reconhece direitos progressivos às crianças e aos adolescentes. Esse argumento pode ser apresentado em questões como a educação sexual nas escolas ou o acesso a anticoncepcionais por parte de adolescentes. Desse modo, constroem-se como antagônicos os direitos dos pais sobre seus filhos e as leis que reconhecem autonomia progressiva a menores de idade. A democratização da família, que inclui outorgar certos direitos a crianças e adolescentes, é questionada em defesa de um paradigma adultocêntrico segundo o qual os pais ou tutores são responsáveis pelas decisões; um paradigma que, como veremos no capítulo 3, também questiona o papel desempenhado por homens e mulheres na esfera privada e na esfera pública.

Um dos temas aos quais o ativismo conservador mais apresenta resistências é a educação sexual nas escolas, por considerá-la uma forma de imposição da "ideologia de gênero" a crianças e adolescentes. Entre outros impactos, o tema da educação sexual gerou um rápido crescimento em toda a região da campanha #ConMisHijosNoTeMetas, também discutida nos próximos capítulos. Em diferentes países, grupos de pais apresentaram ações judiciais para evitar a "doutrinação" de seus filhos por meio da educação sexual nas escolas, com diferentes resultados. No Peru, por exemplo, o coletivo Padres en Acción apresentou uma demanda à Corte Superior de Justiça de Lima na qual argumentava que a "ideologia de gênero" estava sendo incluída na educação básica[72]. Outro exemplo é o debate no Brasil sobre o material educativo produzido no âmbito do programa Brasil sem Homofobia, denominado Escola sem Homofobia e chamado por seus opositores de "kit gay". A lógica por trás dessas ações é que o conteúdo da educação sexual deve ser definido pela família, com participação apenas subsidiária do Estado. Além disso, consideram que a educação orientada

---

[71] Bento XVI, "Familia humana, comunidad de paz", *Portal do Vaticano*, 1º jan. 2008, disponível em: <http://www.vatican.va/content/benedict-xvi/es/messages/peace/documents/hf_ben-xvi_mes_20071208_xli-world-day-peace.html>, acesso em: 12 maio 2020.

[72] "Nuevo currículo académico con ideología de género", *CitizenGo*, 28 nov. 2016, disponível em: <http://www.citizengo.org/es/39179-no-ideologia-genero-nuevo-curriculo>, acesso em: 12 maio 2020.

pelo paradigma dos direitos sexuais e reprodutivos é pouco científica e tem como objetivo ideologizar as crianças e destruir a família nuclear.

Outra estratégia legal mais recente é a apresentação de projetos de lei que proíbem o uso de conceitos associados à "ideologia de gênero". Essa estratégia, mais ofensiva, busca suprimir (ou mesmo criminalizar) a perspectiva de gênero enquanto corrente ideológica. Em diferentes países da região, foram apresentados projetos que têm como principal objetivo erradicar a "ideologia de gênero", suprimindo uma série de termos. Os projetos costumam indicar expressamente os termos que devem ser excluídos do ordenamento jurídico e das políticas públicas, tais como: enfoque de gênero, enfoque de equidade de gênero, enfoque de igualdade de gênero, violência de gênero, equidade de gênero, igualdade de gênero, expressão de gênero ou identidade de gênero. Esse tipo de estratégia, colocado em movimento em diferentes países, teve sucesso no Paraguai, que proibiu, no ano de 2017, "a difusão e utilização de materiais impressos ou digitais referentes a teoria e/ou ideologia de gênero, em instituições educativas dependentes do Ministério da Educação e Ciências"[73]. Tal proibição resultou do ativismo de organizações "pró-família" juntamente com as hierarquias religiosas. A Conferência Episcopal do Paraguai teve papel preponderante na pressão sobre o Estado, afirmando, entre outras coisas, que "não é correto privar os pais e tutores de seu direito e sua responsabilidade de educar nossas crianças e impor uma concepção contrária à verdade biológica e uma explicação cultural não menos simplista, com argumentos que não deixam de ser uma hipótese ou uma conjectura sociológica"[74].

Ainda que essa estratégia tenha um impacto potencial relevante, construindo os movimentos feministas e LGBTQI como inimigos que deveriam ser combatidos, ela não tem, ao menos até este momento, obtido êxitos no poder Judiciário. Tanto no Peru como no Brasil, decisões da principal corte de Justiça negaram a constitucionalidade das restrições que apelam à "ideologia de gênero"[75].

---

[73] Jennifer Almendras, "Conferencia Episcopal de Paraguay: 'No es correcto imponer una concepción contraria a la verdad biológica'", *Verdad en Libertad*, 2 nov. 2017, disponível em: <http://www.verdadenlibertad.com/nota/val/4494/val_s/34/conferencia_episcopal_de_paraguay_no_es_correcto_imponer_una_concepcion_contraria_a_la_verdad_biologica>, acesso em: 12 maio 2020.

[74] "'Permanezcan en mi amor (JN 15, 9)', mensaje de los obispos del Paraguay al concluir su asamblea plenaria", *Ecclesia*, 28 out. 2017, disponível em: <https://www.revistaecclesia.com/permanezcan-amor-jn-15-9-mensaje-los-obispos-del-paraguay-al-concluir-asamblea-plenaria/>, acesso em: 12 maio 2020.

[75] No Peru, a demanda dos Padres en Acción, mencionada acima, foi declarada infundada pela Suprema Corte do país no ano de 2019. Ver Fernando Alayo Orbegozo, "Corte Suprema

A ampliação da liberdade religiosa e de consciência

A posição da Igreja católica sobre a liberdade religiosa tem se adaptado a diferentes momentos históricos. Antes, seu posicionamento como Igreja universal com a presunção de ser a "única religião verdadeira" implicou tensões com a liberdade e o pluralismo religioso, que foram finalmente resolvidas na segunda metade do século XX, durante o Concílio Vaticano II (1962-1965)[76]. Ao longo das últimas décadas, a necessidade de defender a liberdade religiosa se tornou um argumento diante de diferentes situações, entre elas o avanço dos movimentos feministas e LGBTQI, cujas demandas são consideradas uma ameaça, desta vez proveniente do campo secular, à liberdade de crença e de consciência.

O Vaticano considera que o "secularismo radical", ou "laicismo intolerante", que relaciona aos direitos sexuais e reprodutivos, colocaria em risco a liberdade e os direitos religiosos, já que negaria "não apenas a relevância política e cultural da fé cristã, mas até mesmo a possibilidade de uma ética natural"[77]. O papa Bento XVI, falando antes na ONU, afirmou que "os direitos associados à religião precisam de proteção, sobretudo se estão em conflito com a ideologia secular predominante ou com as posições de uma maioria religiosa de natureza exclusiva"[78]. Desse modo, o direito à liberdade religiosa, que por muito tempo esteve predominantemente vinculado à necessidade de defender a diversidade religiosa frente ao poder e aos privilégios de religiões majoritárias, começou a ser ressignificado no contexto dos debates sobre a sexualidade, a família e a reprodução. A ameaça a essa liberdade, outrora proveniente da mesma esfera

---

declara infundada demanda contra enfoque de género en currículo", *El Comercio Perú*, 4 abr. 2019, disponível em: <https://elcomercio.pe/peru/corte-suprema-declara-infundada-demanda-enfoque-genero-curriculo-noticia-623130-noticia/>, acesso em: 12 maio 2020; no Brasil, em abril de 2020, o Supremo Tribunal Federal se posicionou contra uma lei municipal que "visava à restrição de materiais didáticos e discussões que abordavam questões de gênero e sexualidade em escolas municipais". Ver Paulo Saldaña, "Por unanimidade, Supremo declara inconstitucional lei municipal de 'ideologia de gênero'", *Folha de S.Paulo*, 24 abr. 2020, disponível em: <https://www1.folha.uol.com.br/educacao/2020/04/stf-forma-maioria-para-declarar-inconstitucional-lei-que-veta-discussao-de-genero-nas-escolas.shtml>, acesso em: 12 maio 2020.

[76] A liberdade religiosa é reconhecida de maneira expressa na declaração *Dignitatis humanae* (1965).
[77] Congregación para la Doctrina de la Fe, "Nota doctrinal sobre algunas cuestiones relativas al compromiso y la conducta de los católicos en la vida política", cit.
[78] "Discurso de su santidad Benedicto XVI", *Portal do Vaticano*, 18 abr. 2008, disponível em: <http://w2.vatican.va/content/benedict-xvi/es/speeches/2008/april/documents/hf_ben-xvi_spe_20080418_un-visit.html>, acesso em: 12 maio 2020.

religiosa (com exceções, tais como o comunismo ou o marxismo), é vista agora como proveniente do "novo feminismo" e do "relativismo ético"[79].

Além de defender a vida e a família, o neoconservadorismo na América Latina apela para a defesa da liberdade religiosa e de consciência como forma de se contrapor à vigência dos direitos sexuais e reprodutivos. Politiza-se, assim, um jogo de soma zero, por meio do qual o avanço no reconhecimento dos direitos sexuais e reprodutivos é visto como uma ameaça a essas liberdades ou mesmo como sua violação. Apesar das proteções legais existentes, considera-se que o avanço dos direitos relativos ao aborto, à educação sexual ou à diversidade sexual, entre outros, torna vulnerável, de diferentes formas, a liberdade dos crentes. Assim, a liberdade religiosa e de consciência é mobilizada não apenas para ampliar os direitos individuais dos crentes, mas também como estratégia legal para reduzir a legitimidade e a legalidade dos direitos vinculados à sexualidade e à reprodução.

Uma das estratégias legais utilizadas é a redefinição de liberdade religiosa. Existe uma tendência, na região, a garantir liberdade religiosa por meio da expansão dos privilégios da Igreja católica às demais tradições religiosas. Na Argentina, por exemplo, o presidente Mauricio Macri (2015-2019) apresentou um projeto para a liberdade religiosa no ano de 2017. Ainda que exista uma necessidade de reforma legal nesse quesito (os marcos existentes são de 1978, período da ditadura militar), o projeto apresentado também parece ser uma reação à política sexual e de gênero contemporânea[80]. No Brasil, foram apresentados vários projetos com o objetivo de ampliar a liberdade religiosa por meio da isenção de líderes religiosos e de professores de religião da possibilidade de cometer delitos de difamação ou injúria no exercício do ministério e do ensino (PL n. 6.314/2005) e, em 2009, foi aprovada no Senado a "Lei Geral das Religiões", resultante de um acordo com o Vaticano, à qual voltaremos no próximo capítulo. O projeto, de autoria do então deputado e pastor evangélico Hidekazu Takayama, foi apoiado pelos parlamentares católicos da Renovação Carismática Diego Garcia e Flavinho, evidenciando as alianças inter-religiosas que sustentam a ampliação da liberdade religiosa[81]. Na Costa Rica, para regular a liberdade religiosa e de culto, foi apresentado um projeto de lei (19.099) que, em vez de reduzir os privilégios da Igreja católica em um país com um sistema incompleto de laicidade, pretende estendê-los a outras tradições religiosas.

---

[79] João Paulo II, *Evangelium vitae*, cit.
[80] Projeto n. 0010/PE/2017.
[81] Agradeço a Flávia Biroli por esse dado.

Independentemente de sua aprovação, esses projetos potencializam dois efeitos políticos característicos do neoconservadorismo na região. Por um lado, possibilitam a mobilização e as estratégias conjuntas de líderes religiosos de tradições distintas. A ameaça comum representada pelos direitos sexuais e reprodutivos permite articular uma agenda compartilhada a respeito da ampliação de direitos e privilégios para distintas tradições religiosas. Em vez de reduzir os privilégios assinalados à Igreja católica, a forma como o neoconservadorismo instrumentaliza a defesa da liberdade religiosa implica a distribuição de privilégios a outras tradições religiosas, em geral voltada para as igrejas evangélicas. Não deixa de ser paradoxal o fato de que certos atores evangélicos pentecostais, os quais nos anos 1980 se politizaram para confrontar o poder hegemônico da Igreja católica, agora o façam em aliança com essa mesma Igreja (como minoria, mais uma vez) para ampliar a liberdade religiosa.

Por outro lado, a heterogeneidade no interior das tradições religiosas é borrada ou invisibilizada, já que só se politizam as crenças contrárias aos direitos sexuais e reprodutivos, silenciando o percentual amplo de crentes que são favoráveis a esses direitos. As fortes diferenças e tensões existentes no interior dos campos evangélico e católico são deixadas à margem, com o objetivo de defender uma construção da moral em conflito com os direitos sexuais e reprodutivos. Os valores morais defendidos e instrumentalizados são aqueles que refletem as posturas conservadoras. Não é o pluralismo das crenças o bem jurídico a proteger, mas as próprias crenças religiosas, ameaçadas por reformas legais que garantem os direitos sexuais e reprodutivos.

A outra maneira de juridificar a defesa das crenças religiosas contra os direitos sexuais e reprodutivos é por meio da liberdade de consciência. Mobilizando a objeção de consciência, tem como objetivo garantir, de forma excepcional, o direito a não cumprir com determinadas obrigações legais por considerá-las contrárias às próprias crenças. Esse direito havia sido mobilizado, predominantemente, para evitar o cumprimento do serviço militar e/ou a participação em conflitos bélicos armados. No entanto, nos últimos anos, veio a ser mais frequente o uso da objeção de consciência perante o reconhecimento de direitos vinculados ao acesso universal à anticoncepção, ao aborto ou à educação sexual, entre outros[82].

---

[82] Marcelo Alegre, "Opresión a conciencia: la objeción de conciencia en la esfera de la salud sexual y reproductiva", *Seminario en Latinoamérica de Teoría Constitucional y Política*, paper 66, 2009; Mariela Puga e Juan Marco Vaggione "La política de la conciencia: la objeción como estrategia

A objeção de consciência se torna uma estratégia para subtrair legitimidade e eficácia às normas. Inverte-se o caráter de excepcionalidade desse princípio, que passa a ser considerado um direito que deveria constar em toda legislação visando ampliar os direitos sexuais e reprodutivos. Por um lado, promove-se a objeção de consciência para todo tipo de função, de médicos/médicas, enfermeiros/enfermeiras e pessoal administrativo direta ou indiretamente ligados à interrupção legal da gestação até aqueles responsáveis por celebrar uniões civis e matrimônios de pessoas do mesmo sexo ou implementar a educação sexual nas escolas. Por outro lado, busca-se o reconhecimento da objeção de consciência como algo que deveria ser aplicado também a instituições. Apesar de ser um princípio originalmente associado aos direitos individuais, já que são os indivíduos que têm consciência, busca-se agora incluir hospitais e clínicas como sujeitos dessa objeção[83]. A estratégia tem se estendido pela região, sobretudo nos países em que o ativismo católico conservador não foi capaz de impedir a liberalização do aborto[84].

As formas de instrumentalizar a liberdade religiosa e de consciência implicam, em outras questões, um processo de fixação de sentidos sobre a relação entre o religioso e o direito. Ainda que se utilizem direitos preexistentes, de corte liberal, deslocam-se o seu conteúdo e o seu alcance. Esse fenômeno, denominado em outros artigos como política de camuflagem[85], corresponde à redefinição de direitos vinculados a práticas e crenças religiosas em reação ao avanço dos direitos sexuais e reprodutivos. Chama-se camuflagem porque princípios do direito, como a liberdade religiosa e/ou a liberdade de consciência, são utilizados de modo a ampliar seu significado e seu alcance com o objetivo de resistir às transformações nas formas de regular a sexualidade e a reprodução.

---

contra los derechos sexuales y reproductivos", em Marta Vassallo (org.), *Peripecias en la lucha por el derecho al aborto* (Córdova, Ferreyra Editor, 2013), p. 94-137.

[83] No Chile, um grupo de deputados e senadores do *Chile Vamos*, coalização de centro-direita, pediu que fosse declarada a inconstitucionalidade da regulação vigente sobre objeção de consciência, que a proíbe no âmbito institucional.

[84] O caso do Uruguai serve de exemplo nesse quesito, já que a objeção de consciência é a principal barreira atual ao acesso ao aborto, apesar de sua legalização desde 2012. Ver "MYSU: 'La objeción de conciencia es la principal barrera en el cumplimiento de la Ley IVE'", *LaRed21*, 31 maio 2018, disponível em: <https://www.lr21.com.uy/salud/1369811-mysu-objecion-conciencia-ley-ive-aborto-legal-mujeres-uruguay>, acesso em: 12 maio 2020.

[85] Juan Marco Vaggione, "The Politics of Camouflage: Conscientious Objection as a Strategy of the Catholic Church", *Emisférica*, Nova York, v. 12, 2016.

Conclusão

O paradigma dos direitos sexuais e reprodutivos permite ler e, assim, criticar a matriz moralista e moralizante do direito. Sob uma suposta neutralidade, essa matriz torna ilegal uma ampla gama de práticas e identidades sexuais e reprodutivas. Já o paradigma dos direitos sexuais e reprodutivos, por sua vez, além de manter a crítica ao pacto moral entre Estado e Igreja, aprofunda a desimbricação entre direito secular e moral cristã, já que legitima uma contranarrativa diante da (hiper)moralização da ordem sexual. Trata-se de uma narrativa que, contrária a uma ordem sexo-genérica baseada no matrimônio, na reprodução e na complementaridade entre homens e mulheres, propõe a democratização da ordem sexual por meio de princípios como a autonomia, a igualdade, o prazer e a liberdade sexual.

O profundo impacto que o avanço dos direitos sexuais e reprodutivos gerou também produziu mudanças e adaptações nas políticas do Vaticano e na consolidação do neoconservadorismo na América Latina. Em particular, deu-se assim um processo, denominado neste capítulo juridificação reativa, que prioriza o direito na defesa de uma ordem moral em crise.

Por juridificação, referimo-nos às formas como o conflito moral se traduz, se coloca por meio das regras técnicas do direito e nas estratégias jurídicas. A mobilização do direito, enquanto discurso secular que estabelece as fronteiras entre legítimo e ilegítimo, é crucial para o Vaticano em sua busca por restaurar uma ordem sexual em crise. A função simbólica do direito, isto é, seu papel como matriz de inteligibilidade para a sexualidade e o gênero, é privilegiada por diversos atores religiosos, mobilizados em defesa de um sistema legal indiscernível dos valores matrimoniais e reprodutivistas.

O processo de juridificação reativa, que se estabelece na interface entre direito e religião, envolve as formas como o Estado regula o religioso (definidas como cidadanização do religioso em outros estudos[86]) e as maneiras pelas quais os atores religiosos apelam ao direito em defesa de sua postura moral. Para compreender como isso ocorre, distinguimos, por razões analíticas, o direito como arena e como estratégia. Na observação do direito enquanto arena, viu-se que um dos principais impactos dos movimentos feministas e LGBTQI foi ampliar a separação entre relações legais, morais e religiosas, o que implica, entre outras questões, uma crítica ao impacto do catolicismo nas

---

[86] Juan Marco Vaggione, "La Iglesia católica frente a la política sexual", cit.

formas de regular o gênero e a sexualidade. Diante desse impacto, o Vaticano passou a defender um paradigma legal que, baseado em uma moral universal e natural, considera os direitos sexuais e reprodutivos não apenas ilegítimos, como também propulsores de um relativismo moral que ameaça a ordem social contemporânea. Assim, como foi apresentado neste capítulo, a defesa da vida desde a concepção e da família na forma da luta contra a "cultura da morte" e a "ideologia de gênero" adquirem substância em sua tradução para o discurso jurídico, em sua inserção no discurso dos direitos.

A categorização do direito enquanto estratégia, por sua vez, permitiu analisar os principais atores e argumentos neoconservadores na América Latina. O paradigma do direito impulsionado a partir do Vaticano se instrumentaliza como parte da reação ao impacto dos movimentos feministas e LGBTQI na região. Para captar esse processo, o capítulo caracterizou a maquinaria legal neoconservadora por meio da análise dos principais operadores do direito (advogados/juristas confessionais e políticos cristãos) e das linhas argumentativas (cidadanização do feto, renaturalização da família, banimento do gênero e ampliação da liberdade religiosa). Embora o processo de juridificação, de mutação dos princípios cristãos em discursos de direitos não seja novidade, sua análise nos permite compreender aspectos relevantes do neoconservadorismo como um fenômeno político que, apesar de ter emergido em meados dos anos 1990, intensificou seu impacto nos últimos anos.

A juridificação é mais que um ato de tradução e canalização de princípios morais, já que torna visível uma agenda enquanto a reformula. O momento de instrumentalização em projetos de lei, instruções legislativas ou casos jurisprudenciais é também um momento de construção do posicionamento neoconservador. Por isso, para concluir, demarcamos três aspectos da juridificação reativa que abrem caminho para importantes desafios analíticos e normativos. São questões que foram mencionadas neste capítulo, mas ainda merecem uma reflexão mais profunda.

Um dos aspectos relevantes da juridificação reativa é a forma como ela transborda a existência do religioso e do secular como esferas distintas. Sem deixar de lado a matriz religiosa, o neoconservadorismo dilui a distinção entre o religioso e o secular. O paradigma do direito que mobiliza, assim como os principais atores que o compõem, fazem com que o neoconservadorismo seja um fenômeno político difícil de captar se mantivermos a dicotomia religioso-secular. Por um lado, o neoconservadorismo, ao participar de debates legais, adapta seus argumentos e estratégias aos requisitos técnicos de linguagem e às regras formais do campo jurídico. Por outro lado, os atores neoconservadores que mobilizam o direito mesclam sua identificação religiosa a suas funções públicas. Os advogados e juristas confessionais, juntamente com os políticos cristãos, constituem uma trama que, ainda que a reconheça, transcende a importância do religioso em suas formas de intervenção pública. Desse modo, para compreender o conservadorismo, ao menos na América Latina, é necessário superar marcos analíticos e normativos que tendem a reduzir o fenômeno ao religioso e ao secular, dando espaço, precisamente, à abordagem de como estes aspectos se amalgamam em um fenômeno político e legal.

Um segundo aspecto da juridificação reativa está relacionado ao fato de que essa dissolução da fronteira religioso-secular permite uma "desreligionização" do neoconservadorismo como fenômeno político. Uma vez que o direito é instrumentalizado como língua franca para articular uma agenda de restauração moral, torna-se acessível a diferentes setores. Assim, é apropriado não apenas por outros atores religiosos conservadores (particularmente do campo evangélico), mas também por um conjunto de atores políticos de diferentes estratos ideológicos. Essa desreligionização se manifesta no discurso da maioria dos atores neoconservadores, inclusive da própria hierarquia religiosa, a qual afirma que sua defesa de determinados princípios não está fundada em valores religiosos ou morais, e sim na natureza e na biologia.

A defesa legal da vida, da família ou da liberdade religiosa, descrita previamente, passa a ser utilizada por diversos atores sociais e políticos que, devido a alianças estratégicas ou potencial de impacto eleitoral, a incorporam em suas agendas públicas. A incorporação mais óbvia é provavelmente aquela realizada por partidos ou políticos que defendem agendas neoliberais ou de direitos. É possível, porém, também observar na região líderes considerados progressistas e/ou críticos ao neoliberalismo que assumem a defesa da vida, da família ou da liberdade religiosa. Isso nos coloca diante de outro desafio, já que, embora o neoconservadorismo seja abordado, em geral, como um núcleo coerente de atores e demandas, também é necessário analisar como a agenda neoconservadora é apropriada (ao menos em parte) por setores que não podem ser reduzidos à direita política e/ou neoliberal.

Finalmente, um terceiro aspecto da juridificação reativa que merece aprofundamento é o modo como ela reflete uma política antagônica, pela qual inscreve um conflito de direitos irredutível. O antagonismo que enquadra politicamente essa juridificação (vida/morte; natureza/ideologia) se apresenta também nas formas como se mobiliza o direito. A juridificação não implica necessariamente maior abertura ao consenso ou ao diálogo; ao contrário, os valores morais e enquadramentos políticos subjacentes imprimem aos argumentos legais um nível de absolutização expresso na inflexibilidade com que o neoconservadorismo mobiliza o direito e estereotipa, deslegitima ou mesmo criminaliza aqueles setores que defendem os direitos sexuais e reprodutivos. Um desafio nesse sentido é compreender a dupla faceta política do neoconservadorismo: se, por um lado, sua atuação é possível pelos processos de democratização, em muitas circunstâncias ela fere as regras do jogo democrático e reduz a vigência de direitos existentes.

A juridificação reativa como busca da restauração moral por meio do direito oferece, assim, distintas arestas que precisam ser levadas em conta para se compreender o emaranhado contemporâneo entre religião, política e direito. Sem deixar de lado o papel das hierarquias religiosas no disciplinamento de práticas e identidades dos crentes, intensificou-se uma "evangelização secular" que busca recristianizar a sociedade por meio da letra da lei e dos direitos cidadãos.

2
O NEOCONSERVADORISMO CRISTÃO NO BRASIL E NA COLÔMBIA

Maria das Dores Campos Machado

Introdução

Um dos argumentos centrais deste livro é que a nova configuração do conservadorismo na América Latina está relacionada a uma temporalidade marcada pelos avanços dos movimentos feministas e LGBTQI e expressa coalizões políticas de grupos cristãos com setores não religiosos da direita. Neste capítulo, veremos que esse fenômeno também acontece em um contexto de mudanças na correlação de forças no campo religioso e que tais mudanças favoreceram a política de alianças de católicos e evangélicos conservadores contra a agenda de gênero em vários países. Dito de outra maneira, o neoconservadorismo latino-americano se desenvolve em uma conjuntura marcada também pelo declínio da afiliação católica (60% da população em 2018) e pelo avanço numérico dos segmentos evangélicos (19% da população em 2018) e daqueles que se declaram sem afiliação religiosa (16,5% da população em 2018)[1].

Segundo os dados do Latinobarômetro de 2018[2], o ritmo dessas transformações é muito variável e a maioria dos países que integram a América Latina apresenta índices altos de afiliação católica, isto é, mais de 50% da população[3]. Os países em que se observa um trânsito maior de fiéis do catolicismo para os setores evangélicos são Honduras (30,3% de católicos e 44,9% de evangélicos); Guatemala (40,7% de católicos e 40,2% de evangélicos); Nicarágua (47% de católicos e 34,5% de evangélicos) e El Salvador (41,2% de católicos e 29% de evangélicos). A expansão numérica e o fortalecimento político dos evangélicos no Brasil têm sido também surpreendentes. Dados do último censo do Instituto

---

[1] Ver dados do *Latinobarômetro* de 2018, disponíveis em: <http://www.latinobarometro.org/lat Online.jsp>, acesso em: 14 fev. 2020.
[2] Idem.
[3] Os países com maior proporção de católicos em 2018 eram: Paraguai (88,3%); México (80,8%); Equador (74,8%); Colômbia (73,7%); Bolívia (70%); Peru (69,8%); Venezuela (66,7%); Argentina (65%); Brasil (58,1%); Costa Rica (54,5%) e Chile (52,9%). Ver idem.

Brasileiro de Geografia e Estatística (IBGE) (em 2010) mostram que naquele momento os católicos representavam 64,63% da população brasileira, enquanto os evangélicos representavam 22,2%. Entretanto, uma pesquisa realizada em 2016 pelo instituto Datafolha já indicava alterações nessas representações, com a proporção de católicos reduzindo seu índice para 50% e a de evangélicos aumentando para 29% da população brasileira. Projeções do demógrafo José Eustáquio Alves indicam que, se o ritmo atual do trânsito religioso dos católicos para as igrejas evangélicas for mantido, em 2032 mais de 40% dos brasileiros serão evangélicos[4].

Como no restante da América Latina, os grupos evangélicos que mais crescem no Brasil são os pentecostais, que recrutam fiéis preferencialmente nos setores mais vulneráveis da população. Uma enquete conduzida pelo instituto Datafolha em 2019 em mais de uma centena de municípios do Brasil revelou que a representação de negros e mulheres entre os evangélicos era de 59% e 58%, respectivamente[5]. A representação feminina nesses segmentos é superior à encontrada na população brasileira (52%) e entre os católicos (50%), sugerindo uma grande capacidade de atração das denominações evangélicas junto às mulheres[6]. Destacamos a maior proporção das mulheres entre os evangélicos porque esse fato torna mais complexa a análise das disputas ideológicas travadas em torno da agenda de gênero. Afinal, embora a liderança cristã continue sendo majoritariamente do sexo masculino, são as mulheres que enchem os templos, assumem a tarefa de transmitir os valores religiosos para as novas gerações e vêm sendo mais mobilizadas para o ativismo conservador contra a "ideologia de gênero".

As primeiras investigações a incorporar as dimensões de gênero e sexualidade na análise do pentecostalismo latino-americano ocorreram nos anos 1980 e 1990 e foram realizadas por mulheres que tinham uma visão crítica com relação à ordem de gênero patriarcal hegemônica na região[7]. De forma sintética,

---

4   Ver "44% dos evangélicos são ex-católicos", *Datafolha*, 28 dez. 2016, disponível em: <https://datafolha.folha.uol.com.br/opiniaopublica/2016/12/1845231-44-dos-evangelicos-sao-ex-catolicos.shtml>, acesso em: 13 fev. 2020.

5   Ver Anna Virginia Balloussier, "Cara típica do evangélico brasileiro é feminina e negra, aponta Datafolha", *Folha de S.Paulo*, 13 jan. 2020, disponível em: <https://www1.folha.uol.com.br/poder/2020/01/cara-tipica-do-evangelico-brasileiro-e-feminina-e-negra-aponta-datafolha.shtml?origin=folha>, acesso em: 20 jan. 2020.

6   As igrejas pentecostais Universal do Reino de Deus e Renascer em Cristo são as que apresentam maior participação das mulheres (69% dos entrevistados). Ver idem.

7   Ver, por exemplo, Mónica Tarducci, "'O senhor nos libertou': gênero, família e fundamentalismo", *Cadernos Pagu*, Campinas, n. 3, 1994, p. 143-60; Lesley Gill, "'Like a Veil to Cover Them': Women and the Pentecostal Movement in La Paz", *American Ethnologist*, v. 17, n. 4, 1990, p. 709-21.

queriam entender os fatores de atração dos grupos pentecostais em expansão e quais desafios a conversão de grande parcela da população feminina pobre ao pentecostalismo colocava para a luta pela equidade de gênero na região. Um estudo realizado nos anos 1980 por Lesley Gill em uma igreja pentecostal na Bolívia[8] reconheceu que o movimento religioso poderia fomentar mudanças em algumas esferas da vida social, mas enfatizou o papel ideológico do pentecostalismo na reafirmação da ordem de gênero patriarcal. Na mesma direção, Mónica Tarducci concluiu que o ideário e as iniciativas dos grupos pentecostais junto às mulheres pobres argentinas reproduziam a opressão feminina[9]. Esses trabalhos, entretanto, não davam conta de explicar o que as igrejas evangélicas tinham a oferecer a esse segmento oprimido.

A análise que mais avançou nessa direção resultou de uma investigação realizada por Elizabeth Brusco durante os anos 1980 na Colômbia[10]. A antropóloga interpretou a conversão ao pentecostalismo como uma estratégia racional das mulheres em um contexto de extrema pobreza e violência. Em sua visão, o pentecostalismo colombiano tinha um "*éthos* feminino" e a adesão dos homens ao movimento poderia levar a uma revisão do machismo e minorar as adversidades enfrentadas no seio familiar pelas mulheres. Em resumo, a autora reconhecia a agência das mulheres e mostrava a racionalidade por trás da adesão das colombianas pobres às comunidades pentecostais.

Estudos no Brasil também mostraram que a adesão ao pentecostalismo em uma sociedade predominantemente católica favorece a reconfiguração das subjetividades femininas e masculinas e pode ter impacto nas relações familiares dos estratos populares[11]. Analisando o trânsito religioso, Cecília Mariz e Maria das Dores Campos Machado verificaram que as mulheres que deixaram o catolicismo sentiam-se mais acolhidas nos grupos pentecostais, em que desenvolviam novas formas de sociabilidade e ganhavam autoridade moral. As pesquisadoras observaram também que as mulheres recebiam estímulos das lideranças religiosas para uma posição mais independente ou proativa frente às

---

[8] Lesley Gill, "'Like a Veil to Cover Them'", cit.
[9] Mónica Tarducci, "'O senhor nos libertou'", cit.
[10] Elizabeth E. Brusco, *The Reformation of Machismo: Evangelical Conversion and Gender in Colombia* (Austin, University of Texas Press, 1995).
[11] Ver Maria das Dores Campos Machado, *Carismáticos e pentecostais: adesão religiosa e seus efeitos na esfera familiar* (São Paulo, Editores Associados/Anpocs, 1996); Cecília Loreto Mariz e Maria das Dores Campos Machado, "Sincretismo e trânsito religioso: comparando carismáticos e pentecostais", *Comunicações do Iser*, v. 45, 1994, p. 24-34.

adversidades econômicas e, consequentemente, para uma maior participação na esfera pública. Dito de outra maneira, o ideário pentecostal remodelado com a teologia da prosperidade fornecia um leque de valores para o processo de individualização das mulheres e para a luta contra a pobreza. As chances de sucesso nessa luta pareceriam maiores se os homens partilhassem dos mesmos valores das esposas e adotassem o *éthos* feminino de cuidado da prole, identificado entre os colombianos estudados por Brusco.

Pesquisas qualitativas posteriores constataram também revisões nas representações de gênero, com mulheres consagradas pastoras abrindo novas igrejas e algumas pentecostais participando de disputas eleitorais e de debates públicos[12]. De modo geral, essas pesquisas reconheceram a vitalidade do poder masculino a partir do desenvolvimento de estratégias como a consagração de esposas de líderes religiosos, a implantação do ministério de casais e a indicação de mulheres do grupo familiar para a política. Ou seja, tratava-se de um processo de adaptação a transformações sociais, econômicas e culturais na sociedade inclusiva, com continuidades e descontinuidades.

As campanhas antigênero desenvolvidas nos últimos anos em diferentes países – Costa Rica, Chile, Equador, Paraguai, Brasil, Colômbia etc.[13] – e, especialmente, a participação de mulheres católicas e evangélicas nessas campanhas nos colocam agora o desafio de compreender por que determinados segmentos femininos se identificam com o discurso neoconservador da ideologia

---

[12] Maria das Dores Campos Machado, "Representações e relações de gênero nos grupos pentecostais", *Revista Estudos Feministas*, v. 13, n. 2, 2005, p. 387-96; Maria Goreth Santos, *A mulher na hierarquia evangélica: o pastorado feminino* (dissertação de mestrado, Rio de Janeiro, Universidade do Estado do Rio de Janeiro, 2002); Maria das Dores Campos Machado, Christiane Guimarães, Carla Rabelo e Clara Oliveira, "A política: um novo espaço de articulação das identidades religiosas e de gênero", *Mandrágora*, São Bernardo dos Campos, Editora da Universidade Metodista, n. 10, 2005.

[13] Ver Gabriela Arguedas Ramirez, *Políticas antigénero en América Latina Latina: Costa Rica – "Ideología de género": la herramienta retórica del conservadurismo religioso en la contienda política y cultural* (Rio de Janeiro, Abia/Sexuality Policy Watch, 2020, coleção Género & Política en América Latina); Jaime Barrientos Delgado, *Políticas antigénero en América Latina: Chile ¿Estrategias en construcción?* (Rio de Janeiro, Abia/Sexuality Policy Watch, 2020, coleção Género & Política en América Latina); Maria Amélia Viteri, *Políticas antigénero en América Latina: Ecuador – La instrumentalización de la ideología de género* (Rio de Janeiro, Abia/Sexuality Policy Watch, 2020, coleção Género & Política en América Latina); Clyde Soto e Lilian Soto, *Políticas antigénero en América Latina: Paraguay – el "buen" ejemplo* (Rio de Janeiro, Abia/Sexuality Policy Watch, 2020, coleção Género & Política en América Latina); Franklin Gil Hernandez, *Políticas antigénero en América Latina: Colombia – Agentes conservadores contra los derechos sexuales y reproductivos* (Rio de Janeiro, Abia/Sexuality Policy Watch, 2020, coleção Género & Política en América Latina).

de gênero. As mudanças no ideário pentecostal não evitaram que uma lógica normativa tão desfavorável às mulheres, principalmente as mais pobres, e às minorias sexuais se tornasse hegemônica entre os cristãos. Seria a ênfase na família e nas crianças o elemento discursivo dos neoconservadores que atrai as mulheres evangélicas? Qual seria o papel das mulheres cristãs nas controvérsias sobre os direitos reprodutivos e sexuais na América Latina?

Nos tópicos seguintes, examinaremos como o discurso católico da "ideologia de gênero" tornou-se um dispositivo estratégico dos segmentos cristãos para promover racionalidades políticas neoconservadoras na América Latina a partir da análise do engajamento de mulheres cristãs nas campanhas antigênero em dois países: Brasil e Colômbia. Cabe lembrar que o caráter androcêntrico tanto das instituições religiosas cristãs quanto da política latino-americana fez com que os estudos destacassem as iniciativas masculinas no combate à agenda de gênero; o recorte em torno das mulheres conservadoras aqui proposto visa reduzir esta lacuna. Afinal, o ativismo das mulheres cristãs conservadoras constitui um grande desafio para o movimento feminista atualmente. O objetivo da comparação entre o ativismo feminino colombiano e o brasileiro é identificar os fatores que propiciaram o fortalecimento da lógica normativa neoconservadora em sociedades com trajetórias históricas e políticas distintas, assim como com representações diferenciadas de católicos e evangélicos na população: Brasil com 50% de católicos e 29% de evangélicos (dados de 2016) e Colômbia com 60,43% de católicos e 20,66% de evangélicos (dados de 2015)[14]. Deve-se destacar, entretanto, que são duas nações marcadas pela desigualdade social, pela violência e pela forte adesão das elites econômicas e políticas contemporâneas ao neoliberalismo.

Segundo os dados do relatório de 2018 da Oxfam Brasil[15], depois de um período de redução das taxas de desigualdades (2002 a 2014), o país entrou em uma fase de retrocesso, assumindo, em 2017, a nona posição entre as nações mais desiguais do mundo. Com um índice de Gini de 0,57, a sociedade brasileira vive, desde o início do segundo governo Dilma, um crescimento do desemprego (taxa de 12,5% em 2019) e da pobreza (21% da população, ou 43,5

---

[14] Juan David Montoya, "Colombia: de minorías dispersas a aliados estratégicos", em José Luis Pérez Guadalupe e Sebastian Grundberger (orgs.), *Evangélicos y poder en América Latina* (Lima, Instituto de Estudios Social Cristianos/Konrad Adenauer Stiftung, 2018), p. 221-46.

[15] Ver "País estagnado: um retrato das desigualdades brasileiras", *Oxfam Brasil*, 27 nov. 2018, disponível em: <https://oxfam.org.br/publicacao/pais-estagnado/>, acesso em: 12 maio 2020.

milhões de pessoas, encontravam-se nessa condição em 2017)[16]. É alarmante também o número de mortes violentas no país, com o *Atlas da Violência de 2018* contabilizando 62.517 homicídios no ano de 2016, ou uma taxa de 30,3 assassinatos para cada 100 mil habitantes[17].

Com uma história marcada por ciclos de grande violência, a Colômbia apresenta altos índices de homicídio, sequestro e desaparecimento de pessoas. Em 2015, a taxa de assassinatos chegou a 48,8 para 100 mil habitantes em virtude do embate entre o Estado e vários grupos organizados armados, em especial as Forças Armadas Revolucionárias da Colômbia (Farc). Segundo um relatório do Comitê Internacional da Cruz Vermelha, dois anos após a assinatura do acordo de paz entre o governo de Juan Manuel Santos e as Farc, "o número de vítimas de minas triplicou, deslocados no país aumentaram em cerca de 90% e, a cada quatro dias, uma pessoa desapareceu no país em 2018"[18]. Isso porque persistem conflitos entre o Estado e o Exército de Libertação Nacional, o Exército Popular de Libertação, o Autodefensas Gaitanistas de Colombia (também conhecido como Clan del Golfo), as milícias de autodefesa e os segmentos das Farc que não accitaram o acordo[19].

A dupla situação de desigualdade social e de violência em um contexto de políticas de austeridade e cortes nos gastos sociais tende a se agudizar, fomentando a vulnerabilidade, o ressentimento e o medo em largos estratos das populações. É nesse terreno fértil, da insegurança e da ausência de direitos, que florescem as igrejas evangélicas e se dá o fenômeno da publicização do pentecostalismo[20], com

---

[16] Ver "Banco Mundial alerta para aumento da pobreza no Brasil", *Agência Brasil*, 5 abr. 2019, disponível em: <http://agenciabrasil.ebc.com.br/internacional/noticia/2019-04/banco-mundial-alerta-para-aumento-da-pobreza-no-brasil>, acesso em: 12 maio 2020.

[17] "Atlas da Violência 2018", *Portal Ipea*, 5 jun. 2018, disponível em: <http://www.ipea.gov.br/portal/index.php?option=com_content&view=article&id=33410&Itemid=432>, acesso em: 12 maio 2020.

[18] André Duchiade, "Violência e conflitos armados na Colômbia se agravaram, diz Cruz Vermelha", *O Globo*, 29 abr. 2020, disponível em: <https://oglobo.globo.com/mundo/violencia-conflitos-armados-na-colombia-se-agravaram-diz-cruz-vermelha-23557236, acesso em: 12 maio 2020.

[19] Idem; ver também Sylvia Colombo, "Fantasma da violência em período de eleições volta a assombrar Colômbia", *Folha de S.Paulo*, 29 set. 2019, disponível em: <https://www1.folha.uol.com.br/mundo/2019/09/fantasma-da-violencia-em-periodo-de-eleicoes-volta-a-assombrar-colombia.shtml?loggedpaywall>, acesso em: 4 out. 2019.

[20] Ver Joanildo Burity, "A cena da religião pública", *Novos Estudos Cebrap*, São Paulo, n. 102, jun. 2015, p. 89-105; Paula Montero, *Religião e controvérsias públicas: experiências, práticas sociais e discursos* (São Paulo, Terceiro Nome/Unicamp, 2015); idem, "Controvérsias religiosas e esfera pública: repensando as religiões como discurso", *Religião & Sociedade*, Rio de Janeiro, v. 32, n. 1, 2012, p. 167-83.

o engajamento crescente de lideranças religiosas pentecostais no jogo político. O ritmo do fenômeno parece mais frenético no Brasil, onde os evangélicos demonstram também maior capacidade de organização e força política do que na Colômbia. Entretanto, a liderança pentecostal colombiana vem ampliando sua participação no debate público e reivindicando reconhecimento social, como veremos adiante.

Deve-se registrar que, com as eleições de 2018, os evangélicos brasileiros passaram a ocupar 16% das cadeiras da Câmara Federal e 8,6% das do Senado[21]. A representação feminina entre os 84 deputados federais é de 22,6%, com duas parlamentares pastoras: Christiane Yared (PL-PR), da Igreja do Evangelho Eterno, e Liziane Bayer (PSB-RS), da Igreja Internacional da Graça de Deus. No Senado Federal, há apenas uma evangélica, Eliziane Gama (Cidadania-MA), da Assembleia de Deus. Já na Colômbia, foram eleitos onze evangélicos, entre homens e mulheres, nas eleições de 2018 para o Congresso da República, o que representa 4% de todos os políticos ocupando cadeiras na legislatura atual[22]. Entretanto, a distribuição por sexo entre os legisladores é bem mais equilibrada do que no caso brasileiro: cinco parlamentares, isto é, quase a metade, são do sexo feminino. Três mulheres pentecostais ocupam cadeiras no Senado, e entre elas se encontra a pastora Claudia Rodríguez de Castellanos, da Misión Carismática Internacional, importante liderança feminina pentecostal que, em 1990, disputou a eleição para a Presidência da República pelo Partido Nacional Cristiano (criado em 1989). Já na Câmara, existem duas lideranças femininas que pertencem à Iglesia de Dios Ministerial de Jesucristo Internacional exercendo mandato, na legislatura de 2018 a 2022, pelo partido confessional Movimiento Independiente de Renovación Absoluta (Mira, criado em 2000)[23].

As mutações na agenda política dos evangélicos latino-americanos

Segundo Júlio Córdova Villazón, é possível identificar, no período que vai do século XIX aos dias atuais, quatro diferentes "etapas da presença evangélica

---

[21] Ver "Eleições 2018: bancada evangélica cresce na Câmara e no Senado", *Diap*, 27 nov. 2018, disponível em: <https://www.diap.org.br/index.php/noticias/noticias/28532-eleicoes-2018-bancada-evangelica-cresce-na-camara-e-no-senado>, acesso em: 17 fev. 2020.
[22] Ver Juan David Montoya, "Colombia", em José Luis Pérez Guadalupe e Sebastian Grundberger (orgs.), *Evangélicos y poder en América Latina*, cit.
[23] Angela Patrícia Sanches Lela e Irma Luz Herrera Rodriguez, citadas em ibidem, p. 230-2.

em espaços políticos da América Latina"[24]. A primeira, com um caráter marcadamente liberal, teria ocorrido no final do século XIX e início do século XX, quando segmentos evangélicos lutaram pela separação entre a Igreja católica e o Estado e pela "liberdade de consciência" em vários países da região. Já a segunda etapa transcorreu nos anos 1960 e 1970 e foi marcada por forte polarização ideológica. Enquanto uma pequena parcela dos evangélicos se comprometeu com "a luta pelos direitos humanos e pelo socialismo", ajudando a desenvolver a Teologia da Libertação na região, a grande maioria "assumiu uma postura entre passiva e legitimadora das ditaduras de então".

A terceira etapa resultaria da redemocratização dos anos 1980 e 1990 e seria caracterizada pelos seguintes fatores: a) emergência de partidos políticos confessionais; b) a mobilização política dos fiéis e o estabelecimento de relações clientelistas entre atores políticos e líderes religiosos e c) a indicação de representantes das igrejas nas listas de diferentes agremiações partidárias em nações como Brasil, Colômbia, Guatemala e Peru. Embora se observe na maioria dos países da América Latina a preferência dos evangélicos pelo lançamento de candidaturas em agremiações partidárias já existentes, a estratégia de criação de partidos políticos vinculados às igrejas evangélicas vem sendo adotada em diferentes sociedades. Assim, no Brasil, são notáveis a associação do Partido Social Cristão (PSC) com a Assembleia de Deus e do Republicanos (antigo Partido Republicano Brasileiro) com a Igreja Universal do Reino de Deus[25]; na Colômbia, por sua vez, os grupos pentecostais criaram, entre 1989 e 2006, diferentes movimentos e agremiações políticas, tais como o Movimiento de Unidad Cristiana (MUC) em 1991, o Partido Nacional Cristiano (PNC) em 1989, o Compromiso Cívico y Cristiano por la Comunidad (C4) em 1992 e o Mira em 2000[26].

A quarta e última etapa teria se iniciado no século XXI e vem sendo marcada pela difusão dos movimentos "pró-família" e "pró-vida" pelo continente, movimentos que, até então, eram associados aos setores católicos na literatura especializada. Nessa linha de interpretação, a multiplicação das organizações

---

[24] Júlio Córdova Villazón, "Velhas e novas direitas religiosas na América Latina", em Sebastião Velasco e Cruz, André Kaysel e Gustavo Codas, *Direita, volver! – O retorno da direita e o ciclo político brasileiro* (São Paulo, Fundação Perseu Abramo, 2015), p. 164.

[25] Ver Maria das Dores Campos Machado, "Religion and Moral Conservatism in Brazilian Politics", *Politics and Religion Journal*, v. 12, n. 1, 2018, p. 55-77.

[26] Ver William Maurício Beltrán e Jesus David Quiroga, "Pentecostalismo y política electoral em Colombia (1991-2014)", *Colombia Internacional*, n. 91, jul.-set. 2017.

evangélicas "pró-vida" e "pró-família" na América Latina seria expressão de uma reação das elites evangélicas locais aos avanços dos movimentos feministas e LGBTQI e teria como objetivo central frear a política sexual e a agenda de gênero nas legislações dos diferentes países da região. Dito isso, é preciso reconhecer que as elites evangélicas do continente não só mantêm uma relação cada vez mais forte com as organizações e a liderança da direita cristã dos Estados Unidos, como também vêm se apropriando do discurso católico contra a "cultura da morte" e a "ideologia de gênero" e estabelecendo parcerias com os movimentos católicos conservadores de países como Colômbia, Peru, Costa Rica e Brasil.

No caso do Brasil, segundo Benjamin Arthur Cowan, o fato de alguns segmentos batistas e assembleianos terem ajudado a constituir uma "nova direita" no país tem muito a ver com o contexto histórico em que eles entraram na política e com o fato de que esses setores definiram a moralidade como a área central de atuação na esfera política[27]. O argumento da crise moral tornou-se, assim, um dispositivo-chave para as alianças desses segmentos com os militares no poder e para o engajamento de líderes evangélicos nas disputas eleitorais pelo poder legislativo. Nas palavras do autor,

> à medida que, no final dos anos 1970 e 1980, o abandono do apoliticismo desdobrou-se, evangélicos moralmente conservadores dominaram a estreia dos políticos que se autoidentificavam como crentes. Liderados por batistas e assembleianos, esses políticos defendiam a remoralização como seu ponto de entrada no mundo "sujo" da política nacional. Eles supervisionavam o processo pelo qual os evangélicos entraram no Legislativo nacional, emergindo como a autonomeada vanguarda da defesa contra a crise moral iminente.[28]

O abandono da perspectiva milenarista em favor de uma intervenção política no espaço público estava associado a mudanças na própria forma de pensar a luta contra o mal e as "coisas mundanas". Diferentemente dos "primeiros moralistas evangélicos", que rejeitavam todas as "coisas mundanas" e entendiam que a batalha contra o "mal" só terminaria com a vinda do messias, os líderes

---

[27] Benjamin Arthur Cowan, "'Nosso terreno': crise moral, política evangélica e a formação da 'nova direita' brasileira", *Varia historia*, Belo Horizonte, v. 30, n. 52, jan.-abr. 2014, p. 101-25, disponível em: <http://www.scielo.br/scielo.php?script=sci_arttext&pid=S0104-87752014000100006&lng=en&nrm=iso>, acesso em: 13 set. 2019.

[28] Ibidem, p. 109.

evangélicos conservadores assumiram o discurso da "crise moral iminente" e convocaram os fiéis para a depuração da política.

Lembrando a presença do presidente Figueiredo no encerramento da passeata Deus Salve a Família, organizada em 1982 por um pastor batista[29], Cowan argumenta que as afinidades com a agenda moral do Exército levaram "os evangélicos conservadores aos corredores do poder"[30]. Tais afinidades iam além da moralidade familiar; entre elas, encontravam-se o anticomunismo e a visão negativa sobre as contestações culturais dos jovens às formas tradicionais de autoridade.

No período de redemocratização, a contínua expansão do pentecostalismo e o interesse progressivo da liderança evangélica em ampliar as prerrogativas de suas instituições na sociedade brasileira criariam as condições para o crescimento da representação do segmento no Congresso Nacional e para a implantação, nas décadas seguintes, de um corporativismo político de caráter religioso. Dito de outra maneira, a multiplicação de fiéis e eleitores pentecostais, associada com o pragmatismo político dos líderes religiosos, tornou as igrejas celeiros de votos e aumentou progressivamente a importância do segmento evangélico nas coalizões políticas.

As análises sobre a participação dos evangélicos na Constituinte brasileira de 1986[31] demonstram que os temas que mais mobilizaram os atores políticos desse segmento foram aqueles do campo moral e que estes atores, de modo geral, assumiram posições contrárias às demandas dos movimentos feministas[32] e LGBTQI[33]. Em escritos anteriores, já destaquei o caráter plural dos evangélicos e a intensa competição entre as denominações religiosas desse braço do cristianismo[34]. Aqui caberia destacar que, a despeito das disputas de moralidades nesse campo confessional (posições diferenciadas em relação ao uso terapêutico das células-tronco e ao aborto, por exemplo), observa-se a hegemonia de uma

---

[29] O pastor Nilson Fanini, que logo depois da passeata conseguiu a concessão de uma estação de rádio.

[30] Benjamin Arthur Cowan, "'Nosso terreno'", cit., p. 125.

[31] Ver Antônio Flávio Pierucci, "Representantes de Deus em Brasília: a bancada evangélica na Constituinte", *Ciências Sociais Hoje*, São Paulo, Vértice, v. 11, 1989, p. 104-32; Paul Freston, *Protestantes e política no Brasil: da Constituinte ao impeachment* (tese de doutorado, Campinas, Universidade Estadual de Campinas, 1993); e Benjamin Arthur Cowan, "'Nosso terreno'", cit., entre outros.

[32] Principalmente no que se refere à ampliação de permissivos legais para o aborto.

[33] Por exemplo, a inclusão no texto da proibição de discriminação com base na orientação sexual.

[34] Maria das Dores Campos Machado, *Carismáticos e pentecostais*, cit.; e idem, *Política e religião: a participação dos evangélicos nas eleições* (Rio de Janeiro, Fundação Getulio Vargas, 2006).

forma de moralidade centrada na defesa da família patriarcal, da heteronormatividade e da vida.

Deve-se registrar, entretanto, que em 2002, ano em que Luiz Inácio Lula da Silva foi eleito presidente, uma parcela significativa da liderança evangélica colocou os temas da moral privada em segundo plano e, com a bandeira da ética na política, ajudou o Partido dos Trabalhadores (PT) a vencer pela primeira vez eleições para o governo federal. Como existe uma vasta literatura sobre o reposicionamento dos pentecostais no início do século XXI e a participação da liderança evangélica na coalizão política que levou Lula ao Palácio do Planalto[35], não caberia aqui aprofundar esse tema. Na próxima seção, examinaremos as tensões dos cristãos conservadores com os demais setores que integraram a base de apoio ao PT. Por ora, chamaremos atenção para o fato de que, em 2018, dezesseis anos depois da primeira vitória de Lula, a agenda moral e o tema da ameaça marxista, identificados por Cowan como centrais no alinhamento ideológico de batistas e assembleianos com o regime militar[36], justificariam a participação de evangélicos na coalizão neoconservadora que elegeu o ex-capitão do Exército brasileiro Jair Bolsonaro.

Neoconservadores evangélicos e a campanha antigênero no Brasil

O sintagma da "ideologia de gênero" vem sendo mobilizado para justificar propostas conservadoras no Congresso Nacional desde a primeira década do século XXI[37]. Uma investigação realizada por Raniery Teixeira sobre as referências à terminologia "ideologia de gênero" no plenário da Câmara Federal assinala como marco inicial o ano de 2003 e revela uma curva ascendente a partir de 2013, com pico máximo de citações em 2017, ano em que a curva começa a se inverter e o número de menções ao termo passa a refluir.

---

[35] Ver, por exemplo, Saulo Baptista, *Pentecostais e neopentecostais na política brasileira* (São Paulo/São Bernardo do Campo, Anna Blume/Instituto Metodista Izabela Hendrix, 2009); Joanildo Burity e Maria das Dores Campos Machado, *Os votos de Deus: evangélicos, política e eleições no Brasil* (Recife, Massangana, 2006); Maria das Dores Campos Machado, *Política e religião: a participação dos evangélicos nas eleições*, cit.; Maria das Dores Campos Machado e Joanildo Burity, "A ascensão política dos pentecostais na avaliação de líderes religiosos", *Dados*, Rio de Janeiro, v. 57, 2014, p. 601-29.

[36] Benjamin Arthur Cowan, "'Nosso terreno'", cit.

[37] Maria José Fontelas Rosado-Nunes, "Gênero: uma questão incômoda para as religiões", em Sandra Duarte Souza e Naira Pinheiro dos Santos, *Estudos feministas e religião: tendências e debates* (Curitiba, Prismas/Universidade Metodista, 2014), p. 129-47.

A pesquisa indica também que foram os parlamentares do sexo masculino, católicos e evangélicos, que mobilizaram de modo predominante o sintagma em questão nos projetos de lei ali apresentados[38]. O último dado está relacionado à assimetria de gênero naquela Casa, com uma presença bem maior de homens. Não se pode desconsiderar, porém, as hipóteses de que: a) a desestabilização da ordem de gênero provocada pelo avanço dos movimentos feministas e LGBTQI ameaça diretamente os homens e b) a apropriação do discurso da "ideologia de gênero" não teria se dado simultaneamente entre homens e mulheres cristãos no caso da sociedade brasileira.

De qualquer maneira, existe um consenso entre os analistas[39] de que foi a tramitação do Projeto de Lei n. 8.035/2010, ou Plano Nacional de Educação (PNE) para o período de 2011 a 2020, no Congresso Nacional, que incrementou a difusão entre os parlamentares das teses de intelectuais e ativistas católicos/católicas sobre a agenda dos movimentos feministas. A partir daí, o embate dos setores católicos e evangélicos conservadores com o poder Executivo, as feministas, os coletivos LGBTQI e os movimentos de direitos humanos se acirraria.

Deve-se registrar que o PNE havia sido apresentado pelo Executivo no final de 2010 e, entre os inúmeros objetivos elencados em sua formulação original, encontravam-se, no artigo 2º, a superação das desigualdades educacionais e a "ênfase na promoção da igualdade racial, regional, de gênero e orientação sexual". A possibilidade de incorporação de conceitos e teses da perspectiva de gênero na política educacional brasileira motivou uma forte aliança de parlamentares católicos e evangélicos no Congresso Nacional, assim como a mobilização de bispos, sacerdotes, pastores e fiéis na sociedade civil brasileira. Com a pressão dos neoconservadores, o PNE, que tinha sido

---

[38] Ver Raniery Parra Teixeira, *"Ideologia de gênero"? As reações à agenda política de igualdade de gênero no Congresso Nacional* (dissertação de mestrado, Brasília, Universidade de Brasília, 2019).

[39] Ver Sonia Corrêa, "A 'política do gênero': um comentário genealógico", *Cadernos Pagu*, Campinas, n. 53, 2018, disponível em: <https://dx.doi.org/10.1590/18094449201800530001>, acesso em: 12 maio 2020; Richard Miskolci e Maximiliano Campana, "'Ideologia de gênero': notas para a genealogia de um pânico moral contemporâneo", *Revista Sociedade e Estado*, v. 32, n. 3, set.-dez. 2017, disponível em: <http://www.scielo.br/pdf/se/v32n3/0102-6992-se-32-03-725.pdf>, acesso em: 12 maio 2020; Maria das Dores Campos Machado, "O discurso cristão sobre a 'ideologia de gênero'", *Revista Estudos Feministas*, v. 26, n. 2, 2018, p. 447-63; Flávia Biroli, "A 'ideologia de gênero' e as ameaças à democracia", *Blog da Boitempo*, 26 jun. 2015, disponível em: <https://blogdaboitempo.com.br/2015/06/26/a-ideologia-de-genero-e-as-ameacas-a-democracia/>, acesso em: 18 fev. 2020; Marina Basso Lacerda, *O novo conservadorismo brasileiro* (Porto Alegre, Zouk, 2019).

aprovado pelos deputados em 2012, sofreu modificações no Senado sugeridas pelo pastor batista Magno Malta e retornou à Câmara, sendo aprovado em 22 de abril de 2014 sem as referências a gênero e orientação sexual[40].

Enquanto o PL n. 8.035/2010 era examinado nas duas casas do Congresso Nacional, uma série de eventos foi realizada naquele espaço com o intuito de difundir entre os parlamentares as formulações dos católicos neoconservadores sobre a ideologia das feministas e do "marxismo cultural" e impedir a adoção da perspectiva de gênero nas políticas educacionais do país. O fortalecimento político dos pentecostais na Câmara dos Deputados, primeiro com a indicação do deputado e pastor Marco Feliciano para a presidência da Comissão de Direitos Humanos e Minorias em 2013 e depois com a eleição de Eduardo Cunha, em 2015, para o cargo mais importante daquela Casa, favoreceu também os católicos comprometidos com a cruzada à "ideologia de gênero" no Brasil, que passaram a ser convidados a expor suas ideias em diferentes situações.

As alianças entre católicos e evangélicos no Legislativo brasileiro já foram objeto de outras publicações[41]. Aqui recordamos o fato de que, enquanto os primeiros se destacaram nas últimas décadas pela oposição ao direito ao aborto, em uma estratégia retórica de "defesa da vida", os políticos evangélicos, conforme vimos na introdução deste livro, se mobilizaram mais nas controvérsias em torno da sexualidade, combatendo de forma assertiva as tentativas de ampliação dos direitos sexuais. Isso não quer dizer que o tema do aborto não lhes fosse importante, mas sim que as lideranças evangélicas sentiram seus valores ameaçados com uma série de iniciativas dos poderes Executivo, Legislativo e Judiciário no início do século XXI, tornando a questão da sexualidade central na atuação de vários políticos e formadores de opinião pública desse segmento.

Entre as medidas dos poderes Executivo e Legislativo, destacamos o Programa de Combate à Violência e à Discriminação contra GLTB e de Promoção da Cidadania Homossexual (2004); o projeto de lei para criminalizar a homofobia

---

40 Em junho de 2014, a presidenta da República, Dilma Rousseff, teve de sancionar a lei aprovada no Congresso com as alterações exigidas pelos parlamentares neoconservadores. Ver *Diário Oficial da União*, 26 jun. 2014, disponível em: <http://pesquisa.in.gov.br/imprensa/jsp/visualiza/index.jsp?data=26/06/2014&jornal=1000&pagina=1&totalArquivos=8>, acesso em: 12 maio 2020.

41 Maria das Dores Campos Machado, "O discurso cristão sobre a 'ideologia de gênero'", cit.; Maria das Dores Campos Machado, "Pentecostais, sexualidade e família no Congresso Nacional", *Horizontes Antropológicos*, Porto Alegre, n. 47, jan.-abr. 2017, p. 351-80; Maria das Dores Campos Machado, "Religião e política no Brasil contemporâneo: uma análise dos pentecostais e carismáticos católicos", *Religião & Sociedade*, Rio de Janeiro, v. 35, n. 2, 2015, p. 45-72.

(PL n. 122/2006); a convocação da I Conferência Nacional de Gays, Lésbicas, Bissexuais, Travestis e Transexuais (2007); o terceiro Programa Nacional de Direitos Humanos (2009); o programa Escola sem Homofobia (2011)[42]. Já entre as deliberações do Supremo Tribunal Federal (STF), caberia mencionar o reconhecimento da união estável entre pessoas do mesmo sexo (2011), assim como o reconhecimento do direito de casais gay adotarem sem restrição de idade e sexo (2015); a autorização para que pessoas trans possam alterar o nome mesmo sem a realização de cirurgia ou documento de decisão judicial (2018); e a criminalização da homofobia (2019).

No plano da sociedade civil, as denúncias de violação da ética profissional encaminhadas aos Conselhos Regionais de Psicologia e a abertura de processos investigativos, inicialmente no Rio de Janeiro, em 2007, e depois no Paraná, em 2014, envolvendo duas profissionais cristãs – que estariam realizando atendimento psicológico com o propósito de mudar a orientação sexual de homossexuais – alimentariam o discurso persecutório dos evangélicos neoconservadores nas mídias eletrônicas, púlpitos e redes sociais. Vinculadas respectivamente à Igreja Presbiteriana e à Igreja Batista do Bacacheri de Curitiba, Rozângela Alves Justino[43] e Marisa Lobo[44] receberam censura pública dos Conselhos Regionais e Federal de Psicologia e iniciaram uma batalha para derrubar a resolução do Conselho Federal de Psicologia (CFP) de 1999, que proíbe os profissionais da área de oferecer "tratamento e cura das homossexualidades". Uma das estratégias adotadas passava pelo Legislativo: o pastor evangélico e deputado federal João Campos (PSDB-GO) apresentou um projeto de decreto legislativo (PDC n. 234/2011) para sustar a resolução. Com a forte reação da sociedade civil e

---

[42] Ver Maria das Dores Campos Machado, "Discursos pentecostais em torno do aborto e da homossexualidade na sociedade brasileira", *Cultura y Religión*, v. 17, 2013, p. 48-68, disponível em: <http://www.revistaculturayreligion.cl/>, acesso em: 12 maio 2020; idem, "Aborto e ativismo religioso nas eleições de 2010", *Revista Brasileira de Ciências Políticas*, n. 7, 2012, p. 25-37; Christina Vital e Paulo Vitor Lopes, *Religião e política: uma análise da atuação de parlamentares evangélicos sobre direitos das mulheres e dos LGBTs no Brasil* (Rio de Janeiro, Fundação Heinrich Boll/Iser, 2013); Marcelo Natividade e Leandro Oliveira, *As novas guerras sexuais* (Rio de Janeiro, Garamond Universitária, 2013).

[43] Ver "Censura pública à psicóloga que oferecia terapia para curar homossexualismo", *Jusbrasil*, 3 ago. 2009, disponível em: <https://espaco-vital.jusbrasil.com.br/noticias/1624005/censura-publica-a-psicologa-que-oferecia-terapia-para-curar-homossexualismo>, acesso em: 12 maio 2020.

[44] Ver Anna Virginia Balloussier, "Psicóloga evangélica ganha batalha contra conselho na Justiça", *Folha de S.Paulo*, 4 set. 2017, disponível em: <https://www1.folha.uol.com.br/cotidiano/2017/09/1915592-psicologa-evangelica-ganha-batalha-contra-conselho-na-justica.shtml>, acesso em: 12 maio 2020.

da direção de seu partido político, o PSDB, o autor pediu o arquivamento de sua proposta na Câmara Federal em 2013.

Outra estratégia foi acionar o Judiciário, com Rozângela encabeçando um grupo de duas dezenas de psicólogos cristãos que solicitou, em 2017, a derrubada da referida resolução com a justificativa de que ela feria o livre exercício profissional. No mesmo ano, o juiz Waldemar Cláudio de Carvalho[45] (14ª Vara Cível de Brasília), por meio de uma liminar, liberou o tratamento psicológico de pessoas LGBTQI por profissionais cristãos, provocando uma reação imediata do CFP, que recorreu ao STF[46]. Em abril de 2019, a ministra do Supremo Cármen Lúcia cassou a liminar, mantendo a íntegra da Resolução do CFP[47]. Ato contínuo, em agosto de 2019, o Movimento Psicólogos em Ação, formado por cristãos, lançou mão de uma terceira estratégia, apresentando a candidatura de Rozângela Justino para disputar a presidência do Conselho Federal de Psicologia, sendo derrotado em seguida. Antes das eleições, Rozângela e outros representantes do Movimento Psicólogos em Ação foram recebidos pela responsável pelo Ministério da Mulher, da Família e dos Direitos Humanos, Damares Alves, que apoiou a iniciativa do grupo de disputar a direção do CFP.

As controvérsias em torno da atuação profissional dessas "psicólogas cristãs" são interessantes não só por confirmar a importância da dimensão religiosa, como também por mostrar que as disputas de valores que ocorrem hoje não são exclusividade do Legislativo, se dão também na academia, nas entidades de controle do exercício profissional, no poder Judiciário e em outros espaços sociais, o que exige uma análise mais cuidadosa das imbricações da religião com outros sistemas de valores. Ou seja, é do lugar social de "psicólogas cristãs" que

---

[45] Em setembro de 2017, diante da forte repercussão na mídia, o juiz divulgou uma nota pública tentando se defender. Na nota, argumenta que "em nenhum momento este magistrado considerou ser a homossexualidade uma doença ou qualquer tipo de transtorno psíquico passível de tratamento" e que sua deliberação estaria sendo mal interpretada. Ver Claudia Sigilião e Leonice Rezende, "Juiz da polêmica sobre 'cura gay' já atenuou multas 'exageradas' por crimes ambientais", *Agência de Notícias UniCEUB*, 21 set. 2017, disponível em: <http://www.agenciadenoticias.uniceub.br/?p=14644>, acesso em: 12 maio 2020.

[46] Ver Ana Karoline Silano e Bruno Fonseca, "Apoiado por Damares, movimento de ex-gays disputa Conselho de Psicologia", *Pública*, 27 ago. 2019, disponível em: <https://apublica.org/2019/08/apoiado-por-damares-movimento-de-ex-gays-disputa-conselho-de-psicologia/>, acesso em: 12 maio 2020.

[47] Ver "Cármen Lúcia suspende ação e barra 'cura gay'", *IstoÉ*, 24 abr. 2019, disponível em: <https://istoe.com.br/carmen-lucia-suspende-acao-e-barra-cura-gay/>, acesso em: 12 maio 2020.

essas duas mulheres intervêm no debate público sobre a sexualidade, a família e a educação das crianças.

Rozângela Justino foi buscar no ideário dos direitos humanos os argumentos para reforçar a participação dos cristãos no debate público sobre a sexualidade e, nesse processo, se aproximou dos católicos, incorporou a associação do aborto com a "cultura da morte" e fez *lobby* no Congresso Nacional em torno desses temas. Marisa Lobo, embora também tenha procurado articular suas posições com a gramática dos direitos humanos, parece ter visto no discurso católico da "ideologia de gênero" um poderoso recurso para sua luta contra os movimentos LGBTQI e para o lançamento de sua carreira política, apesar de não obter muito sucesso nas disputas eleitorais. Além de participar de vários eventos no Congresso Nacional, a psicóloga batista escreveu livros, organizou seminários e participou de debates sobre a questão em canais de televisão e no YouTube com o propósito de disseminar as formulações contra as perspectivas de gênero entre os evangélicos. De forma sintética, Marisa Lobo tornou-se uma ativista dos movimentos antigênero no Brasil e, no processo eleitoral de 2018, fez campanha para o candidato católico Jair Bolsonaro.

Diversas mulheres que constituem a opinião pública no meio evangélico – cantoras gospel, pastoras, empresárias, políticas, assessoras parlamentares etc. – desempenharam papel importante nas alianças dos evangélicos com outros grupos religiosos neoconservadores – católicos e judeus –, assim como na campanha de Bolsonaro. Já foi analisado em publicações anteriores[48] como a política de cotas favoreceu a indicação pelas igrejas pentecostais de lideranças femininas para as disputas eleitorais pelo poder Legislativo, embora a grande maioria das candidaturas evangélicas continue masculina. Na maioria das vezes, filhas ou esposas de pastores são estimuladas a entrar nas disputas eleitorais para aumentar o capital político das famílias que lideram as igrejas. Na realidade, raras são as legisladoras evangélicas que passaram por movimentos sociais (sindicais, estudantis, associação de moradores etc.) antes das disputas eleitorais. Uma vez eleitas, essas mulheres tendem a seguir o modelo de atuação parlamentar dos políticos evangélicos do sexo masculino.

Deve-se reconhecer, entretanto, que a liderança evangélica feminina de maior destaque tanto na aliança entre os legisladores evangélicos e católicos no

---

[48] Ver Maria das Dores Campos Machado, *Política e religião*, cit.; idem, "Representações e relações de gênero nos grupos pentecostais", cit.

Congresso Nacional quanto na promoção da racionalidade neoconservadora na campanha de Bolsonaro foi a já mencionada Damares Alves. Advogada e pastora – inicialmente da Igreja Quadrangular e depois da Igreja Batista da Lagoinha –, Damares atuou na assessoria jurídica de vários políticos no Congresso Nacional, bem como da Frente Parlamentar Evangélica, e foi secretária-geral do Movimento Nacional Brasil sem Aborto, que tem militantes de vários segmentos religiosos. Esta liderança desempenhou e segue desempenhando um papel fundamental na difusão entre os evangélicos brasileiros da lógica normativa centrada na família, na educação religiosa das crianças e no combate às perspectivas de gênero e da diversidade sexual.

Em uma palestra realizada em 2013, na Igreja Batista de Campo Grande, e veiculada amplamente nas redes sociais evangélicas, Damares declarou que

> estão detonando as nossas crianças e zombando dos cristãos no Brasil. [...] Os deputados evangélicos, que estão lá na Câmara tentando fazer uma diferença, que foram questionar [a política de educação sexual do governo PT], estão sendo chamados de homofóbicos, fundamentalistas... estão sendo perseguidos. [...] Deus está chamando a Igreja evangélica brasileira para um novo momento, um novo instante, e grandes desafios nos esperam. [...] Os desafios são de salvar essa nação do que está acontecendo.[49]

Esse trecho da palestra da pastora tem importância não só por explicitar o mal-estar e/ou sua preocupação com a rotulação de evangélicos como homofóbicos, mas também porque expressa um sentimento de falta de reconhecimento social típico dos atores coletivos que desenvolvem uma política de identidade[50]. A salvação das crianças e da própria nação depende dos evangélicos. Essa é uma questão importante, pois abre uma brecha para entendermos a mobilização do segmento feminino evangélico nas campanhas antigênero. Isso porque tal tipo de formulação aciona sentimentos internalizados pela maioria das mulheres cristãs relacionados com o cuidado das crianças e da família.

A disseminação da retórica da "ideologia de gênero" entre as lideranças evangélicas e seu maior alinhamento com os católicos exigiriam novas formulações discursivas, com o argumento da minoria religiosa discriminada

---

[49] Tiago Chagas, "'Estão detonando nossas crianças e zombando dos cristãos no Brasil', diz pastora Damares Alves", *Gospel+*, 29 abr. 2013, disponível em: <https://noticias.gospelmais.com.br/video-zombando-cristaos-brasil-pastora-damares-alves-53325.html>, acesso em: 12 maio 2020.

[50] Ver Manuel Castells, *O poder da identidade* (São Paulo, Paz e Terra, 2008).

cedendo espaço para a ideia de uma maioria cristã que quer defender a família heterossexual e as crianças da nação brasileira. Para enfrentar esse "desafio", mulheres evangélicas e católicas neoconservadoras se mobilizaram nas redes sociais, percorreram estados fazendo palestras, ocuparam galerias para pressionar políticos nas votações de projetos de leis nas Assembleias Legislativas e Câmaras Municipais e ajudaram a liderança masculina nas contendas contra feministas, minorias sexuais e demais setores sociais que defendem o pluralismo ético e a democracia no país.

Cabe lembrar ainda que, entre os elementos que favoreceram a aproximação de setores evangélicos neoconservadores com Jair Bolsonaro, encontravam-se a visão negativa da homossexualidade e a posição agressiva no combate às demandas pela ampliação da cidadania da população LGBTQI. O ex-capitão Bolsonaro foi um dos personagens-chave na controvérsia estabelecida em 2011 em torno do programa Escola sem Homofobia, denominando o material educacional a ser distribuído entre os estudantes de "kit gay" e disseminando nos meios de comunicação informações falsas acerca da faixa etária que seria contemplada com o material[51]. Integrante do "baixo clero"[52], como a maioria dos legisladores evangélicos na Câmara Federal, Bolsonaro viu ampliar suas chances de sucesso em fazer oposição ao PT no embate em questão com a atuação conjunta com os cristãos. Com a difusão de formulações contestatórias às perspectivas de gênero na Câmara Federal e à educação sexual de crianças e adolescentes no debate público, o parlamentar foi incorporando o sintagma da "ideologia de gênero" em seu discurso político.

Os vínculos familiares – a união de Bolsonaro com uma mulher evangélica em 2007 e o fato de seus filhos serem batistas – favoreceram a aproximação entre o militar e os setores neoconservadores cristãos. Em 2014, o filho mais velho do presidente, o então deputado estadual Flávio Bolsonaro (PSC-RJ), solicitou ao advogado católico Miguel Nagib, fundador do movimento Escola sem Partido[53],

---

[51] Ver Christina Vital e Paulo Vitor Lopes, *Religião e política: medos sociais, extremismo religioso e as eleições 2014* (Rio de Janeiro, Fundação Heinrich Böll, 2017); Christina Vital e Paulo Vitor Lopes, *Religião e política*, cit.

[52] Expressão usada pela mídia e por analistas políticos para denominar os legisladores com atuação parlamentar inexpressiva no Congresso Nacional.

[53] Sobre o movimento, ver Luis Felipe Miguel, "Da 'doutrinação marxista' à 'ideologia de gênero' – Escola sem Partido e as leis da mordaça no Parlamento brasileiro", *Revista Direito e Práxis*, v. 7, n. 3, 2016, disponível em: <https://www.e-publicacoes.uerj.br/index.php/revistaceaju/article/view/25163>, acesso em: 10 mar. 2020.

que formulasse um projeto de lei baseado nos princípios do referido movimento para apresentar na Assembleia Legislativa do Estado do Rio de Janeiro (Alerj). Criado em 2004, o Escola sem Partido tinha entre seus objetivos a luta "pela descontaminação e desmonopolização política e ideológica das escolas"; "pelo respeito à integridade intelectual e moral dos estudantes"; e "pelo respeito ao direito dos pais de dar aos seus filhos a educação moral que esteja de acordo com suas próprias convicções". Foi justamente este último ponto, garantindo a supremacia dos valores da família em relação aos conteúdos escolares, que permitiu a articulação com atores políticos conservadores e/ou religiosos.

Miguel Nagib elaborou e divulgou na internet uma minuta de proposta de lei para a criação de um Programa Escola sem Partido que, com as devidas adaptações, poderia ser apresentada nas três esferas do poder Legislativo: a federal, a estadual e a municipal. A partir dessa iniciativa, foram apresentados, ainda no ano de 2014, os seguintes projetos: o PL n. 2.974/2014[54], na Alerj, por Flávio Bolsonaro e o PL n. 867/2014[55], na Câmara Municipal da cidade do Rio de Janeiro, por outro filho do presidente, o vereador Carlos Bolsonaro. O primeiro criava o Programa Escola sem Partido "no âmbito do sistema de ensino do estado do Rio de Janeiro"; já o segundo fazia a mesma proposta para o sistema municipal de ensino da capital do estado. Nos anos seguintes, projetos semelhantes, visando incluir o Programa Escola sem Partido na Lei de Diretrizes e Bases da Educação Nacional, seriam apresentados na Câmara (PL n. 867/2015) pelo deputado Izalci Lucas (PSDB-DF) e no Senado Federal (PL n. 193/2016) pelo senador Magno Malta (PL-ES).

Um tema correlato, que também ajudou a aproximação de setores católicos e evangélicos neoconservadores nas duas primeiras décadas do século XXI, assim como nas eleições de 2018 – tendo sido parcialmente incorporado no plano educacional do candidato Bolsonaro –, foi a defesa do ensino religioso nas escolas públicas. As prerrogativas da Igreja católica na área educacional já foram trabalhadas por vários autores, dispensando novos comentários. Aqui, gostaríamos apenas de lembrar que o debate e a assinatura, em 2008, do acordo

---

[54] Ver "Projeto de Lei n. 2.974/2014", disponível em: <http://alerjln1.alerj.rj.gov.br/scpro1115.nsf/e4bb858a5b3d42e383256cee006ab66a/45741a7e2ccdc50a83257c980062a2c2?OpenDocument&Start =1.1.1.6>, acesso em: 12 maio 2020.

[55] Ver "Projeto de Lei n. 867/2014", disponível em: <http://mail.camara.rj.gov.br/APL/Legislativos/scpro1316.nsf/f6d54a9 bf09ac233032579de006bfef6/5573ae961660b4cd83257ceb006bc7d4?OpenDocument>, acesso em: 12 maio 2020.

entre o Governo da República Federativa do Brasil e a Santa Sé relativo ao estatuto jurídico da Igreja católica no Brasil abriram brechas para que os evangélicos pleiteassem os mesmos direitos daquela instituição em diferentes esferas (trabalhista, tributária, patrimonial etc.), com a apresentação no Congresso Nacional, em 2009, de um projeto conhecido como a Lei Geral das Religiões.

No campo do ensino religioso em escolas públicas, Emerson Giumbelli argumenta que o acordo assinado não trazia grandes novidades, apenas explicitava uma realidade até então pouco questionada: o uso da disciplina para a evangelização e difusão de valores católicos nas novas gerações[56]. Previsto em todas as constituições brasileiras desde 1934, embora facultativo, o ensino religioso acabava ficando a cargo de profissionais católicos, reforçando a capacidade de influência da instituição na sociedade. Sentindo-se ameaçada pelo declínio no número de fiéis e pelo avanço das políticas sexuais e de gênero em várias sociedades, a Santa Sé viu no acordo uma oportunidade de atualizar suas prerrogativas no campo educacional brasileiro. Educadores e defensores da laicidade do Estado interpretaram a proposta como uma tentativa de expansão do modelo confessional de ensino religioso que vinha sendo adotado em algumas unidades federativas. O caso mais emblemático foi o do estado do Rio de Janeiro, em que o governador Anthony Garotinho, presbiteriano, sancionou, em 2000, a Lei n. 3.459/2000 que instituía o ensino religioso nos moldes confessionais na rede pública estadual. O autor do projeto original era o legislador católico Carlos Dias, que "facultava aos pais o direito de escolher a orientação religiosa a ser lecionada aos filhos" e previa a realização de concurso público para a contratação de 3 mil profissionais para a disciplina de ensino religioso[57]. Como se pode verificar, já havia pontos de convergência entre os setores conservadores católicos e evangélicos antes da assinatura da concordata.

Segundo Giumbelli, a única interpelação judicial ao acordo foi feita pela Procuradoria-Geral da República, que, em uma Ação Direta de Inconstitucionalidade (ADI n. 4.439), solicitou um pronunciamento do Supremo Tribunal

---

[56] Ver Emerson Giumbelli, "O acordo Brasil-Santa Sé e as relações entre Estado, sociedade e religião", *Ciencias Sociales y Religión/Ciências Sociais e Religião*, Porto Alegre, v. 13, n. 14, set. 2011, p. 119-43, disponível em: <https://econtents.bc.unicamp.br/inpec/index.php/csr/article/view/12753/8118>, acesso em: 7 jul. 2020.

[57] Ver Sandra Escovedo Selles, Luís Fernando Marques Dorvillé e Leandro Vahia Pontual, "Ensino religioso nas escolas estaduais do Rio de Janeiro: implicações para o ensino de ciências/biologia", *Ciência & Educação*, Bauru, v. 22, n. 4, 2016, p. 875-94, disponível em: <http://www.scielo.br/pdf/ciedu/v22n4/1516-7313-ciedu-22-04-0875.pdf>, acesso em: 20 mar. 2020.

Federal proibindo a adoção do modelo confessional no ensino religioso ministrado nas escolas. Em 2017, o STF rejeitou, em uma votação apertada (seis votos a cinco), a ADI n. 4.439, "que pedia que o ensino religioso fosse apenas uma apresentação geral das doutrinas e não admitisse professores que fossem representantes de nenhum credo – como um padre, um rabino, um pastor ou uma ialorixá (mãe de santo)"[58]. Com essa decisão, o STF legitimou e reforçou as investidas dos neoconservadores no campo educacional.

Por parte dos evangélicos, o interesse pelo tema está associado a diferentes questões, mas três pontos muito importantes são: a) o combate a crenças, símbolos e cosmovisões das religiões afro-brasileiras e dos mitos da cultura popular brasileira; b) a pretensão de incluir professores e conteúdos produzidos por intelectuais evangélicos no ensino religioso ministrado nas escolas públicas; c) o entendimento de que a oferta de ensino religioso para crianças, adolescentes e jovens poderia ajudar na construção de uma hegemonia cultural nas próximas gerações. Em uma entrevista concedida em 2013, Damares Alves, defensora do criacionismo[59], afirmou que "a Igreja evangélica havia perdido espaço na história" quando permitiu que a teoria da evolução entrasse nas escolas sem questioná-la. Segundo suas palavras: "A Igreja evangélica deixou a ciência caminhar sozinha e aí os cientistas tomaram conta dessa área e nós nos afastamos"[60]. Retomaremos a questão da posição anti-iluminista dos setores cristãos neoconservadores adiante, quando falarmos da ocupação da máquina do Estado pelos evangélicos. Por ora, destacamos que um dos pontos do Plano de Governo do candidato Bolsonaro nas eleições de 2018 para a área educacional era a ampliação de vagas em creches e a previsão de ensino religioso para crianças de zero a três anos. "Direcionado para famílias pobres, com renda *per capita* de até um salário mínimo", a proposta pretendia universalizar o acesso à creche para essa faixa etária, e, para alcançar tal meta,

---

[58] Ver Camilla Costa, "Estado e fé: STF permite ensino confessional de religião nas escolas", *BBC Brasil*, 27 set. 2017, disponível em: <https://www.bbc.com/portuguese/brasil-41404574>, acesso em: 20 mar. 2020.

[59] "O criacionismo é um discurso baseado em tradições escritas que buscam explicações literais para narrativas mítico-religiosas presentes nas escrituras sagradas." Ver "Criacionismo", *Toda Matéria*, disponível em: <https://www.todamateria.com.br/criacionismo/>, acesso em: 12 maio 2020.

[60] Ver Marianna Holanda, "'Deixamos a teoria da evolução entrar nas escolas', disse Damares Alves", *O Estado de S. Paulo*, 9 jan. 2019, disponível em: <https://politica.estadao.com.br/noticias/geral,deixamos-a-teoria-da-evolucao-entrar-nas-escolas-disse-damares-alves,70002673258>, acesso em: 20 mar. 2020.

"o Governo repassaria dinheiro para instituições não governamentais, como igrejas, e para pais que optarem por escolas particulares"[61].

Deve-se esclarecer que, para além de uma afinidade afetiva e ideacional – visão patriarcal da família, concepção autoritária de sociedade, postura anti-iluminista e visão negativa da esquerda associada ao comunismo –, a aliança de Jair Bolsonaro e seus filhos com os segmentos católicos conservadores e evangélicos pentecostais foi construída de forma pragmática e com objetivos políticos. O pragmatismo dos evangélicos e de Jair Bolsonaro ficaria claro com o batismo do então parlamentar nas águas do rio Jordão, realizado pelo pastor da Assembleia de Deus e dirigente do Partido Social Cristão Everaldo Dias às vésperas do *impeachment* da presidenta Dilma Rousseff, em 2016[62]. Everaldo, que havia conseguido atrair Bolsonaro para seu partido com a promessa de lançar o nome do ex-capitão para representar o PSC na disputa pela Presidência da República, tentava vinculá-lo também à Assembleia de Deus e ampliar a capacidade de influência dessa igreja na sociedade e na política brasileira. Já Bolsonaro ganhou uma grande projeção e simpatia entre os cristãos, mas continuou se declarando católico depois do evento em questão e, no ano eleitoral, trocou o PSC pelo Partido Social Liberal (PSL). O pastor Everaldo, assim como líderes de outras importantes igrejas cristãs – Vitória em Cristo, Batista, Renascer em Cristo etc. – seguiram fazendo campanha para Bolsonaro e as pesquisas de intenção de voto às vésperas da eleição indicavam o apoio de dois terços dos eleitores evangélicos à candidatura do representante do PSL.

O giro ideológico na máquina estatal brasileira

Em 2019, tão logo tomou posse, Jair Bolsonaro começou a lotear a máquina do Estado com seus apoiadores, ampliando a presença de cristãos neoconservadores no primeiro e segundo escalões do governo. O novo presidente fez também profundas alterações nas secretarias e nos ministérios dos campos da cultura, dos direitos humanos e das políticas para mulheres, que foram ocupados por

---

[61] Ver Renata Cafardo e Renata Agustin, "Plano educacional de Bolsonaro une criação de creche e ensino religioso", *UOL Notícias*, 14 out. 2018, disponível em: <https://noticias.uol.com.br/politica/eleicoes/2018/noticias/agencia-estado/2018/10/14/plano-educacional-de-bolsonaro-une-criacao-de-creche-e-ensino-religioso.htm>, acesso em: 12 maio 2020.

[62] Sobre o *impeachment*, ver Ronaldo Almeida, "Deus acima de todos", em *Democracia em risco?* (São Paulo, Companhia das Letras, 2019), p 35-51; Maria das Dores Campos Machado, "Religion and Moral Conservatism in Brazilian Politics", cit.

integrantes da coalizão cristã neoconservadora. Uma das modificações mais drásticas foi o fim da Secretaria Especial de Políticas para Mulheres (SPM)[63] e a criação do Ministério da Mulher, da Família e dos Direitos Humanos. A introdução do termo família no nome da pasta que vinha desenvolvendo políticas para as mulheres nas últimas décadas e a nomeação de uma pastora para assumir o novo Ministério são indicadores do avanço do neoconservadorismo na política brasileira.

Desde que foi nomeada, Damares vem desenvolvendo uma política de aparelhamento da pasta, escolhendo pastores e ativistas conservadoras, evangélicas e católicas, para desenvolver políticas públicas para mulheres, indígenas, idosos, crianças, adolescentes e jovens. Ou seja, a ministra montou uma equipe, constituída basicamente de cristãos, que pudesse rever as políticas de direitos humanos dos governos petistas, em especial aquelas nos campos sexual e reprodutivo. Na contramão das propostas da Secretaria Especial de Políticas para as Mulheres, que apresentavam gênero como eixo transversal, o novo Ministério adotou a família como dimensão central das políticas a serem desenvolvidas nos quatro anos de governo. Para assumir a função de secretária nacional da Família, Damares indicou a advogada católica Ângela Vidal Gandra da Silva Martins, filha de Ives Gandra. Em um claro exemplo da mobilização dos operadores do direito na ofensiva contra a agenda de gênero[64], Ives Gandra é um advogado vinculado ao Opus Dei, com publicações ligadas aos temas trabalhados neste livro: o "direito à vida" e a "ideologia de gênero". Se ao pai coube a difusão, nos meios jurídicos, dos argumentos centrais para o ataque à perspectiva feminista, caberia à filha, posteriormente, implementar políticas públicas de valorização da família heterossexual e cristã.

Como assinalamos nesta obra, a centralidade das famílias nas políticas públicas[65] é uma tendência transnacional, que pode ser facilmente constatada

---

[63] Esta pasta foi criada em 2003 pelo presidente Luiz Inácio Lula da Silva e reformulada em 2015 pela presidenta Dilma Rousseff, com a junção da SPM à Secretaria Especial de Políticas de Promoção da Igualdade Racial e à Secretaria de Direitos Humanos, criando o Ministério das Mulheres, da Igualdade Racial e dos Direitos Humanos. Entretanto, com a posse de Michel Temer, o Ministério deixou de existir e a Secretaria Especial de Políticas para as Mulheres foi para a pasta do Ministério da Justiça e Cidadania. Ver: "No governo Temer, Secretaria das Mulheres ganha viés policial", *Carta Capital*, 4 jun. 2016, disponível em: <https://www.cartacapital.com.br/Politica/sob-temer-fatima-pelaes-da-vies-policial-a-Politicas-para-mulheres/>, acesso em: 14 jul. 2020.

[64] Ver o capítulo 1.

[65] Flávia Biroli, "Reação conservadora, democracia e conhecimento", *Revista de Antropologia*, v. 61, n. 1, 2018, p. 83-94, disponível em: <https://doi.org/10.11606/2179-0892.ra.2018.145515>, acesso em: 20 maio 2020.

em governos de direita de várias partes do mundo (Hungria, Polônia, Turquia, entre outros). A posse de Bolsonaro ampliou não só a influência da agenda política da direita cristã estadunidense no Brasil, mas também o intercâmbio de lideranças políticas locais com setores neoconservadores da Hungria, fortalecendo as posições "pró-família" na equipe de governo. Presente na III Cúpula da Demografia, realizada em 2019 em Budapeste, a ministra Damares afirmou que, como a Hungria, o Brasil era um país "pró-família", e propôs que se formasse uma aliança entre os "países amigos da família"[66]. Bastante comprometida com a agenda antigênero, Damares também vetou o uso do sintagma "equidade de gêneros", que foi substituído nos documentos da pasta pela expressão "igualdade entre homens e mulheres".

Para além da ênfase na família e da contestação da concepção de gênero como construção social, o primeiro ano da gestão de Damares no Ministério foi marcado, entre outras coisas, por: a) uma agenda que privilegiava encontros com lideranças evangélicas[67]; b) controvérsias públicas em razão da percepção tradicionalista desta liderança batista acerca dos modelos de masculinidade e feminilidade[68] e c) pela promoção de um seminário na Câmara Federal para discutir a abstinência sexual como método de prevenção à gravidez na adolescência. Entre os palestrantes desse seminário encontrava-se o presidente do Instituto Eu Escolhi Esperar, Nelson Júnior[69], pastor da Base Church e responsável pela introdução, no Brasil, em 2011, de uma experiência desenvolvida por pastores evangélicos estadunidenses para estimular a castidade entre os jovens. O debate realizado no seminário serviu de base para a elaboração de um programa do Ministério estimulando jovens a

---

[66] Ver "Na Hungria, ministra Damares ressalta que o Brasil é um país pró-família", *Portal do Governo Federal*, set. 2019, disponível em: <https://www.mdh.gov.br/todas-as-noticias/2019/setembro/na-hungria-ministra-damares-ressalta-que-o-brasil-e-um-pais-pro-familia>, acesso em: 21 nov. 2019.

[67] Ver "Terrivelmente seletiva", *Folha de S.Paulo*, 5 jan. 2020, disponível em: <https://www1.folha.uol.com.br/opiniao/2020/01/terrivelmente-seletiva.shtml>; acesso em 8 jan. 2020.

[68] Entre as inúmeras declarações polêmicas da ministra, encontram-se as seguintes: "Menina veste rosa e menino veste azul" e "Existe um monte de mulher-pirata no Brasil, que não têm útero, não têm vagina, que estão se dizendo mulher". Ver Ana Karoline Silano e Bruno Fonseca, "Apoiado por Damares, movimento de ex-gays disputa Conselho de Psicologia", cit.

[69] Segundo informações do livro *Eu escolhi esperar* (São Paulo, Mundo Cristão, 2015), de sua autoria, Nélson Júnior formou-se em teologia pelo Instituto Bíblico das Assembleias de Deus, trabalha com jovens e adolescentes desde o início da década de 1990 e foi ordenado ao ministério pastoral em 1998.

não fazer sexo ou adiar o início da vida sexual. Anunciado à imprensa pela ministra nos primeiros dias de 2020[70], o programa coloca a castidade como principal método de prevenção tanto da gravidez quanto de doenças sexuais durante a adolescência[71].

As primeiras notícias sobre o novo programa do Ministério da Mulher, da Família e dos Direitos Humanos na imprensa indicavam que o Instituto Eu Escolhi Esperar, mencionado anteriormente, ficaria responsável pela elaboração do material didático a ser distribuído nas escolas brasileiras[72]. Deve-se registrar que a criação de organizações não governamentais (ONGs) por parte de setores religiosos neoconservadores tem crescido na América Latina e no Brasil e o movimento cristão Eu Escolhi Esperar[73], que se apresenta como supradenominacional, também seguiu esse caminho para ampliar suas parcerias com o poder público. Segundo o site do instituto, os dois principais objetivos das campanhas seriam "encorajar, fortalecer e orientar os solteiros cristãos a esperar até o casamento para viver suas experiências sexuais" e "ajudar as pessoas a desenvolver relacionamentos amorosos saudáveis e duradouros". Em termos práticos, o movimento do pastor Nelson vinha organizando campanhas e seminários em diferentes regiões do país para estimular a castidade em adolescentes e jovens cristãos. Como outras iniciativas de grupos confessionais, o movimento foi se institucionalizando ao longo dos anos e hoje o Instituto Eu Escolhi Esperar mobiliza milhares de adolescentes e jovens evangélicos nas redes sociais[74].

---

[70] Matheus Simoni, "Após audiência com Damares, movimento 'Eu Escolhi Esperar' prepara livros didáticos para escolas", *Metro1*, 8 jan. 2020, disponível em: <https://www.metro1.com.br/noticias/politica/85745,apos-audiencia-com-damares-movimento-eu-escolhi-esperar-prepara-livros-didaticos-para-escolas>, acesso em: 20 maio 2020.

[71] Ver Mariana Schreiber, "Contra gravidez na adolescência, Damares busca inspiração nos EUA para estimular jovens a não fazer sexo", *BBC Brasil*, 6 dez. 2019, disponível em: <https://www.bbc.com/portuguese/brasil-50682336>, acesso em: 12 jan. 2020.

[72] Matheus Simoni, "Após audiência com Damares, movimento 'Eu Escolhi Esperar' prepara livros didáticos para escolas", cit.

[73] Esse movimento é um desdobramento de uma iniciativa puritana anterior chamada Anel de Pureza, desenvolvida nos Estados Unidos na primeira década do século atual para estimular a castidade entre os jovens solteiros. Ver Elaine Vieira, "Entrevista com Nelson Júnior, pastor: 'O jovem não perde nada sem sexo'", *A Gazeta*, 19 jul. 2009, disponível em: <http://gazetaonline.globo.com/_conteudo/2009/07/521548-entrevista+++nelson+junior+++pastor.html>, acesso em: 10 jan. 2020.

[74] Ver o portal do Instituto Eu Escolhi Esperar, disponível em: <https://www.euescolhiesperar.com/>, acesso em: 8 jan. 2020.

A despeito das reações contrárias de especialistas das áreas médica, psicológica e educacional, bem como de ativistas dos movimentos de direitos humanos a essa e a outras iniciativas do programa do Ministério da Mulher, da Família e dos Direitos Humanos, a titular da pasta conseguiu ampliar sua popularidade na sociedade brasileira no primeiro ano de governo. Uma pesquisa de opinião pública realizada no final de 2019[75] indicou que a avaliação da gestão de Damares Alves era melhor do que a do presidente Bolsonaro e que sua popularidade só perdia quando comparada à do ministro da Justiça Sérgio Moro, que conduziu a operação Lava Jato[76]. Enquanto a gestão de Moro foi avaliada como ótima e/ou boa por 53% dos brasileiros entrevistados, os índices de ótimo e/ou bom desempenho de Damares e do presidente foram respectivamente 45% e 30%[77]. Em função de suas iniciativas à frente do Ministério da Mulher, da Família e dos Direitos Humanos, a pastora foi escolhida para falar na abertura do Congreso Iberoamericano por la Vida y la Familia, realizado entre 12 e 14 de março de 2020 na cidade de Lima, no Peru. Entretanto, em razão da pandemia de covid-19, a ministra não compareceu ao evento.

O desmonte das políticas sexuais e de gênero adotadas pelos governos anteriores não está circunscrito ao Ministério da Mulher, da Família e dos Direitos Humanos. Também na área da cultura as intervenções de Bolsonaro resultaram em retrocessos preocupantes no campo dos direitos das mulheres e das populações LGBTQI. A primeira iniciativa do presidente eleito nessa área foi a extinção do Ministério da Cultura e a criação de uma Secretaria Especial da Cultura, alocada inicialmente no Ministério da Cidadania e depois transferida para o Ministério do Turismo. O primeiro ano da nova Secretaria foi marcado pela alta rotatividade dos responsáveis pelas políticas culturais e por uma série de iniciativas regressivas, com o intuito não só de ampliar a influência dos valores cristãos nas artes, mas de impor a racionalidade neoconservadora na sociedade brasileira.

---

[75] Ver "Moro é o ministro mais bem avaliado do governo Bolsonaro; Damares fica em 2º", *O Globo*, 9 dez. 2019, disponível em: <https://oglobo.globo.com/brasil/moro-o-ministro-mais-bem-avaliado-do-governo-bolsonaro-damares-fica-em-2-1-24126171>, acesso em: 8 jan. 2020.

[76] Essa operação foi desencadeada pela Polícia Federal em 2014 e tinha como objetivo o combate à corrupção nas agências estatais. Como juiz federal da 13ª Vara Criminal Federal de Curitiba, Sérgio Moro foi um dos principais responsáveis pelos interrogatórios, pelas prisões e pelos julgamentos de empresários, políticos e funcionários de grandes empresas no país, incluindo o ex-presidente Luiz Inácio Lula da Silva.

[77] Ver "Moro é o ministro mais bem avaliado do governo Bolsonaro; Damares fica em 2º", cit.

Nesse sentido, em agosto de 2019, o ministro da Cidadania Osmar Terra suspendeu o edital da Agência Nacional do Cinema (Ancine), lançado no governo anterior para selecionar produções artísticas, em catorze diferentes categorias[78], que receberiam financiamento do Fundo Setorial do Audiovisual. Entre as categorias listadas no referido edital estavam duas cujas temáticas se encontram no centro das disputas dos neoconservadores cristãos com os movimentos feministas e LGBTQI: "diversidade de gênero" e "sexualidade". Ao tomar conhecimento da seleção preliminar da Ancine e da inclusão de quatro séries com temática LGBTQI, o presidente deu declarações na internet de que seu governo não financiaria essas produções e pressionou o ministro para suspender o edital. A ingerência de Bolsonaro na pasta teve uma série de desdobramentos importantes, a começar pela demissão do titular da Secretaria Especial da Cultura, José Henrique Pires, "por não desempenhar políticas propostas pela pasta"[79]. Ato contínuo, o Ministério Público Federal no Rio de Janeiro moveu uma ação civil pública contra o ministro Osmar Terra pela prática de ato de improbidade administrativa ao suspender o edital[80], e o processo seletivo teve de ser retomado. De qualquer maneira, nenhuma das quatro séries com as temáticas da diversidade sexual e/ou sexualidade foi aprovada na fase seguinte do processo de seleção[81].

Deve-se registrar ainda a indicação de um católico fervoroso, Roberto Alvim, para assumir a cruzada moral que seria travada na Secretaria Especial da Cultura a partir de novembro de 2019. Dramaturgo, Alvim fazia parte de um segmento bem restrito de artistas brasileiros que apoiou a candidatura de Bolsonaro e, desde a posse do presidente, vinha atuando freneticamente nas redes sociais católicas e de extrema direita contra o "marxismo cultural".

---

[78] Ver Julio Maria e Luci Ribeiro, "Henrique Pires deixa a Secretaria Especial de Cultura", *O Estado de S. Paulo*, 21 ago. 2019, disponível em: <https://cultura.estadao.com.br/noticias/geral, henrique-pires-deixa-secretaria-especial-de-cultura,70002976926>, acesso em: 20 maio 2020.

[79] Ver Guilherme Mazui e Gustavo Garcia, "Secretário de Cultura deixa cargo após governo suspender edital com séries sobre temas LGBT", *G1*, 21 ago. 2019, disponível em: <https://g1.globo.com/politica/noticia/2019/08/21/secretario-de-cultura-deixa-cargo-apos-governo-bolsonaro-suspender-edital-com-series-de-temas-lgbt.ghtml>, acesso em: 20 maio 2020.

[80] Ver Sérgio Rodas, "MPF move ação contra ministro por censura a projetos LGBT em edital da Ancine", *ConJur*, 2 out. 2019, disponível em: <https://www.conjur.com.br/2019-out-02/mpf-move-acao-ministro-censura-projetos-lgbt>, acesso em: 20 maio 2020.

[81] Ver Jan Niklas, "Séries LGBT atacadas por Bolsonaro perdem edital da TV pública", *O Globo*, 21 jan. 2020, disponível em: <https://oglobo.globo.com/cultura/series-lgbt-atacadas-por-bolsonaro-perdem-edital-da-tv-publica-24202727>, acesso em: 20 maio 2020.

Divulgador das ideias de Olavo de Carvalho[82] e do padre Paulo Ricardo[83], este último um ferrenho combatente da "ideologia de gênero" e presença frequente nos eventos realizados no Congresso Nacional para combater a agenda de gênero[84], Alvim parecia ser a pessoa perfeita para assumir a missão dos cristãos neoconservadores na área cultural.

Como Damares, Alvim tinha a pretensão de usar as agências estatais como máquina de propaganda dos valores cristãos e tornar a lógica normativa neoconservadora hegemônica na cultura brasileira. Nesse sentido, começou a recrutar ativistas dos grupos religiosos mais conservadores para desenvolver as propostas políticas de sua pasta e incrementar a produção de filmes, peças teatrais, exposições e *shows* que expressassem o ideário neoconservador. Foi demitido, em janeiro de 2020, depois de testar os limites do que se considera tolerável na sociedade ao veicular um vídeo com estética e conteúdo de inspiração nazista e ser fortemente criticado por vários atores políticos individuais e coletivos, entre eles um setor importante da base de apoio de Bolsonaro: a comunidade judaica.

A nomeação de Ernesto Araújo, um embaixador católico, para o Ministério das Relações Exteriores fortaleceria a agenda neoconservadora dos cristãos e faria com que o Brasil assumisse posições retrógradas no campo dos direitos sexuais e reprodutivos em debates e negociações internacionais. Bastante religioso e alinhado com as perspectivas mais conservadoras do catolicismo, Araújo, logo que empossado, adotou medidas para abolir a perspectiva de gênero dos debates e das propostas formuladas por sua equipe de trabalho para orientar as negociações internacionais[85]. Uma de suas primeiras orientações aos embaixadores

---

[82] Figura bastante controversa, Olavo de Carvalho tem formação na área de filosofia, atuou como astrólogo e colunista de jornais do Rio de Janeiro e, a despeito de viver há muitos anos nos Estados Unidos, é apontado como guru da família de Jair Bolsonaro. É também constantemente citado nas redes sociais de grupos conservadores católicos.

[83] Esse sacerdote foi consagrado já no papado de João Paulo II, em 1992, e é ligado aos setores mais conservadores da Igreja católica. Vive em Cuiabá, mas atua intensamente nas redes sociais contra a agenda de gênero e a esquerda. Entre os vários cursos *on-line* oferecidos em seu *site* na internet, encontra-se um intitulado "Revolução e marxismo cultural". Ver "Revolução e marxismo cultural", *Portal do Padre Paulo Ricardo*, disponível em: <https://padrepauloricardo.org/cursos/revolucao-e-marxismo-cultural>, acesso em: 20 maio 2020.

[84] Ver Maria das Dores Campos Machado, "O discurso cristão sobre a 'ideologia de gênero'", cit.

[85] Ver "Itamaraty orienta diplomatas a frisar que gênero é apenas sexo biológico", *Folha de S.Paulo*, 26 jun. 2019, disponível em: <https://www1.folha.uol.com.br/mundo/2019/06/itamaraty-orienta-diplomatas-a-frisar-que-genero-e-apenas-sexo-biologico.shtml>, acesso em: 5 ago. 2020; Jamil Chade, "Novo dicionário do Itamaraty", *UOL Notícias*, 10 jul. 2019, disponível em:

responsáveis pela representação brasileira nas negociações na Organização das Nações Unidas (ONU) foi que solicitassem a retirada do termo "gênero" nos acordos ali celebrados. Na mesma direção, vetou o uso da expressão "direitos sexuais e reprodutivos" com a alegação de que a referida noção facilitaria o reconhecimento do aborto. Com tal mudança de perspectiva, a representação do Brasil nos fóruns internacionais da ONU vem se abstendo em votações de resoluções importantes[86] no campo da saúde reprodutiva e da sexualidade.

Outra área em que o ataque à perspectiva de gênero vem ocorrendo é a educação, que, como a cultura, é vista pelos neoconservadores religiosos como pasta estratégica para a disputa não só com os movimentos feministas e LGBTQI, mas com a esquerda de uma forma geral. A influência do católico Olavo de Carvalho na indicação do primeiro titular do Ministério da Educação foi amplamente divulgada na mídia. Com uma trajetória acadêmica acanhada, o teólogo Ricardo Vélez se fizera conhecido entre os católicos de direita inicialmente pelo combate à Teologia da Libertação e depois por sua oposição à perspectiva de gênero[87]. Assumiu o cargo declarando que sua gestão seria marcada pela defesa dos "valores tradicionais ligados à preservação da família e da moral"[88]. Nessa direção, o ministro criou a Secretaria de Alfabetização e nomeou como secretário um simpatizante do movimento de ensino domiciliar (que reúne católicos e evangélicos conservadores em várias partes do mundo) e defensor do método fônico de alfabetização, o advogado Carlos Francisco Nadalim[89]. Vélez instituiu ainda uma comissão para fazer uma análise ideológica das questões preparadas pelo Instituto Nacional de Estudos e Pesquisas Educacionais (Inep) para o Exame Nacional do Ensino Médio (Enem)[90] com

---

<https://noticias.uol.com.br/reportagens-especiais/novo-dicionario-do-itamaraty/#novo-dicionario-do-itamaraty>, acesso em: 10 jul. 2020.

[86] Jamil Chade, "Novo dicionário do Itamaraty", cit.

[87] Ver Gustavo Maia, "Futuro ministro da Educação promete preservar valores conservadores", *UOL Notícias*, 23 nov. 2018, disponível em: <https://noticias.uol.com.br/politica/ultimas-noticias/2018/11/23/futuro-ministro-da-educacao-promete-preservar-valores-conservadores.htm?cmpid>, acesso em: 20 maio 2020.

[88] Idem.

[89] Homeschooling Brasil, "Quem é Carlos Nadalim?", disponível em: <https://homeschoolingbrasil.info/quem-e-carlos-nadalim/>, acesso em: 9 jul. 2020.

[90] Paulo Saldaña, "Governo Bolsonaro cria comissão para fazer análise ideológica de questões do Enem", *Folha de S.Paulo*, 20 mar. 2019, disponível em: <https://www1.folha.uol.com.br/cotidiano/2019/03/governo-bolsonaro-cria-comissao-para-fazer-analise-ideologica-de-questoes-do-enem.shtml>, acesso em: 20 maio 2020.

o objetivo de eliminar questões relacionadas a diversidade sexual e relações de gênero e que criticassem a ideologia do novo governo. O discurso alinhado com o ideário neoconservador e sua disposição em "expurgar a ideologia de gênero das escolas" não foram suficientes, entretanto, para garantir sua permanência na pasta e, depois de três meses, ele foi demitido.

O segundo titular da pasta, Abraham Weintraub, foi escolhido também em função de sua articulação com os grupos cristãos – católicos e evangélicos – do campo conservador[91] e apresentava uma visão similar à de seu antecessor em relação ao papel do Estado, da família e das instituições educacionais na sociedade[92]. Uma de suas primeiras iniciativas no Ministério foi o encaminhamento de um ofício às Secretarias de Educação do país vetando propagandas partidárias em sala de aula e orientando os docentes a respeitar as crenças religiosas. Manteve a pressão sobre o Inep para rever as questões que seriam submetidas aos jovens no Enem de 2019 e, em parceria com o Ministério da Mulher, da Família e dos Direitos Humanos, criou um canal para receber denúncias sobre a transmissão de conteúdos que atentem "contra a moral, a religião e a ética da família" nas escolas brasileiras[93]. Além disso, Weintraub nomeou o presbiteriano Benedito Guimarães Aguiar Neto para a presidência da Coordenação de Aperfeiçoamento de Pessoal de Nível Superior (Capes), fato que gerou muita controvérsia pública nos meios acadêmicos e na imprensa. Afinal, Benedito Guimarães, na condição de reitor da Universidade Presbiteriana Mackenzie, vinha estimulando, nos últimos anos, os estudos da teoria do design inteligente (TDI), que contraria as teses de Darwin sobre a evolução das espécies[94]. Com essa nomeação, o governo Bolsonaro ampliou a participação dos neoconservadores

---

[91] "Novo ministro da Educação diz que tem a Bíblia como referência", *Portal Guia-me*, 9 abr. 2019, disponível em: <https://guiame.com.br/gospel/noticias/novo-ministro-da-educacao-diz-que-tem-biblia-como-referencia.html>, acesso em: 11 jul. 2019.

[92] "Ministro promete Enem sem 'questões ideológicas' e indica: foquem na técnica", *Gazeta do Povo*, 26 abr. 2019, disponível em: <https://www.gazetadopovo.com.br/educacao/ministro-promete-enem-sem-questoes-ideologicas-e-muito-polemicas/>, acesso em: 11 jul. 2019.

[93] Paulo Saldaña, "Governo quer punir estado que ignora denúncia de ambiente escolar", *Folha de S.Paulo*, 20 nov. 2019, disponível em: <https://www1.folha.uol.com.br/educacao/2019/11/governo-quer-punir-estado-que-ignora-denuncia-de-ambiente-escolar.shtml>, acesso em: 8 jul. 2020.

[94] Ver Thais Garcia, "Ex-reitor do Mackenzie e defensor do design inteligente, Benedito Aguiar Neto é o novo presidente da Capes", *Conexão Política*, 26 jan. 2020, disponível em: <https://conexaopolitica.com.br/brasil/educacao/ex-reitor-do-mackenzie-e-defensor-do-design-inteligente-benedito-aguiar-neto-e-o-novo-presidente-da-capes/>, acesso em: 20 mar. 2020.

evangélicos na máquina do Estado e se aproximou dos empresários da educação privada no país[95].

Na fase final de elaboração desta obra, Abraham Weintraub deixou o Ministério da Educação em função de seus ataques aos ministros do STF e ao Congresso Nacional durante a reunião de 22 de abril de 2020 com o Presidente da República e demais ministros[96], assim como de sua participação em atos antidemocráticos em Brasília. Entre os nomes cotados para substituí-lo encontramos o do já mencionado Carlos Francisco Nadalim, responsável pelas políticas de alfabetização do Ministério.

Deve-se registrar que as declarações públicas do presidente da República encorajam as políticas regressivas de atores neoconservadores na máquina do Estado, embora algumas das propostas veiculadas nessas declarações não tenham avançado no primeiro ano de seu governo, seja por derrotas impostas no poder Legislativo ou no Supremo Tribunal Federal, seja por dificuldades operacionais. Três meses após sua posse no poder Executivo, Bolsonaro deu declarações públicas sugerindo que "os pais rasgassem as páginas da 'Caderneta de Saúde da Adolescente'"[97]. Esse material didático havia sido desenvolvido pelo Ministério da Saúde do governo Lula para meninas na faixa etária de dez a dezenove anos e, desde 2008, vinha sendo distribuído pelo Sistema Único de Saúde (SUS). Incomodado com as orientações e as ilustrações apresentadas na cartilha, Bolsonaro propôs sua reedição com a eliminação de "informações [...] inadequadas para crianças". Provocado por tais declarações, o ministro da Saúde, Luiz Henrique Mandetta, afirmou que o conteúdo e a forma de distribuição do material poderiam ser avaliados pelos técnicos da pasta e que "o erro talvez estivesse na abordagem, e não necessariamente na cartilha"[98].

---

[95] Idem.

[96] Agência Senado, "Senado convoca Weintraub para explicar pedido de prisão de ministros do STF", 25 maio 2020, disponível em: <https://www.brasil247.com/poder/senado-aprova-convocacao-de-weintraub-para-explicar-pedido-de-prisao-de-ministros-do-stf>, acesso em: 9 jul. 2020; e André de Souza, Daniel Gullino e Paula Ferreira, "Weintraub anuncia saída do Ministério da Educação", *O Globo*, 18 jun. 2020, disponível em: <https://oglobo.globo.com/brasil/weintraub-anuncia-saida-do-ministerio-da-educacao-24485456>, acesso em: 9 jul. 2020.

[97] Paula Ferreira e Renato Grandelle, "Bolsonaro sugere que pais rasguem páginas sobre educação sexual de Caderneta de Saúde da Adolescente", *O Globo*, 7 mar. 2019, disponível em: <https://oglobo.globo.com/sociedade/bolsonaro-sugere-que-pais-rasguem-paginas-sobre-educacao-sexual-de-caderneta-de-saude-da-adolescente-23506442>, acesso em: 8 jul. 2020.

[98] Filipe Albuquerque, "Ministro da Saúde 'dribla' polêmicas e ajeita a casa. Mas logo terá de mostrar resultados", *Gazeta do Povo*, 19 abr. 2019, disponível em: <https://www.gazetadopovo.

Ou seja, o ministro não questionou a tese do presidente de que o material era inapropriado para a educação das adolescentes.

Neoconservadorismo na Colômbia

A aliança de setores cristãos conservadores no combate às mudanças na ordem de gênero, na educação e nas formas de regulação da sexualidade também ocorreu na Colômbia, com desdobramentos sérios na política nacional, como veremos nas páginas seguintes. Trata-se de um caso bastante interessante, pois a importância cultural e política da Igreja católica na história do país é muito grande, e só com a Constituição de 1991 o Estado deixou de ser confessional. A despeito disso, foram os evangélicos (16% da população hoje) que apareceram como a face mais visível das campanhas antigênero nos anos de 2016, 2017 e 2018. Esse dado pode ser explicado, em parte, pelo fato de ser esse segmento religioso uma "minoria ativa"[99], ou uma minoria que tem grande capacidade de mobilização e, exatamente por isso, ter se destacado nas campanhas (em redes sociais e nas ruas) contra a "ideologia de gênero" no país. Guardadas as devidas proporções, naquela sociedade, como na brasileira, observa-se o crescente interesse das lideranças evangélicas em participar do debate público, interferir no ordenamento jurídico, participar de disputas eleitorais e ocupar a máquina do Estado.

O ex-presidente Álvaro Uribe, que governou o país entre 2002 e 2010[100], é apontado por analistas colombianos como o político responsável por incitar a politização de evangélicos conservadores na virada do século XX para o século XXI[101], atento ao potencial eleitoral desse segmento. Nesse sentido,

---

com.br/republica/ministro-da-saude-dribla-polemicas-e-ajeita-a-casa-mas-logo-tera-de-mostrar-resultados>, acesso em: 20 maio 2020.

[99] Jean-Pierre Bastian, *Protestantismo y modernidad Latinoamericana: historia de unas minorías religiosas activas en América Latina* (Cidade do México, Fondo de Cultura Económica, 1994); William Mauricio Beltrán e Sian Creely, "Pentecostals, Gender, Ideology and the Peace Plebiscite: Colombia 2016", *Religions*, n. 9, v. 12, dez. 2018, p. 418.

[100] Primeiro como representante do Partido Liberal e depois do Centro Democrático.

[101] Ver William Mauricio Beltrán, "La mutación del cristianismo colombiano: de católico a pentecostal", *Razón Pública*, 20 out. 2013, disponível em: <https://razonpublica.com/index.php/econom-y-sociedad-temas-29/7141-la-mutaci%C3%B3n-del-cristianismo-colombiano-de-cat%C3%B3lico-a-pentecostal.html>, acesso em: 26 abr. 2019; idem, "Política, cristianos y diversidad religiosa en Colombia", *Razón Pública*, 5 maio 2013, disponível em: <https://www.razonpublica.com/index.php/politica-y-gobierno-temas-27/3715politica-cristianos-y-diversidad-religiosa-en-colombia.html>, acesso em: 20 maio 2020; e Juan David Montoya, "Colombia",

aproximou-se, na década de 1990, de lideranças religiosas importantes e começou a estabelecer uma série de alianças políticas com grupos pentecostais. Uma das alianças foi com os pastores César e Claudia Castellanos (Missão Carismática Internacional), que haviam fundado o Partido Nacional Cristiano em 1989. Ou seja, já havia partidos confessionais na Colômbia, mas com Uribe as articulações dos cristãos com a elite política se ampliaram muito. Lideranças pentecostais importantes, como Viviane Morales Hoyos, foram convidadas a entrar no Partido Liberal e a pastora Claudia Castellanos foi nomeada para a Embaixada da Colômbia no Brasil (de 2004 a 2005) em retribuição ao apoio recebido nas eleições de 2002.

Deve-se registrar que foi justamente na igreja dos Castellanos que se realizou, em 2016, uma grande reunião com pastores de todo o país para lançar o manifesto *Pacto cristiano por la paz: somos uno por Colombia*, exigindo revisões no documento proposto pelo governo para o acordo de paz com as Farc. Juntamente com outras lideranças do campo conservador evangélico, Claudia e César haviam mobilizado seus fiéis para que votassem contra a proposta do governo e, fortalecidos com a vitória do "não" no plebiscito, se organizaram e elaboraram o manifesto para pressionar o poder Executivo. Segundo Alfredo Zabala, os signatários do documento exigiam a inserção da defesa da família e da garantia do direito à vida e a retirada ou alteração das passagens que mencionavam a expressão "gênero" com a justificativa de que "o termo gênero refere-se apenas aos dois sexos, masculino e feminino; exige-se também que o direito dos pais de educar seus filhos de acordo com seus princípios e valores seja preservado"[102].

O grupo de pastores exigia ainda que o acordo garantisse a liberdade de culto, desse visibilidade às vítimas cristãs do conflito e reconhecesse as igrejas evangélicas como atores políticos centrais para "a restauração do tecido social" depois do longo conflito[103]. É importante mencionar que a primeira reunião

---

em José Luis Pérez Guadalupe e Sebastian Grundberger (orgs.), *Evangélicos y poder en América Latina*, cit.

[102] Aqui e nas citações seguintes, cujo original é em espanhol, a tradução é desta autora. Ver Alfredo Serrano Zabala, "El fenómeno cristiano detrás del no", *El Espectador*, 22 out. 2016, disponível em: <https://www.elespectador.com/noticias/politica/el-fenomeno-cristiano-detras-del-no-articulo-661678>, acesso em: 10 dez. 2019. Ver também José Fernando Serrano Amaya, "La tormenta perfecta: ideología de género y articulación de públicos", *Sexualidad, Salud y Sociedad: Revista Latinoamericana*, n. 27, dez. 2017, p. 149-71, disponível em: <https://www.e-publicacoes.uerj.br/index.php/SexualidadSaludySociedad/article/view/29849>, acesso em: 23 mar. 2019.

[103] Idem.

pública do ex-presidente Juan Manuel Santos com representantes da sociedade civil depois do plebiscito foi com as lideranças evangélicas, fato que incomodou bastante as organizações feministas e LGBTQI que apoiaram o governo na defesa do acordo. Ou seja, com a vitória, ainda que apertada, do "não" (50,2% contra 49,7%), a força política dos evangélicos conservadores que assumiram a agenda antigênero dos católicos tornara-se mais perceptível para a elite política e para a sociedade civil.

A presença na máquina de Estado de atores políticos evangélicos trabalhando para ampliar as prerrogativas desse segmento religioso é, entretanto, anterior ao referido plebiscito. Desde 2014 havia uma equipe de evangélicos no governo de Manuel Santos trabalhando na elaboração da Política Pública Integral de Liberdade Religiosa e de Cultos, a qual foi instituída, por um decreto do poder Executivo, em 2018. À frente da equipe responsável pela formulação da nova política encontrava-se a advogada Lorena Ríos Cuéllar, da Igreja Assembleia de Deus. Lorena, que havia se candidatado pelo Partido Liberal nas eleições de 2014 para o poder Legislativo e não obtivera sucesso nas urnas, foi convidada, pelo ministro do Interior do governo de Santos, para ser *asesora de Despacho y coordinadora para Asuntos Regiliosos*. É interessante observar que, no caso em questão, se trata de uma segunda geração de mulheres pentecostais na política colombiana. Afinal, a mãe de Lorena, Beatriz Ríos, teve participação nas mobilizações do segmento para a Constituição de 1991 e foi a segunda pentecostal a se candidatar a presidente da República na Colômbia, pelo MUC, em 1998[104].

Em entrevista concedida em julho de 2019, Lorena Ríos nos revelou que havia votado a favor do pacto e que, durante o ano de 2016, atuou "a pedido de seus superiores" fazendo a mediação do governo Manuel Santos com o segmento evangélico para que o acordo de paz assinado em Cartagena fosse aprovado. Essas declarações são importantes porque mostram que, mesmo entre fiéis de igrejas conservadoras, como é o caso da Assembleia de Deus, houve divergências em torno da consulta plebiscitária. Além disso, indicam que o grupo no poder estava desenvolvendo estratégias de aproximação com os cristãos e que a presença de atores políticos desse campo confessional no Estado poderia ser um fator facilitador.

---

[104] Ver "Beatriz Cuéllar, la quinta fuerza", *El Tiempo*, 1º jun. 1998, disponível em: <https://www.eltiempo.com/archivo/documento/MAM-807267>, acesso em: 17 jul. 2019.

Na cerimônia de assinatura do acordo de paz, em setembro de 2016, entre os líderes mundiais presentes encontrava-se o cardeal italiano Pietro Parolin, secretário de Estado da Santa Sé, que expressou o interesse do papa Francisco pela paz ali selada[105]. É importante lembrar também que religiosos com atuação em zonas de conflito armado ajudaram nas mediações entre as partes e ansiavam pela paz. A Igreja católica da Colômbia também estimulou a participação no referendo, mas tentou controlar as manifestações explícitas de voto a favor do "sim" ou do "não" por parte dos religiosos. Entretanto, setores católicos tradicionalistas mobilizaram o discurso da "ideologia de gênero" que o próprio Vaticano vem promovendo em várias partes do mundo e fizeram campanha nas paróquias e redes sociais em defesa da família e da rejeição ao acordo assinado pelo governo. Com a Igreja católica dividida, esses setores se aliaram aos evangélicos e atualizaram o conservadorismo colombiano.

Embora a adesão de líderes evangélicos à agenda antigênero católica tenha favorecido a mobilização pelo voto contrário ao acordo de paz, não se pode garantir que a construção do voto dos eleitores evangélicos tenha se baseado única e/ou preferencialmente nos valores religiosos relacionados à família e à sexualidade. Da mesma forma, o voto favorável ao acordo de paz não indica que o eleitor tenha necessariamente posições mais liberais no campo das relações de gênero. Interesses e valores distintos fizeram com que 50,2% dos colombianos que votaram na consulta plebiscitária optassem por não referendar o acordo selado pelo governo com as Farc. A agenda antigênero, como dizem alguns analistas, parece ter atuado como um amálgama para diversos interesses.

Assim como no caso brasileiro, entre os cristãos colombianos evangélicos que lideraram as mais importantes iniciativas contra a perspectiva de gênero e a diversidade sexual antecedentes ao plebiscito, identificamos duas mulheres do segmento pentecostal. A primeira iniciativa foi a proposta de um referendo popular para rever a deliberação tomada em 2015 pela Corte Constitucional a favor da adoção de crianças por casais do mesmo sexo. À frente dessa iniciativa encontrava-se a senadora Viviane Morales, filiada à Iglesia Casa sobre la Roca. Discordando do encaminhamento da Corte colombiana, Viviane empreendeu uma campanha – Firme por Papa y Mama – para coletar assinaturas junto à população, com vistas à apresentação de um projeto no Congresso para a

---

[105] Ver Gianni Valente, "Família *versus* paz: o 'estranho caso' do referendo na Colômbia", *Instituto Humanitas Unisinos*, 19 out. 2016, disponível em: <http://www.ihu.unisinos.br/78-noticias/561307-familia-versus-paz-o-estranho-caso-do-referendo-na-colombia>, acesso em: 20 maio 2020.

realização do mencionado referendo. Conseguiu coletar 2.134.800 assinaturas[106] e, em novembro de 2015, apresentou o projeto no Senado. Com o apoio de mais de três dezenas de legisladores, o projeto foi aprovado em duas comissões do Senado durante o ano de 2016. É interessante notar que, na justificativa apresentada pela parlamentar para o referendo popular, encontra-se o argumento da usurpação das funções daquela Corte, mesmo argumento usado por evangélicos brasileiros quando o STF toma posições favoráveis aos pleitos dos movimentos feministas e à diversidade sexual, estabelecendo normativas sem que tenham sido votadas no Congresso Nacional. Em maio de 2017, a proposta foi derrotada por vinte votos a doze, em parte devido aos custos que imporia ao Estado.

De qualquer maneira, entre novembro de 2015 e maio de 2017, a senadora Morales encabeçou na sociedade civil e no Congresso um debate em que argumentos jurídicos e de defesa dos direitos das crianças foram empregados para contrapor as demandas por direitos das minorias LGBTQI. Segundo José Fernando Serrano Amaya, a secularização dos argumentos na justificativa da realização do referendo seria uma estratégia para "espiritualizar a sociedade"[107]. Ou seja, os cristãos estariam adotando novos meios – o debate jurídico, a autoridade do Estado e o populismo – para garantir a moralidade e a hierarquia da família patriarcal cristã. Ainda que não tenha sido bem-sucedida, a discussão sobre o referendo ocorreu em paralelo com as mobilizações contra as cartilhas educacionais do governo Santos, assim como contra o acordo de paz assinado em Cartagena, e teve impacto no plebiscito de 2016.

Na liderança das campanhas contra o material didático na Colômbia também esteve uma política evangélica: Ángela Hernández, jovem deputada pelo Departamento de Santander, filiada à Iglesia Cuadrangular. Juntamente com Jaime Andrés Beltrán, político e pastor evangélico, Ángela foi responsável pela convocação da grande marcha realizada em 10 de agosto de 2016 contra as cartilhas elaboradas pelo Ministério da Educação do governo de Juan Manuel Santos. O material havia sido produzido com o propósito de combater as discriminações nas escolas com base na orientação sexual, mas foi criticado pelas lideranças acima mencionadas com argumentos já mobilizados em outros

---

[106] José Fernando Serrano Amaya, "Religión y política por otros medios", *Desde el Jardín de Freud*, n. 18, 2018, p. 119-34, disponível em: <https://revistas.unal.edu.co/index.php/jardin/article/view/71465>, acesso em: 20 nov. 2019.

[107] Idem.

contextos nacionais[108], quando se propunha introduzir a temática da diversidade sexual na educação de adolescentes e jovens. Tal como nos embates brasileiros em torno do PNE, os cristãos conservadores da Colômbia alegaram que o movimento LGBTQI e o Estado estavam tentando introduzir a "ideologia de gênero" nos espaços educacionais em uma tentativa de "colonização homossexual" das crianças[109]. Replicaram-se não só os argumentos como também fotos e desenhos de cunho sexual disponíveis em *sites* estrangeiros como se fizessem parte do material educativo a ser distribuído nas escolas[110].

A iniciativa dos dois líderes cristãos teve grande repercussão, motivando marchas em várias cidades do país que exigiam a suspensão da política traçada pelo Ministério da Educação com a temática da orientação sexual. Diante da mobilização, o presidente da República fez um pronunciamento esclarecendo que seu governo não implementaria a intitulada "ideologia de gênero" nas escolas, o que acabou reforçando a tese dos cristãos neoconservadores sobre a existência de uma ideologia feminista ameaçando a sociedade. Em seguida, a ministra da Educação, Gina Parody, renunciou ao cargo. A realização da mobilização dois meses antes do plebiscito teve forte impacto no resultado, pois os opositores políticos de Juan Manuel Santos conseguiram levar o debate dos cristãos sobre a "ideologia de gênero" para o processo de avaliação do acordo de paz selado em Cartagena.

Em 2018, os cristãos neoconservadores novamente se mobilizaram para a disputa pela Presidência da República. Confiante por ter conseguido um número grande de assinaturas para o referendo popular, a senadora Viviane Morales lançou sua candidatura pelo partido Somos em um vídeo onde convocava "a

---

[108] Caso da França, da Espanha e da Polônia, entre outros países.

[109] Ver Ana Cristina González Vélez e Laura Castro, "Colombia: educación sexual, diversidad y paz – el entramado de la 'ideología de género'", em Ana Cristina González Vélez et al. (orgs.), *Develando la retórica del miedo de los fundamentalismos: la campaña "Con mis hijos no te metas" en Colombia, Ecuador y Perú* (Lima, Centro de la Mujer Peruana Flora Tristán, 2018); Mara Viveros Vigoya, "The Controversy Surrounding Gender: A Central Question of (Sexual) Politics in Colombia", *Sexuality Policy Watch*, 9 dez. 2016, disponível em: <https://sxpolitics.org/the-controversy-surrounding-gender-nodal-question-of-sexual-politics-in-colombia/16218>, acesso em: 20 maio 2020; Mara Viveros Vigoya e Manuel Alejandro Rodríguez Rondón, "Hacer y deshacer la ideología de género", *Sexualidad, Salud y Sociedad: Revista Latinoamericana*, n. 27, set.-dez. 2017, p. 118-241, disponível em: <http://dx.doi.org/10.1590/1984-6487.sess.2017.27.07.a>, acesso em: 20 maio 2020.

[110] A ministra da Educação ter assumido publicamente, alguns meses antes, o fato de ser lésbica e de ter um relacionamento amoroso com outra política teria sido exaustivamente replicado nas redes sociais cristãs como um sinal dessa tentativa de "colonização".

imensa maioria de crentes do país, [...] católicos e evangélicos, a semear valores essenciais da sociedade" e assumir a missão de "salvar a Colômbia"[111]. A candidatura de Iván Duque, do partido Centro Democrático, entretanto, atraiu a maioria dos líderes evangélicos neoconservadores e, enfrentando uma série de dificuldades para viabilizar sua candidatura, Viviane Morales abandonou a disputa antes do primeiro turno, passando a apoiar Duque – iniciativa que lhe garantiu a indicação para o posto de embaixadora da Colômbia na França no governo eleito. Deve-se registrar que, no comunicado de sua renúncia, Viviane reproduziu argumentos do movimento Maioria Moral, criado em 1978 pelo televangelista e ativista conservador Jerry Falwell, com o propósito de exercer *lobby* político e fortalecer as alianças entre o Partido Republicano e a direita cristã nos Estados Unidos[112].

> O povo cristão é um povo grande e honesto, a Colômbia moral é majoritária e limpa. [...] Ninguém duvida que essas maiorias morais estejam passando por um despertar histórico de grande fôlego. Após anos de quietude, começamos a reagir às injustiças e decidimos participar ativamente das transformações que nossa nação exige. A história não termina aqui. Nós apenas começamos![113]

Outro ator político com identidade religiosa que se apresentou na disputa pela Presidência da República foi o ex-senador e pastor Jorge Antonio Trujillo. Dirigente da igreja cristã Casa de Reino, este pastor tornara-se popular no meio evangélico por apresentar um programa de televisão (*Una tierra feliz*), e lançou mão dessa popularidade para entrar na política. Como suplente[114] de um senador, teve uma atuação parlamentar curta, entre 2009 e 2010, marcada pela defesa da liberdade religiosa, assim como pelo combate ao aborto, à eutanásia e à prostituição. Em 2018, Trujillo se candidatou pelo movimento Todos

---

[111] Vídeo disponível em: <https://www.youtube.com/watch?v=EGEwDFlZuJY>, acesso em: 20 out. 2020.

[112] Em 1986, a Maioria Moral foi incorporada à Liberty Federation e, em 1989, a ONG criada por Falwell encerrou suas atividades, mas outras organizações articulando evangélicos e católicos, como a Coalizão Cristã, foram criadas com o mesmo fim. Ver David Held, *A Brief History of Neoliberalism* (Oxford, Oxford University Press, 2005) e também Ivan Dias Silva, *Jerry Falwell e a Maioria Moral: um estudo sobre a relação entre religião e política no espaço público americano entre 1979 e 1989* (tese de doutorado, Juiz de Fora, Universidade Federal de Juiz de Fora, 2016).

[113] Ver "Viviana anuncia su retiro de candidatura a la presidencia de Colombia", *El Nuevo Pais*, 2 maio 2018, disponível em: <https://elnuevopais.net/2018/05/02/viviane-morales-anuncia-su-retiro-de-candidatura-de-la-presidencia-de-colombia/>, acesso em: 20 maio 2020.

[114] Pelo partido Convergencia Ciudadana.

Somos Colombia, mas obteve apenas 0,39% dos votos no primeiro turno[115]. A presença do pastor no pleito indica, contudo, que, tanto como no Brasil, líderes cristãos colombianos anseiam por ampliar a presença do segmento no Estado e usar as agências estatais para, a um só tempo, aumentar as prerrogativas do segmento evangélico e desenvolver políticas neoconservadoras na sociedade.

O lançamento das candidaturas de Viviane e Trujillo e a mobilização do segmento cristão nas campanhas antigênero do ano de 2016 fizeram com que o candidato da extrema direita, Iván Duque, ajustasse seu discurso no campo da moralidade pessoal e fizesse alianças com líderes cristãos neoconservadores. O candidato deu declarações contra o aborto, mencionou a possibilidade da criação do Ministério da Família e, embora dizendo que nenhuma comunidade perderia direitos já conquistados, não assumiu claramente a defesa das conquistas dos segmentos LGBTQI. Eleito com 53,9% dos votos, Duque agradeceria não só a Deus, mas também a dois atores políticos do campo cristão conservador que o apoiaram: o procurador católico Alejandro Ordóñez e Viviane Morales[116]. Posteriormente, além de nomear Viviane para a Embaixada da Colômbia na França, como referido, Duque nomearia Ordóñez para a representação do país junto à Organização dos Estados Americanos (OEA).

Na esteira de iniciativas adotadas em outros países para implementar políticas "pró-família" e em defesa da liberdade religiosa, o jovem deputado Juan Carlos Wills Ospina[117] apresentou, em 2018, o projeto de lei de criação do Ministério da Família na Câmara. O projeto foi arquivado em 2019, mas sua apresentação naquela casa legislativa sugeria que os cristãos não haviam esquecido as negociações feitas com Duque durante a campanha e, como o presidente não havia criado a pasta da Família, eles tentavam fazê-lo via poder Legislativo.

Seguindo os exemplos da direita evangélica estadunidense, que hoje integra a equipe do presidente Donald Trump, eleito em 2016, evangélicos colombianos começaram a disputar espaços nas agências governamentais. Durante muitos anos, a defesa da vida e da família patriarcal, assim como o combate à

---

[115] Ver "¿Quién es Jorge Antonio Trujillo, el candidato desconocido en el tarjetón?", *El Espectador*, 22 mar. 2018, disponível em: <https://www.elespectador.com/elecciones-2018/noticias/politica/quien-es-jorge-antonio-trujillo-el-candidato-desconocido-en-el-tarjeton-articulo-745847>, acesso em: 20 maio 2020.

[116] Ver Santiago Torrado, "Governo de Iván Duque desperta os temores da comunidade LGBT colombiana", *El País*, 24 jun. 2018, disponível em: <https://brasil.elpais.com/brasil/2018/06/21/internacional/1529614052_330370.html>, acesso em: 20 maio 2020.

[117] O político, na ocasião, representava o Partido Conservador Colombiano.

diversidade sexual no interior do Estado, foram empreendimentos de funcionários públicos católicos, entre eles o ex-procurador Alejandro Ordóñez, já mencionado. Entretanto, a politização dos pentecostais e os acordos com a elite política tornaram mais frequentes as indicações, por parte das igrejas e partidos confessionais, de nomes desse campo religioso para integrar o segundo escalão do governo. Fenômeno que, pelo menos em princípio, favorece a difusão da lógica normativa neoconservadora na máquina estatal.

Em função do apoio político recebido na eleição de 2018, o governo de Duque nomeou dois jovens militantes cristãos para a pasta dos Direitos Humanos do Ministério do Interior, órgão responsável, entre outras coisas, pelo encaminhamento das demandas dos segmentos LGBTQI: inicialmente, Nayid Abú Fager e, posteriormente, Ricardo Arias Macías. O primeiro havia assessorado Viviane Morales e foi um dos fundadores da organização Mesa Nacional de Educación y Autonomía (Menacea), que teve papel importante na campanha contra as cartilhas educacionais de 2016[118]. Já o nome de Ricardo, que o sucedeu na pasta, foi uma recomendação do partido confessional Colombia Justa Libres[119]. A segunda nomeação de um evangélico para aquela secretaria tão estratégica gerou grande apreensão nos movimentos pela diversidade sexual. Da mesma forma, a pentecostal Lorena Ríos, já mencionada, foi responsável pela implantação da Política Pública Integral de Liberdade Religiosa e de Cultos no país. Entre os objetivos desta política encontra-se a ampliação dos espaços de atuação de atores evangélicos no campo da ação social e da mediação do conflito armado, em uma clara disputa com a Igreja católica. A política também reconhece a validade do ensino domiciliar e "de acordo com os valores das famílias" e reafirma o princípio da objeção de consciência dos profissionais cristãos no exercício de suas atividades laborais, questões centrais na agenda dos cristãos neoconservadores.

Deve-se registrar, entretanto, que, embora eleito por uma coalizão política de setores neoconservadores – religiosos e não religiosos –, Duque montou uma equipe ministerial com grande participação de mulheres, fator que parece estar funcionando como contrapeso às iniciativas antigênero dos cristãos. Dez entre os dezoito integrantes do primeiro escalão são do sexo feminino e pastas importantes entregues às mulheres seguem adotando a gramática de gênero.

---

[118] Franklin Gil Hernandez, *Políticas antigénero en América Latina: Colombia*, cit.

[119] Eleito em 2018 pelo partido Centro Democrático.

Em janeiro de 2020, por exemplo, a ministra do Trabalho, Alicia Arango, lançou um programa nacional intitulado Iniciativa de Paridad de Género visando ampliar a participação feminina no mercado de trabalho, melhorar as condições de trabalho e reduzir a disparidade salarial entre homens e mulheres[120].

Outro fator importante foi a eleição de Claudia López, em 2019, para a prefeitura de Bogotá. Ex-senadora e lésbica, Claudia disputou o segundo posto político mais importante da Colômbia pela Aliança Verde, e sua vitória demonstrou a vitalidade da esquerda, dos movimentos feministas e dos movimentos pela diversidade sexual na capital do país. Opositora de Iván Duque, Claudia López venceu as eleições com 35,42% dos votos e se tornou a primeira mulher a assumir a prefeitura de Bogotá. Em seu primeiro pronunciamento depois da vitória, Claudia declarou que o resultado do pleito expressava o desejo dos eleitores de deixar para trás "o machismo, o racismo, o classismo, a homofobia e a xenofobia"[121]. De forma sintética, se a direita cristã ganhara visibilidade e capacidade de pressão política no contexto do plebiscito, três anos depois esse segmento viria a sofrer um revés com a escolha de uma mulher da comunidade LGBTQI para administrar a maior cidade do país.

A seguir, apresentamos um quadro com a cronologia das iniciativas e momentos mais marcantes do processo de avanço do neoconservadorismo no Brasil e na Colômbia entre 2014 e 2018.

Quadro 1: Embates dos religiosos cristãos no Brasil e na Colômbia (2014-2018)[122]

ANO	BRASIL	COLÔMBIA
2014	• Mobilização contra a adoção da perspectiva de gênero no Plano Nacional de Educação;	• Começa a ser elaborada a Política Pública para a população LGBTQI;

---

[120] Ver "Iniciativa de paridad de género, un logro para las colombianas", *El Tiempo*, 27 jan. 2020, disponível em: <https://www.eltiempo.com/vida/mujeres/iniciativa-de-paridad-de-genero-un-logro-para-las-colombianas-455584>, acesso em: 1º fev. 2020.

[121] Ver "Bogotá elege primeira prefeita mulher e LGBT", *Veja*, 28 out. 2019, disponível em: <https://veja.abril.com.br/mundo/bogota-elege-primeira-prefeita-mulher-e-lgbt/>, acesso em: 30 out. 2019.

[122] Elaborado por esta autora a partir das diferentes fontes consultadas para a pesquisa e indicadas na bibliografia deste livro.

ANO	BRASIL	COLÔMBIA
2014	• Apresentação, na Câmara Federal, do PL n. 7.180/2014, de autoria do pastor evangélico Erivelton Santana, que visa incluir, entre os princípios do ensino, o respeito às convicções do aluno, de seus pais ou responsáveis, dando precedência aos valores de ordem familiar sobre a educação escolar nos aspectos relacionados à educação moral, sexual e religiosa; • Apresentação do PL n. 2.974/2014, que visa criar o Programa Escola sem Partido no âmbito do sistema de ensino do estado do Rio de Janeiro; • Apresentação do PL n. 867/2014, que visa criar o Programa Escola sem Partido, no município do Rio de Janeiro, de autoria do vereador evangélico Carlos Bolsonaro.	• Começa a ser elaborada a Política Pública Integral de Liberdade Religiosa e de Cultos, tendo à frente Lorena Ríos Cuéllar, pentecostal da Assembleia de Deus.
2016	• O vice-presidente Michel Temer grava vídeos com pastores evangélicos às vésperas do *impeachment* de Dilma Rousseff; • A votação do *impeachment* é comandada pelo pentecostal Eduardo Cunha[123]; • Apresentação, no Senado Federal, do PL n. 193/2016, de autoria do pastor Magno Malta, que visa incluir o Programa Escola sem Partido na Lei de Diretrizes e Bases da Educação Nacional.	• Senado discute a proposta de realização de um referendo sobre a adoção de crianças por casais do mesmo sexo; • O Decreto n. 1.079 declara 4 de julho como o Dia Nacional da Liberdade Religiosa e de Cultos[124]; • Mobilização contra as cartilhas educacionais; • Plebiscito pela paz e vitória do "não"; • Encontro do presidente Juan Manuel Santos com lideranças evangélicas.
2018	• STF reconhece a possibilidade de alteração de registro civil sem mudança de sexo para transgêneros, contrariando os neoconservadores; • Visita de assessores evangélicos de Donald Trump ao Brasil; • Eleição de Jair Bolsonaro (PSL) à Presidência, com forte apoio de cristãos.	• O Decreto n. 437 institui a Política Pública Integral de Liberdade Religiosa e de Cultos; • Eleição de Iván Duque (Centro Democrático) com apoio de cristãos; • Indicação de atores evangélicos para a máquina do Estado, nas áreas de direitos humanos e assuntos religiosos.

---

[123] Durante a votação da instauração do processo de *impeachment* da presidenta Dilma Rousseff na Câmara, em 17 de abril de 2016, vários parlamentares justificaram seus votos com argumentos morais (em defesa da família) e religiosos. Ver Ronaldo de Almeida, "Os deuses do Parlamento", *Novos Estudos Cebrap*, São Paulo, n. 108, jun. 2017, p. 71-9, disponível em: <http://novosestudos.uol.com.br/wp-content/uploads/2017/06/OS-DEUSES-DO-PARLAMENTO-Ronaldo-de-Almeida.pdf>, acesso em: 14 jul. 2020.

[124] No Brasil, temos o Dia Nacional de Combate à Intolerância Religiosa (21 de janeiro), que foi criado por meio da Lei n. 11.635, de 27 de dezembro de 2007, sancionada pelo presidente Luiz Inácio Lula da Silva. Na Argentina, em 2017, estabeleceu-se o 9 de agosto como o Día Nacional del Diálogo Interreligioso. Ver "Argentina: declaran al 9 de agosto como 'Día Nacional del Diálogo Interreligioso'", *Iton Gadol*, 23 nov. 2017, disponível em: <https://itongadol.com/noticias/107195-argentina-declaran-al-9-de-agosto-como-dia-nacional-del-dialogo-interreligioso>, acesso em: 20 maio 2020.

A circulação de valores e atores neoconservadores

A agenda antigênero se difunde graças, entre outras coisas, aos seguintes fatores: a circulação dos líderes religiosos pelas diferentes sociedades, a construção de redes transnacionais "pró-vida" e "pró-família", a organização de eventos internacionais em defesa de valores cristãos e/ou para a formação de novos quadros políticos nesse campo e as novas tecnologias de comunicação[125]. Só para exemplificar, com o sucesso da campanha #rescatandoprincipios, de 2016, a política pentecostal colombiana Ángela Hernández tornou-se uma ativista internacional, realizando inúmeras viagens aos países vizinhos, em especial o Peru, para participar de atividades políticas em defesa da família e do movimento #ConMisHijosNoTeMetas [Não se meta com meus filhos].

Como a deputada Ángela, outros atores religiosos cruzam as fronteiras de suas sociedades para difundir ideias e publicações sobre a "ideologia de gênero". Em 2018, na cidade de Cali, foi organizado um debate com o sugestivo nome "Desenmascarando la ideología de género", que contava com a presença dos argentinos Agustín Laje e Nicolás Márquez[126], assim como do colombiano Samuel Ángel, autor do livro *La amenaza de la ideología de género* [A ameaça da ideologia de gênero]. Os três são católicos; o último é integrante do Movimento Mariano (Movimiento de Católicos Solidaridad). Os convidados percorreram por dez dias o interior da Colômbia em conferências pagas, com o objetivo de combater as propostas dos movimentos feministas e LGBTQI para a sociedade contemporânea[127]. Ou seja, existe uma circulação de jovens políticos e/ou advogados que se tornaram intelectuais orgânicos da Igreja católica na cruzada contra a perspectiva da construção social do gênero nos países da América Latina.

Os neoconservadores colombianos também convidaram Sara Winter, ativista católica brasileira e candidata a uma cadeira na Câmara Federal nas eleições de 2018, para reforçar a ofensiva contra o gênero no interior daquele país[128]. Ex-integrante do movimento Femen no Brasil, a jovem política, que não obteve sucesso

---

[125] Existem vários *sites* e/ou periódicos digitais vinculados aos movimentos "pró-vida" e "pró-família". Na Colômbia, ver, por exemplo, o portal *Razão e Fé*, disponível em: <https://www.razonmasfe.com/nosotros/>, acesso em: 20 maio 2020.

[126] A atuação desses intelectuais cristãos será analisada por Flávia Biroli no próximo capítulo.

[127] Ver "Gira nacional: desenmascarando la ideología de género", *Canal #SamuelAngel*, 19 abr. 2018, disponível em: <https://www.youtube.com/watch?v=VTliN-1Wfuk>, acesso em: 27 jan. 2010.

[128] Franklin Gil Hernandez, *Políticas antigénero en América Latina: Colombia*, cit.

nas urnas, havia se tornado uma combativa militante dos movimentos "pró-vida" e "pró-família" e vinha utilizando a estratégia do testemunho de vida, tão típica do mundo cristão, para ganhar audiências. Em entrevista concedida ao *site* católico *Zenit* em 2016[129], Sara declarou-se admiradora do então parlamentar Jair Bolsonaro e afirmou que pretendia, com sua atuação na arena política, "mostrar para os jovens a política de direita e conservadora". Segundo o jornal *El Tiempo*[130], a ativista brasileira foi convidada para falar pelo movimento Quarenta Dias pela Vida na cidade de Barranquilla em 2018 e deveria relatar aos colombianos sua "conversão" aos movimentos que combatem o aborto, a "ideologia de gênero" e o feminismo.

Na gestão de Bolsonaro, Sara teve uma passagem rápida pelo Ministério da Mulher, da Família e dos Direitos Humanos, coordenando as ações de Atenção Integral à Gestante e à Maternidade[131], mas se destacou mesmo foi por seu posterior ativismo radical na sociedade civil, liderando o grupo 300 do Brasil e a cruzada contra o Congresso Nacional e o STF[132]. Com trajetória de vida bastante tortuosa, essa neoconservadora postou fotos com armas nas redes sociais, realizou manifestações com elementos simbólicos de movimentos da extrema direita estadunidenses e ucranianos[133], deu várias declarações ameaçando ministros do STF e acabou sendo detida pela Polícia Federal em virtude do inquérito que investiga a realização e o financiamento de atos antidemocráticos em Brasília[134].

---

[129] Segundo suas palavras: "Me inspiro muito no Jair Bolsonaro. Ele é uma pessoa íntegra, independente do partido no qual esteja. [...] Sou membro da comitiva nacional do PSC jovem e busco mostrar para os jovens a política de direita e conservadora". Ver Thácio Siqueira, "Ex-feminista, Sara Winter: 'Rezo o terço todos os dias, e é uma coisa que eu não abro mão'", *Zenit*, 10 jun. 2016, disponível em: <https://pt.zenit.org/articles/sara-winter-rezo-o-terco-todo-o-dia-que-e-uma-coisa-que-eu-nao-abro-mao/>, acesso em: 20 maio 2020.

[130] Ver "La activista Sara Winter de visita en Barranquilla", *El Tiempo*, 28 nov. 2018, disponível em: <https://www.eltiempo.com/colombia/barranquilla/la-activista-sara-winter-de-visita-en-barranquilla-298956>, acesso em: 20 maio 2020.

[131] Ver "Sara Winter mentiu sobre diploma de curso superior", *IstoÉ*, 17 jun. 2020, disponível em: <https://www.msn.com/pt-br/noticias/brasil/sara-winter-mentiu-sobre-diploma-de-curso-superior/ar-BB15CfSo>, acesso em: 9 jul. 2020.

[132] Ana Mendonça, "Quem é Sara Winter, que chamou Alexandre de Moraes de 'arrombado'", *Estado de Minas*, 27 maio 2020, disponível em: <https://www.em.com.br/app/noticia/politica/2020/05/27/interna_politica,1151239/quem-e-sara-winter-que-chamou-alexandre-de-moraes-de-arrombado.shtml>, acesso em: 9 jul. 2020.

[133] Letícia Mori, "Por que a Ucrânia, onde Sara Winter diz ter sido treinada, fascina bolsonaristas?", *BBC News Brasil*, 15 jun. 2020, disponível em: <https://www.bbc.com/portuguese/brasil-52900757>, acesso em: 9 jul. 2020.

[134] Clara Cerioni, "Entenda a prisão de Sara Winter e seu movimento antidemocracia", *Exame*, 15 jun. 2020, disponível em: <https://exame.com/brasil/entenda-prisao-sara-winter-movimento-antidemocracia/>, acesso em: 9 jul. 2020.

A organização de eventos internacionais por políticos cristãos na América Latina tem fomentado a circulação da agenda neoconservadora na região e fortalecido as redes transnacionais com movimentos e lideranças políticas que desafiam o regime democrático em vários países do mundo. Em abril de 2019, a senadora católica María del Rosario Guerra[135] e o político espanhol Jaime Mayor Oreja[136] organizaram, na Colômbia, a III Cumbre Transatlántica por los Valores, que contou com a presença de legisladores, ministros de Estado e representantes da sociedade civil de mais de trinta países. Tratava-se do primeiro encontro na América Latina da Red Política por los Valores, uma vez que os dois anteriores ocorreram em Nova York e em Bruxelas. Na mesa de abertura encontravam-se o ex-presidente da Colômbia, Álvaro Uribe, e o presidente da Foundation for a Civic Hungary, Zoltán Balog, representando o primeiro-ministro da Hungria, país que vem desenvolvendo políticas regressivas no campo das relações de gênero e da sexualidade. Segundo o portal da organização, o objetivo do evento seria:

> Oferecer uma resposta essencial em um momento crucial da história. O estabelecimento gradual do relativismo em todas as áreas resultou em uma sociedade líquida, sem referências permanentes e em uma crise de civilização. Diante da escalada da ofensiva em escala global – ideologia de gênero, antinatalismo, populismo, corrupção, crime organizado etc. – é urgente a afirmação de princípios sólidos sobre os quais construir o futuro: dignidade humana, direito à vida, papel essencial da família e instituição do casamento, fortalecimento das liberdades, liberdade e consciência religiosa, liberdade de educação, sempre a partir da honestidade na gestão dos recursos públicos.[137]

Em termos mais objetivos, afirmou a senadora María del Rosario Guerra, "o que esperamos com essa cúpula é ter a possibilidade de conhecer a legislação que está sendo promovida ou desenvolvida em vários países, em consonância com a defesa dos valores cristãos e daqueles princípios que nossa sociedade ocidental promoveu"[138]. A realização desse evento mostra não só a articulação transnacional de cristãos norte-americanos, europeus e

---

[135] Representante do Centro Democrático.
[136] Na ocasião, presidente da Red Política por los Valores.
[137] Ver "La III Cumbre Transatlántica reunirá en Colombia a líderes políticos de 30 países", *Political Network for Values*, mar. 2019, disponível em: <http://politicalnetworkforvalues.org/2019/03/anuncio-cumbre-colombia-2019/>, acesso em: 31 jul. 2019.
[138] Ver idem.

sul-americanos, mas também como os temas – aborto, família, "ideologia de gênero", educação das crianças etc. – e as formas de atuação no espaço público de setores cristãos – apresentação de propostas de lei, ocupação da máquina do Estado, realização de grandes mobilizações de fiéis etc. – se difundem nos diferentes contextos nacionais.

Na introdução e no primeiro capítulo desta obra, chamamos atenção para o importante papel das ONGs na difusão dos valores e estratégias de intervenção no debate público entre os segmentos neoconservadores da América Latina. Aqui, caberia registrar que investigações recentes revelam associações entre as organizações "pró-vida" e "pró-família" com as iniciativas antigênero desencadeadas na segunda metade da década passada e sugerem que, em várias sociedades, as campanhas contra a "ideologia de gênero" utilizaram a infraestrutura montada anteriormente por aquelas para as "campanhas antiaborto" na região. Embora a maioria das publicações trate das ONGs ligadas aos segmentos católicos, o fenômeno da "onguização" também acontece no meio evangélico, e é cada vez maior a capacidade de articulação transnacional dos setores conservadores desse campo do cristianismo no continente americano[139].

Desde 2017, os evangélicos vêm se reunindo anualmente para realizar o Congreso Iberoamericano por la Vida y la Família (em 2017 e 2018, no México, em 2019, no Panamá, e em 2020, no Peru) e definindo estratagemas para que suas ONGs possam participar dos "Diálogos com a sociedade civil" realizados no âmbito das Assembleias Gerais da OEA, em que os embates com representantes das entidades que lutam pelos direitos sexuais e reprodutivos eram travados basicamente por organizações do campo católico[140]. Um fator que favoreceu a participação dos segmentos neoconservadores evangélicos nesse espaço foi, segundo Mirta Moragas, a modificação introduzida em 2017 na metodologia de trabalho adotada nos "Diálogos com a sociedade civil", com a criação das coalizões temáticas autogestionadas para reduzir os atritos entre organizações cristãs e entidades feministas e LGBTQI. Essa alteração abriu brechas para que os evangélicos se organizassem e criassem

---

[139] Para o debate sobre a onguização no meio católico, ver José Moran Faúndes, "The Development of 'Pro-Life' NGOs in Argentina: Three Strategic Movements", *Religion & Gender*, v. 8, n. 1, 2018, p. 50-67. Sobre a associação das ONGs com a campanha antigênero, ver Sonia Corrêa e Isabela Kalil, *Políticas antigénero en América Latina: Brasil*, cit.

[140] Sobre a atuação dos grupos antigênero nas Assembleias da OEA, ver Mirta Moragas, *Políticas antigénero en América Latina: el caso de la Organización de Estados Americanos* (Rio de Janeiro, Abia/Sexuality Policy Watch, 2020, coleção Gênero & Política en América Latina).

várias coalizões para defender a agenda antigênero nas Assembleias Gerais da OEA de 2018 e de 2019, realizadas em Washington e em Medellín, respectivamente.

Declarações à mídia eletrônica *Evangélico Digital*[141] do presidente do Congreso Iberoamericano por la Vida y la Família, o pastor evangélico mexicano Aarón Lara, confirmam o recente e progressivo interesse dos segmentos evangélicos latino-americanos na participação nas Assembleias Gerais da OEA. Relatando que havia sido convocado em 2017 para participar como porta-voz de uma coalizão na Assembleia Geral e que foi a partir daquele momento que se deu conta da importância de os evangélicos gerarem "impacto na OEA", Aarón revela a estratégia adotada pelos setores evangélicos da América Latina,

> [...] no II Congreso Iberoamericano por la Vida y la Família, em fevereiro deste ano [2018], pedimos a participação de igrejas cristãs evangélicas de forma organizada, pensando na participação de um maior número de organizações que fosse possível. Não é fácil porque requer uma série de procedimentos cansativos, mas nos deu a possibilidade de reunir 37 associações civis que organizamos em 3 coalizões. Para formar uma coalizão dentro da OEA, você deve ter no mínimo 10 associações civis. A partir daí, decidimos que essas coalizões deveriam ser formadas apenas por grupos evangélicos, entre os quais existem igrejas, confederações de igrejas ou organizações lideradas por cristãos evangélicos que têm projetos de vida evangélica. Essa é a primeira distinção. Somente evangélicos, sem qualquer mistura com outras organizações.[142]

Deve-se registrar que, entre as três coalizões organizadas naquele evento, só uma trazia no nome a clara vinculação com os evangélicos: a coalizão Congresso Evangélico Ibero-Americano; a segunda chamava-se Coalizão Brasileira; e a terceira recebeu o nome genérico de Educação e Cultura pela Democracia. Na Assembleia Geral de 2018, realizada em Washington, o porta-voz da Coalizão Brasileira foi o apóstolo Glaucio Coraiola (Ministério Servo da Orelha Furada, da cidade de Palmas, em Tocantins), que, durante sua intervenção,

---

[141] Ver "Aarón Lara, presidente del Movimiento Iberoamericano por la Vida y la Família", *Evangélico Digital*, 27 fev. 2019, disponível em: <https://www.evangelicodigital.com/latinoamerica/5981/aaron-lara-presidente-del-movimiento-iberoamericano-por-la-vida-y-la-familia>, acesso em: 11 mar. 2020.

[142] Ver idem.

ora associava a "ideologia de gênero" ao câncer, ora a uma bomba que poderia afetar drasticamente a família, a sociedade e as nações[143].

Para a 49ª Assembleia Geral da OEA, realizada em 2019 na Colômbia, os evangélicos conseguiram organizar cinco coalizões, e o brasileiro reverendo Marco Aurélio Camargo da Igreja Presbiteriana de Vila Matos (Dourados/Mato Grosso do Sul) foi indicado um dos porta-vozes da coalizão Congresso Ibero-Americano pela Vida e pela Família[144]. Além do religioso brasileiro, falaram, na sessão "Diálogo com a sociedade civil", como representantes da mesma coalizão, duas pastoras: Milagros Aguayo (Centro para el Desarrollo de la Familia del Perú) e Clara Vega de Rocha (da Casa Asistencia Guía de México)[145]. A pastora peruana defendeu que "a OEA deve trabalhar a favor da família natural. A solução para a sociedade latino-americana é fortalecer a família"[146]. Já a pastora mexicana lançou mão da gramática dos direitos humanos e argumentou que "o direito de nascer deve se tornar um requisito social, plural e universal, porque significará um motor de mudança, de aprofundamento democrático, de conscientização sobre o valor das instituições sociais e defesa do Estado de direito"[147].

Conclusão

Este capítulo analisou a vertente evangélica do neoconservadorismo em duas sociedades latino-americanas: a brasileira e a colombiana. Nas duas sociedades, os grupos pentecostais se politizaram e hoje dão a direção política para a intervenção dos evangélicos na esfera pública. Depois de implementar uma prática de representação política, que parece mais bem-sucedida no Brasil do que na Colômbia, os setores pentecostais aliaram-se com grupos católicos

---

[143] Ver "Glaucio Coraiola, Brasil: Mensaje ante la 48 asamblea de la OEA", *Canal Congreso Ibero-americano Por la Vida y la Familia*, 5 jun. 2018, disponível em: <https://www.youtube.com/watch?v=HA9ORKKhbYE>, acesso em: 12 mar. 2020.

[144] Em sua intervenção durante o chamado "Diálogo com a sociedade civil", este reverendo declarou que "os evangélicos latino-americanos estamos conscientes de nosso destacado crescimento numérico nos últimos anos. Esse avanço tem provocado mudanças sociais em nossos países e alguns analistas indicam que nossa participação tem se tornado um elemento crucial em transformações políticas recentes e relevantes no continente". Ver Javier Bolaños, "Histórica jornada provida en Asamblea General de OEA", *En la Brecha*, 28 jun. 2019, disponível em: <http://www.enlabrecha.mx/historica-jornada-provida-en-asamblea-general-de-oea.php>, acesso em: 12 mar. 2020.

[145] Idem.

[146] Ver idem.

[147] Ver idem.

tradicionalistas e, nos últimos anos, participaram ativamente das campanhas antigênero desenvolvidas nesses países. Ainda que o sistema de distribuição da autoridade nas igrejas cristãs favoreça os homens, que assumem papéis de maior importância no grupo confessional (no pastorado, nos debates públicos e na representação política), as cruzadas morais não são empreendimentos exclusivamente masculinos.

Paradoxalmente, as campanhas antigênero, que têm consequências nocivas para vários segmentos sociais, entre eles o feminino e o infantojuvenil, têm mobilizado mulheres de diferentes grupos cristãos. Às mulheres sempre coube a tarefa de transmitir as crenças religiosas para os familiares e para as novas gerações. Agora, como ativistas dos movimentos neoconservadores, elas desempenham um papel simbólico importante no confronto com as feministas; afinal, são mulheres desqualificando e questionando as teses emancipacionistas de outras mulheres. O ativismo dessas cristãs na luta contra a "ideologia de gênero" reafirma, na sociedade, a existência de um grupo de mulheres que valoriza a religião e que não quer renunciar aos valores propagados por sua comunidade confessional. Ou seja, o ativismo das mulheres cristãs neoconservadoras joga luz nas diferenças ideológicas dentro do segmento feminino, tornando a tarefa das feministas ainda mais espinhosa. As diferenças e os embates fazem parte do jogo democrático. O problema se instala quando os cristãos neoconservadores fomentam a intolerância, como veremos no próximo capítulo, e adotam procedimentos políticos para abolir as diferenças – por exemplo, quando apresentam projetos de leis vetando o debate político partidário e a educação sexual nas escolas.

A valorização da família e a ênfase no cuidado das crianças aparecem como elementos centrais na mobilização de mulheres cristãs no Brasil e na Colômbia. Mulheres que, em decorrência do ativismo religioso conservador, circulam mais no espaço público e ganham visibilidade na sociedade. Uma parcela diminuta dessas militantes investe na carreira política depois das campanhas e com isso consegue ascensão social e econômica. Outras mulheres fazem o caminho inverso: são as filhas e as esposas de pastores, eleitas em função de seus laços familiares, que assumem o ativismo conservador para aumentar seu capital político. A maioria das ativistas, entretanto, se engaja nas mobilizações por sentir seus valores ameaçados e por se preocupar com suas famílias, em especial com os filhos. O pânico moral criado pelas lideranças cristãs em torno da questão da educação sexual tem alimentado campanhas contra a "ideologia de gênero" e levado essas mulheres às ruas e às galerias das casas legislativas para combater a perspectiva feminista e as demandas dos movimentos LGBTQI na área educacional. A adesão religiosa dessas mulheres tem racionalidade e precisa ser investigada com mais profundidade pelas ciências sociais.

De qualquer maneira, o resultado da nova cruzada dos cristãos não depende só das iniciativas dos segmentos católicos e evangélicos, que atualizaram o conservadorismo nas sociedades contemporâneas. A coalizão política neoconservadora que tem chegado ao poder em vários países (Brasil, Colômbia, Bolívia etc.) envolve segmentos não religiosos e com interesses bem diferenciados, os quais, ocasionalmente, podem se chocar. Além disso, os movimentos feministas e os movimentos pelos direitos humanos e pela diversidade sexual seguem ativos em toda a América Latina, ainda que com maior ou menor impacto, a depender da sociedade nacional, mobilizando a população contra as propostas políticas regressivas no campo da saúde reprodutiva e da sexualidade. Basta lembrar a difusão, entre diferentes países, do movimento #NiUnaMenos [Nem uma a menos] e do Paro Internacional de Mujeres contra o Patriarcalismo (Greve Internacional das Mulheres, no dia 8 de março); a mobilização das argentinas, em 2018, pela legalização do aborto; a viralização, em 2019, da performance artística do grupo chileno Lastesis "Un violador en tu camino" [Um violador em seu caminho] etc.

Além disso, existem divergências ideológicas e disputas entre os segmentos católicos e evangélicos pela hegemonia cultural na sociedade, bem como vozes dissonantes no interior de cada um desses braços do cristianismo. No caso dos evangélicos brasileiros, é importante lembrar o surgimento de coletivos como Evangélicas pela Igualdade de Gênero, Frente Evangélica pelo Estado de Direito, Feministas Cristãs[148] etc., que atuaram nos últimos anos e seguem atuando na contracorrente dos neoconservadores. Nas sociedades vizinhas, vale mencionar a participação de evangélicos liberais argentinos e, mais especialmente, da pastora pentecostal Gabriela Guerreros (Dimensão da Fé) no movimento pela legalização do aborto que mobilizou milhares de mulheres durante o ano de 2018[149]. Feitos tais registros, concluímos com a

---

[148] Anna Virginia Balloussier, "Feministas evangélicas tentam romper preconceito nas igrejas e imagem de esquerdistas", *Folha de S.Paulo*, 5 mar. 2020, disponível em: <https://www1.folha.uol.com.br/poder/2020/03/feministas-evangelicas-tentam-romper-preconceito-nas-igrejas-e-rotulo-de-esquerdistas.shtml>, acesso em: 25 mar. 2020.

[149] Ver Daniel Jones e Paloma Dulbecco, "La grieta evangélica", *Crisis*, Buenos Aires, n. 36, 2019, p.18-21; e "Pastora pentecostal afirma que o Evangelho de João permite a legalização do aborto",

ideia de que, se o tempo presente parece angustiante para os segmentos sociais que defendem o pluralismo ético e temem pela democracia, o futuro ainda não está definido e dependerá da capacidade de resistência e da mobilização da sociedade civil.

Portal Padom, 22 abr. 2018, disponível em: <https://portalpadom.com.br/pastora-evangelho-permite-legalizacao-do-aborto/>, acesso em: 25 mar. 2020.

3
GÊNERO, "VALORES FAMILIARES" E DEMOCRACIA
Flávia Biroli

. . . .

Introdução

A ampla maioria dos estudos sobre gênero e política nas últimas décadas analisou como a agenda da igualdade de gênero, em suas diferentes dimensões, foi promovida – e restrita ou barrada – em contextos democráticos. Nas democracias mais antigas e nas mais recentes, naquelas consideradas mais sólidas e naquelas avaliadas também por sua fragilidade, a agenda de gênero encontrou oportunidade para transformar-se em leis e em políticas públicas.

A atuação dos movimentos feministas, LGBTQI e de direitos humanos também foi predominantemente abordada em sua relação com o Estado em regimes democráticos. Em muitos países da América Latina, as disputas ocorridas entre a década de 1980 e o início dos anos 2000 nos permitem contar uma história dos processos de liberalização e democratização com lentes de gênero. Não se trata, é claro, de uma história linear de avanços. Um de seus aspectos é justamente a relação entre grupos progressistas e conservadores em um ambiente mais plural do que aquele existente nos períodos ditatoriais. As estratégias, a linguagem e o escopo das ações se estabeleceram de maneira relacional, de acordo com equilíbrios políticos que abriram caminho para as agendas conservadoras ou progressistas, em diferentes graus.

Como dissemos na introdução deste livro, atores com agendas conflitantes se fortaleceram nas últimas décadas, em um contexto de democratização. Movimentos feministas e LGBTQI, de um lado, e segmentos católicos carismáticos e pentecostais, de outro, encontraram contextos favoráveis à promoção de suas agendas. A igualdade de gênero e os direitos sexuais e reprodutivos foram mobilizados pelos primeiros, enquanto os segundos mobilizaram a defesa da liberdade religiosa, da família e da moral sexual cristã.

O Estado foi um ator e um espaço de mediação desses conflitos. O fato de que avanços tenham ocorrido ao longo de processos de democratização e consolidação democrática pode ter levado à presunção de um Estado benevolente[1]. Isso também pode ser dito em relação aos espaços internacionais em que foram produzidos acordos e diretrizes favoráveis à igualdade de gênero e aos direitos sexuais. A Declaração e a Plataforma de Ação de Pequim, que em 2020 completam 25 anos de existência, são um exemplo dos marcos que foram estabelecidos e que puderam ser ativados pelos movimentos sociais e por defensores da igualdade de gênero nos espaços nacionais. Nas Américas, a Convenção Interamericana para Prevenir, Punir e Erradicar a Violência contra a Mulher (Convenção de Belém do Pará), adotada pela Organização dos Estados Americanos (OEA) em 19 de junho de 1994, se tornou um instrumento legal com incidência na região.

É importante ressaltar, no entanto, que nos espaços nacionais e internacionais houve avanços e houve resistências. As agendas da igualdade de gênero e da diversidade sexual nunca foram consensuais, embora algumas, como a dos direitos reprodutivos e sexuais, tenham sido mais contenciosas que outras[2]. Ainda assim, como temos mostrado neste livro, há algo de novo nas disputas em torno do gênero no século XXI, sobretudo a partir da sua segunda década.

Os capítulos anteriores mostraram a importância de compreender os padrões do neoconservadorismo religioso, com foco no modo como atores religiosos conservadores católicos e evangélicos têm feito avançar suas pautas e encontrado guarida para a reação ao gênero nos espaços políticos institucionais em diversos países. Neste capítulo, a análise se volta mais diretamente para a relação entre gênero e democracia, ou melhor, para os processos de transformação das democracias no mesmo contexto em que as disputas em torno do gênero ganham novos padrões.

De que modo a erosão das democracias, que vem sendo definida como um processo de desdemocratização, se conecta com as reações neoconservadoras à igualdade de gênero e à diversidade sexual? Como explicar o fato de que, em diversas partes do mundo, lideranças de extrema direita ou descritas como populistas tragam para o centro de sua agenda a cruzada contra a "ideologia de gênero"?

O antagonismo de que tratamos implica mais do que visões distintas em disputa. De um lado, a agenda de direitos é referenciada pelo pluralismo ético;

---

[1] Conny Roggeband e Andrea Krizsán, "Reversing Gender Policy Progress: Patterns of Backsliding in Central and Eastern European New Democracies", *European Journal of Gender and Politics*, v. 1, n. 3, 2018.

[2] Mala Htun e Sarah Weldon, *The Logics of Gender Justice* (Cambridge, Cambridge University Press, 2018).

de outro, a defesa da família e de uma ordem sexual com base nos valores cristãos é fundada em concepções morais unitárias. As disputas aqui analisadas foram parte dos processos de consolidação da democracia, com seus limites, e agora são parte de processos que apontam no sentido da desconsolidação.

Tendo em vista os desafios que hoje se apresentam, procuramos entender sobretudo a reação à agenda de gênero no contexto em que tendências iliberais e antidemocráticas se tornaram mais evidentes em diferentes partes do mundo. A maioria dos diagnósticos dessas tendências e seus efeitos nos regimes atuais *não* inclui o fato de que as reações contra o gênero são uma característica comum dos processos de erosão das democracias. Este capítulo procura, assim, colaborar para que essa lacuna seja preenchida.

Há mais do que apenas contemporaneidade entre os dois processos, por ao menos duas razões, que serão aqui discutidas. As campanhas contra o gênero colaboram para a erosão das democracias na medida em que comprometem valores e requisitos institucionais fundamentais como pluralidade, laicidade, proteção a minorias, direito à livre expressão e à oposição. A segunda razão é que elas têm servido para legitimar alternativas e lideranças autoritárias em tempos de antipolítica. A "defesa da família" tem justificado restrições a direitos, naturalizado desigualdades e colocado em xeque mesmo legislações e políticas que visam garantir a integridade física de mulheres e pessoas LGBTQI.

O fenômeno de que tratamos neste livro não diz respeito apenas ao gênero e à sexualidade como questões "específicas". Pelo contrário; assim como nos tempos em que a politização progressista do gênero esteve entrelaçada à construção democrática – com todas as tensões já mencionadas –, também agora trata-se de entrelaçamentos com os limites da democracia e da cidadania. O momento é outro: estão em risco os fundamentos da agenda da igualdade de gênero, em conjunto com os fundamentos da democracia e do Estado de direito.

A reação ao gênero e a erosão das democracias são processos que superam contextos nacionais e regionais, estando presentes nos espaços institucionais de países como Polônia, Hungria, Filipinas, Estados Unidos, Brasil, Peru e Paraguai. Se observarmos partidos e movimentos de extrema direita, a lista é bem mais ampla, incluindo o Vox, na Espanha, e a Lega Nord [Liga Norte], na Itália, entre outros.

O caráter global não reduz a importância de entender os padrões regionais. Embora o principal objetivo deste capítulo seja colaborar para a construção teórica dessa conexão, recorremos a evidências empíricas que informam a construção do problema e os caminhos apontados para sua análise. Temos como referência, no debate teórico, o processo em curso na América Latina.

O capítulo se divide em quatro partes, além desta introdução; na primeira, discutimos a literatura que vem definindo as mudanças em curso nas democracias como processos de desdemocratização e indagamos em que medida o gênero tem sido considerado nessas análises. O objetivo é compreender como o gênero tem sido abordado nos (ainda poucos) casos em que a desdemocratização é discutida com lentes de gênero ou o neoconservadorismo é considerado de maneira mais sistemática.

A segunda e a terceira partes do capítulo apresentam evidências empíricas da cruzada contra o gênero, discutindo sua relação com leis, políticas públicas e, sobretudo, com valores democráticos. Isso será feito inicialmente pela análise dos protestos contra a "ideologia de gênero" que levaram milhares de pessoas às ruas de diferentes cidades latino-americanas entre 2016 e 2017. Registros imagéticos e documentos coletados permitiram a análise dos enquadramentos da campanha contra o gênero apresentada ainda na segunda seção do capítulo.

A terceira reduz um pouco o escopo para compreender de que modo se dá a contestação do gênero enquanto conceito acadêmico e dos estudos de gênero como área legítima de produção científica. Para isso, analisamos a produção de advogados e cientistas políticos que têm tido papel relevante na difusão da campanha contra a igualdade de gênero na América Latina neste século. Por meio deles, veremos de que maneira o feminismo é construído como o inimigo da sociedade, retomando a ideia de que se trataria de um movimento contra a família e também contra a liberdade humana, situando-o agora em uma suposta estratégia para conquistar mentes e corações por parte de uma nova esquerda caracterizada pela chave do "marxismo cultural". Por fim, tendo em vista as seções anteriores, mas também as discussões feitas ao longo do livro, abordamos as ameaças, os desafios e as perspectivas que se apresentam para a democracia.

Democratização, desdemocratização e gênero

Desde o início dos anos 2000, as noções de desdemocratização, erosão dos regimes democráticos por dentro e pós-democracia passaram a fazer parte do diagnóstico da crise das democracias. Não que os limites das democracias liberais não tenham sido abordados pelo amplo e diversificado subcampo da teoria democrática na segunda metade do século XX; pelo contrário, as democracias liberais eram, ao mesmo tempo, o contexto e o objeto de crítica de diferentes vertentes dentro desse campo[3]. As abordagens feministas destacaram o fato de que a política não poderia ser isolada das desigualdades sociais[4], antecipando as críticas à despolitização da vida pública[5]. Tradições e instituições liberais foram expostas em seu viés de gênero e de raça[6].

No entanto, existem diferenças significativas entre as críticas às democracias liberais que ganharam força no debate teórico a partir da década de 1970 e as atuais premissas sobre a desdemocratização. As últimas décadas do século XX testemunharam um aumento expressivo do número de países definidos como democracias eleitorais: eles passaram de 147 em 1988 para 191 em 1995, ou, operando com definições um pouco mais rigorosas, de 65 em 1988 para 88 em 1999[7]. Fazia sentido que os pesquisadores abordassem o grau de consolidação e a qualidade dos regimes democráticos recentes e mais antigos, investigando, claro, seus limites e contradições.

Esse quadro se transformaria em pouco tempo. Em 2019, o relatório anual da Freedom House, intitulado *Freedom in the World*, ganhou o subtítulo *Democracy in Retreat* – em português, "democracia em retrocesso". Sua pontuação, que agrega indicadores de procedimentos democráticos, direitos políticos e liberdades civis, registrou o 13º ano consecutivo de declínio global. Da mesma forma, o índice de democracia da revista *The Economist*, implementado em 2006, vem mostrando, desde então, uma queda no critério "liberdades civis", bem como no "funcionamento do governo", variável que inclui a confiança nos governos e partidos políticos. É interessante notar que a pontuação total desse índice para o item "processo eleitoral e pluralismo" permaneceu inalterada em 2018, apesar de a deterioração da democracia continuar evidente em outros quesitos, indicando uma possível desconexão entre liberdades, funcionalidade e legitimidade das instituições democráticas, de um lado, e processos eleitorais, de outro. Podemos estar, assim, diante de um contexto no qual, ao menos em parte,

---

[3] Frank Cunningham, *Theories of Democracy* (Londres, Routledge, 2002); Robert Dahl, *On Democracy* (New Haven, Yale University Press, 1998); John Dryzek e Patrick Dunleavy, *Theories of the Democratic State* (Nova York, Palgrave Macmillan, 2009).

[4] Anne Phillips, *Engendering Democracy* (University Park, Pennsylvania State University Press, 1991).

[5] Iris Marion Young, *Justice and the Politics of Difference* (Princeton, Princeton University Press, 1990).

[6] Carole Pateman, *The Sexual Contract* (Stanford, Stanford University Press, 1988); Charles Mills, *The Racial Contract* (Ithaca/Londres, Cornell University Press, 1997).

[7] Colin Crouch, *Post-Democracy* (Cambridge, Polity Press, 2004), p. 8.

os procedimentos formais de eleição e composição de governos são mantidos, podendo inclusive legitimar medidas autoritárias assumidas posteriormente por aqueles que foram eleitos.

No final dos anos 1990, os analistas começaram a focar na divisão entre liberalismo e procedimentos democráticos, cunhando o termo "democracia iliberal"[8]. Mais tarde, esse seria um dos eixos das narrativas que popularizaram a ideia de que a distinção entre democracia e ditadura poderia obscurecer a realidade crescente das democracias iliberais e do liberalismo antidemocrático[9].

A erosão dos sistemas partidários tradicionais, a ascensão do populismo de direita e o declínio do apoio popular à democracia já foram apontados como sinais da crise atual[10]. Com foco principalmente no comportamento de atores políticos e regras informais, o *best-seller Como as democracias morrem*, de Steven Levitsky e Daniel Ziblat, afirma que as democracias estão em risco quando os atores políticos demonstram um fraco compromisso com as regras democráticas, negam a legitimidade dos oponentes políticos, toleram ou incentivam a violência e demonstram propensão a restringir liberdades civis[11]. Como veremos adiante, os últimos três fatores poderiam ser diretamente associados ao modo como a agenda contrária à igualdade de gênero é ativada por políticos de extrema direita, como Jair Bolsonaro, no Brasil, e Viktor Orbán, na Hungria, ou pelos chamados "populistas de direita", como Donald Trump, em contextos de erosão da democracia. Isso não é, contudo, discutido diretamente pelos autores – como não o é, aliás, por parte importante daqueles que analisam a erosão das democracias.

Um entendimento comum a esses estudos é que a erosão de valores e instituições democráticas pode ocorrer sem a necessidade de rupturas, como os golpes de Estado que levaram muitos países da América do Sul a ditaduras militarizadas nas décadas de 1960 e 1970. O "autoritarismo moderno" não deixa necessariamente de lado os processos eleitorais, além de prejudicar a oposição sem aniquilá-la e manter sua aprovação popular ao longo do tempo[12].

---

[8] Fareed Zakaria, "The Rise of Illiberal Democracy", *Foreign Affairs*, Nova York, v. 76, n. 6, 1997.
[9] Yascha Mounk, *O povo contra a democracia: por que nossa liberdade corre perigo e como salvá-la* (trad. Cássio de Arantes Leite e Débora Landsberg, São Paulo, Companhia das Letras, 2018), p. 81.
[10] Adam Przeworski, *Crisis of Democracy* (Cambridge, Cambridge University Press, 2019).
[11] Steven Levitsky e Daniel Ziblat, *Como as democracias morrem* (trad. Renato Aguiar, Rio de Janeiro, Zahar, 2018), p. 33-4.
[12] Arch Puddington, *Breaking Down Democracy: Goals, Strategies, and Methods of Modern Authoritarians* (Nova York, Freedom House, 2017).

Na maior parte dos casos, estudos sobre a desdemocratização se concentram no enfraquecimento de normas e controles institucionais anteriormente confiáveis, em democracias antes vistas como sólidas. Há também uma atenção crescente à Europa do leste e central, regiões em que democracias jovens, instituídas após o fim do bloco soviético e a queda do muro de Berlim, em 1989, têm passado por processos de reversão dos avanços nos direitos e no respeito à oposição política. Os casos mais discutidos são os da Polônia, da Hungria e da Turquia.

O Sul global, por sua vez, revela desenvolvimentos contraditórios e não lineares. Ainda que se possa apontar o relativo sucesso da institucionalização das democracias na América Latina a partir dos anos 1980, os altos índices de desigualdade e a fraqueza dos Estados na região levaram a preocupações com a baixa capacidade desses mesmos Estados de democratizar as sociedades[13]. Para alguns, os processos atuais constituem um movimento pendular[14], mas a metáfora do pêndulo pode restringir o olhar à dimensão institucional desses processos. As desigualdades pós-coloniais[15] e uma história de instabilidade e autoritarismo ao longo do século XX também tornam difícil colocar democracia e pós-democracia em uma série sequencial. De uma perspectiva geopolítica, a vulnerabilidade a interesses econômicos externos também caracteriza a região[16]. A história de contradições, em que classe, raça e gênero constituem padrões seletivos que limitam regras, práticas e valores democráticos, por sua vez, remete às disputas em torno do sentido da democracia, em espaços institucionais e não institucionais[17].

A relação entre democracia e desigualdades é central para compreender os padrões duradouros de acomodação, mas também os processos mais recentes de erosão. Regimes democráticos apresentam respostas fracas a desigualdades categóricas, e as desigualdades mais persistentes, como as de classe, gênero e raça, têm sido sobrepostas por novos padrões de desigualdades, como aqueles relacionados à

---

[13] Guilhermo O'Donnel, *Democracy, Agency, and the State: Theory with Comparative Intent* (Oxford, Oxford Scholarship, 2010).

[14] Leonardo Avritzer, *O pêndulo da democracia* (São Paulo, Todavia, 2019).

[15] Luciana Ballestrin, *Sobre desdemocratização: debate teórico, dimensões analíticas e referenciais empíricos*, paper apresentado no 42º Encontro Anual da Anpocs, Caxambu, 2018.

[16] Barry Cannon e Mo Hume, "Central America, Civil Society and the 'Pink Tide': Democratization or De-Democratization?", *Democratization*, v. 19, n. 6, 2012.

[17] Flávia Biroli, *Gênero e desigualdades: limites da democracia no Brasil* (São Paulo, Boitempo, 2018); Antonio Sérgio Guimarães, *Classes, raça e democracia* (São Paulo, Editora 34, 2002).

informação ou ao conhecimento técnico-científico[18]. O capitalismo financeiro e o modelo institucional da "empresa global" diluem as fronteiras entre interesses públicos e corporativos, com efeitos particulares nas economias capitalistas periféricas[19].

A curva ascendente da concentração de renda em todo o mundo e a lógica operacional do capitalismo financeirizado têm suas contrapartes políticas na crise administrativa e de legitimidade do Estado nacional[20]. Diante da agenda de "ajuste estrutural" necessária para responder a pressões do mercado financeiro internacional, o Estado se torna menos capaz de atender às necessidades das pessoas. Por sua vez, os bancos centrais e as instituições financeiras, que são os novos árbitros da economia globalizada, não são responsáveis perante os cidadãos[21]. A vulnerabilidade de atores políticos e partidos aos escândalos de poder econômico e corrupção também contribui para deslegitimar a democracia como caminho para soluções coletivas – algo que, pode-se pensar, nunca foi uma realidade socialmente enraizada na América Latina, devido à seletividade do Estado e ao baixo grau de democratização da sociedade[22].

A erosão da democracia corresponde também à erosão do público – na forma da privatização e da redefinição do próprio sentido de coletivo. Com o neoliberalismo, para além das novas formas de regulação em favor do mercado e da redefinição da institucionalidade estatal diante da financeirização da economia global, uma nova racionalidade, baseada na competição, constituiu as interações sociais e a própria subjetividade[23]. É nesse contexto que o neoliberalismo se torna um "novo regime de evidências", no qual se reivindica que a democracia atenda à lógica de mercado[24]. Além da expansão do econômico em detrimento do social e do privado em detrimento do público, expande-se também a "esfera pessoal protegida"[25]. Nesse ponto, a família está no centro da dinâmica de privatização.

---

[18] Charles Tilly, "Inequality, Democratization, and De-Democratization", *Sociological Theory*, v. 21, n. 1, 2003, p. 42.

[19] Colin Crouch, *Post-Democracy*, cit., p. 39.

[20] Nancy Fraser, "Legitimation Crisis? On the Political Contradictions of Financialized Capitalism", *Critical Historical Studies*, n. 2, 2015.

[21] Ibidem, p. 175-6.

[22] Colin Crouch, *Post-Democracy*, cit., p. 73.

[23] Wendy Brown, *Undoing the Demos: Neoliberalism's Stealth Revolution* (Nova York, Zone Books, 2015).

[24] Pierre Dardot e Christian Laval, *A nova razão do mundo: ensaio sobre a sociedade neoliberal* (trad. Mariana Echalar, São Paulo, Boitempo, 2016).

[25] Ver Wendy Brown, *In the Ruins of Neoliberalism: The Rise of Antidemocratic Politics in the West* (Nova York, Columbia University Press, 2019), em referência à expressão utilizada por Friedrich Hayek.

Até aqui, destacamos as dimensões institucionais e econômicas da erosão das democracias, reconhecendo sua relação com o problema da legitimidade dos regimes democráticos diante da população e sua correspondência com a erosão do público. Agora trataremos mais diretamente de sua dimensão moral. Veremos que essas três dimensões – institucional, econômica e moral – se constituem reciprocamente, em um processo no qual racionalidade econômica e moral tradicional são simultaneamente reposicionadas, conformando o Estado e as subjetividades em sentido oposto ao da igualdade na diversidade.

Nosso tema, as reações neoconservadoras ao gênero, é abordado mais diretamente nas análises que discutem conexões entre moralidade tradicional e erosão do público, assim como naquelas que buscam compreender tensões em torno da reprodução social no capitalismo. No entanto, antes de passar a elas é importante situar o processo histórico em que os padrões dessas disputas se definiriam, assim como seus pontos de inflexão.

Entre a década de 1970 e o início da década de 2000, a temporalidade da construção e consolidação das democracias liberais – e de consolidação da razão neoliberal – também foi a do aumento de reivindicações e pressões para "generificar" as democracias, ainda que esse tenha sido igualmente um período de reações. No primeiro capítulo, vimos como, nos anos 1990, alguns países da América Latina, como Honduras e El Salvador, restringiram direitos reprodutivos, inclusive criminalizando o aborto, de modo a anular exceções existentes anteriormente. Mas é possível listar uma série de avanços na construção dos direitos sexuais e reprodutivos, os quais, ainda que com diferentes graus de efetividade, certamente impactaram o debate público e reposicionaram os conflitos. É o caso das cotas para garantir candidaturas de mulheres. Apenas na década de 1990, onze países da região adotaram leis para aumentar o número de mulheres candidatas ou eleitas nacionalmente[26]. Desde então, novos organismos governamentais para a promoção da igualdade de gênero também foram adotados, com *status* ministerial em 60% dos países da região[27].

No mesmo período, países como Brasil e Colômbia adotavam diretrizes para a promoção de uma educação inclusiva, que possibilitasse o combate à homofobia

---

[26] Mala Htun, "A política de cotas na América Latina", *Revista Estudos Feministas*, v. 9, n. 1, 2001.

[27] Segundo dados do Observatório de Igualdade de Gênero da América Latina e do Caribe. Ver "Nível hierárquico dos mecanismos para o avanço da mulher (MAM)", *Portal da Cepal*, disponível em: <https://oig.cepal.org/pt/indicadores/nivel-hierarquico-dos-mecanismos-o-avanco-da-mulher-mam>, acesso em: 25 fev. 2020.

e promovesse a igualdade de gênero e o respeito à diversidade como valores democráticos. Como vimos no segundo capítulo, esses foram pontos fulcrais dos conflitos entre movimentos feministas e LGBTQI, de um lado, e atores religiosos conservadores, de outro. Em 2006, a Lei n. 26.150 criou o Programa Nacional de Educação Sexual Integral na Argentina, sendo seguida por outras iniciativas no continente. Leis e decisões que reconheceram a união civil e o casamento de pessoas do mesmo sexo foram também adotadas em diversos países da região nos anos 2000. Em alguns casos, isso se deu por meio da aprovação de leis pelos Legislativos nacionais (Argentina, 2009; Uruguai, 2013), em outros, por meio de decisões das cortes constitucionais (México, 2010[28]; Brasil, 2011; Colômbia, 2016; Costa Rica, 2018; Equador, 2019), com uma variedade de decisões também relativas à adoção por casais do mesmo sexo. Organismos internacionais e cortes também se mostraram importantes nesse contexto. Um exemplo é a manifestação da Corte Interamericana de Direitos Humanos em 9 de janeiro de 2018. Em resposta a uma petição submetida em 2016 pelo então presidente da Costa Rica, Luis Guillermo Solís, a Corte determinou que os países-membros da Convenção Americana de Direitos Humanos reconhecessem os direitos de casais do mesmo sexo. No mesmo documento, expressou que seria obrigação desses países permitir que os indivíduos definam seu nome de acordo com sua identidade sexual[29].

Embora esses processos devam ser considerados individualmente para que se possa entender sua tramitação e seus efeitos nos contextos nacionais, é possível afirmar que um ambiente internacional favorável e o ativismo feminista nos níveis internacional e nacional incidiram de forma positiva na construção e na garantia de direitos. Novos enquadramentos podem ter sido também mobilizados no debate público, com efeitos que vão além da esfera institucional, ainda que essa hipótese dependa dos resultados de mais pesquisas empíricas, sobretudo em uma perspectiva regional.

Esse quadro nos remete aos anos 1990, quando as Conferências da Organização das Nações Unidas (ONU) no Cairo (em 1994) e em Pequim

---

[28] No México, a regulamentação para o casamento de pessoas do mesmo sexo depende da legislação de cada estado, mas decisões da Suprema Corte determinaram que os casamentos ocorridos no país deveriam ser reconhecidos por cada um dos 31 estados (2010) e que proibições são inconstitucionais (2015).

[29] Ver "Inter-American Court: States Must Recognize Gender Identity, Same-Sex Marriage", *International Justice Resource Center*, 16 jan. 2018, disponível em: <https://ijrcenter.org/2018/01/16/inter-american-court-states-must-recognize-gender-identity-same-sex-marriage/>, acesso em: 10 dez. 2019.

(em 1995) resultaram em diretrizes incorporando uma perspectiva de gênero, em resposta a movimentos e redes feministas e de lésbicas. A politização das relações de gênero encontrou uma "politização reativa" desde o início, mas somente na década de 2000 ela se tornaria uma estratégia mais ampla para alianças conservadoras na política[30].

Vale observar que a adoção do gênero como referência esteve, nesse período, relacionada a um processo mais amplo de incorporação e tradução dessa agenda. Foi assim que se tornou uma dimensão importante nas abordagens do Banco Interamericano de Desenvolvimento e do Banco Mundial sobre pobreza e desenvolvimento, embora o neoliberalismo tenha estreitado a igualdade de gênero em seus significados e possibilidades[31]. O conceito de "empoderamento" das mulheres ganhava espaço enquanto um modelo privatizado de acesso a oportunidades se estabelecia, com a recomendação de ajustes econômicos e de redução do Estado.

Nesse ponto, é importante indagar mais uma vez sobre as reações conservadoras, tendo em mente o contexto histórico. Nos anos 1990 o neoliberalismo operava de modo a legitimar ao menos uma tradução restrita da agenda feminista e LGBTQI: a ideia de eliminar discriminações e promover oportunidades, independentemente do sexo ou da sexualidade[32]. Daí a interpretação de Nancy Fraser de que o "neoliberalismo progressista" teria, mais tarde, se esgotado[33].

Nesse sentido, ainda que existam evidências importantes nas análises recentes de que o neoliberalismo contém, desde o início, um projeto moral voltado para a proteção das hierarquias tradicionais, as inflexões no neoliberalismo efetivamente existente merecem atenção[34]. A dinâmica de instrumentalização política da agenda moral, por exemplo, não se deu do mesmo modo em

---

[30] Juan Marco Vaggione, "Sexualidad, derecho y religión: entramados en tensión", em José Manuel Morán Faúndes e Macarena Sáez (orgs.), *Sexo, delitos y pecados: intersecciones entre religión, género, sexualidad y el derecho en América Latina* (Washington, DC, Center for Latin American & Latino Studies – American University, 2016).

[31] Sonia E. Alvarez, "Latin American Feminisms 'Go Global': Trends of the 1990's and Challenges for the New Millenium", em *Cultures of Politics, Politics of Culture: Re-Visioning Latin American Social Movements* (Boulder/Oxford, Westview Press, 1998); Flávia Biroli, *Gênero e desigualdades*, cit.; Jules Falquet, "Repensar as relações sociais de sexo, classe e 'raça' na globalização neoliberal", *Mediações*, v. 13, n. 1-2, 2008.

[32] Wendy Brown, "American Nightmare: Neoliberalism, Neoconservatism, and De-Democratization", *Political Theory*, v. 34, n. 6, 2006.

[33] Nancy Fraser, "Legitimation Crisis?", cit.

[34] Wendy Brown, *In the Ruins of Neoliberalism*, cit.; idem, "Neoliberalism's Scorpion Tail", em William Callison e Zachary Manfredi (orgs.), *Mutant Neoliberalism: Market Rule and Political Rupture* (Nova York, Fordham University Press, 2020).

diferentes partes do mundo e, o que é mais importante, encontrou resistências e sofreu rearranjos. A crise de 2008, que incidiu sobre o modo como o capitalismo reage aos riscos que têm sido criados pelo próprio sistema, pode ter produzido um efeito de intensificação dos movimentos antidemocráticos, os quais derivam de décadas de ataque ao social e de erosão do público[35]. Assim, nota-se que a promoção descarada de agendas anti-igualitárias é, em si, um evento político (que também deve ser analisado contextualmente), constituindo clivagens e contribuindo para a normalização das desigualdades sob uma perspectiva moralizante.

O conservadorismo nas relações de gênero certamente não é algo novo na América Latina, e o "mandato da masculinidade" tem sido descrito como a pedagogia fundamental da expropriação e da dominação na região[36]. Os direitos de gênero têm sido uma questão controversa na política contemporânea em diferentes partes do mundo, com conflitos e realizações variando em grau, de acordo com quanto esses direitos desafiam doutrinas religiosas e convenções culturais[37]. Promovê-los certamente não foi um empreendimento fácil nem sempre foi bem-sucedido, mesmo onde partidos de esquerda estiveram no poder[38] e a participação democrática floresceu[39].

No entanto, percebe-se uma nova combinação entre político, econômico e moral nas reações neoconservadoras aos fundamentos da agenda de gênero que estão em curso no século XXI[40]. A oposição a agendas que pareciam menos conflituosas e relativamente estabelecidas ganhou terreno. É o caso da promoção da participação política das mulheres, que enfrenta pressões renovadas,

---

[35] A saber se este será também um dos efeitos das crises decorrentes da pandemia de covid-19, que se encontra em curso no momento em que este livro é preparado para publicação.

[36] Rita Laura Segato, *La guerra contra las mujeres* (Madri, Traficantes de Sueños, 2016), p. 16.

[37] Mala Htun e Sarah Weldon, *The Logics of Gender Justice*, cit.

[38] Elisabeth Friedman e Constanza Tabbush (orgs.), *Seeking Rights from the Left: Gender, Sexuality, and the Latin American Pink Tide* (Nova York, Duke University Press, 2018).

[39] Rebecca Naeara Abers e Luciana Tatagiba, "Institutional Activism: Mobilizing for Women's Health from Inside the Brazilian Bureaucracy", em Federico M. Rossi e Marisa von Bülow (orgs.), *Social Movement Dynamics: New Perspectives on Theory and Research from Latin America* (Londres, Ashgate, 2015).

[40] Flávia Biroli, "A reação contra o gênero e a democracia", *Nueva Sociedad*, ed. especial em português, dez. 2019, p. 76-87; Wendy Brown, "American Nightmare", cit.; idem, *Undoing the Demos*, cit.; Nancy Fraser, *The Old Is Dying and the New Cannot Be Born* (Nova York, Verso, 2019) [ed. bras.: *O velho está morrendo e o novo não pode nascer*, trad. Gabriel Landi Fazzio, São Paulo, Autonomia Literária, 2020]; Joan Tronto, "There Is an Alternative: *Homines Curans* and the Limits of Neoliberalism", *International Journal of Care and Caring*, v. 1, n. 1, 2017.

desafiada também pela violência política contra as mulheres[41]. É o caso, ainda, da prevenção e criminalização da violência doméstica[42]. "Valores familiares" estão sendo utilizados para justificar censuras e retrocessos em leis e políticas públicas, como foi exposto no capítulo anterior e será desenvolvido adiante.

Entre as explicações para a atual centralidade do gênero nas disputas políticas, há análises que focam nas chamadas "guerras culturais"[43], na participação política de atores religiosos conservadores[44], nas dinâmicas do capitalismo[45], e outras que colocam no centro das explicações a moralidade do neoliberalismo[46]. Para a abordagem feita aqui, interessam particularmente aquelas que discutem as transformações no Estado, a erosão do público e o fortalecimento de novas racionalidades.

Vamos, assim, explorar com mais atenção as conexões entre a dimensão econômica e a dimensão moral, com seus efeitos para a dimensão mais propriamente política da democracia, que as hipóteses de divisão cultural.

Em um artigo publicado em 2006, Wendy Brown havia definido neoliberalismo e neoconservadorismo como duas "correntes díspares de racionalidade" que convergem "na produção do cenário contemporâneo de inteligibilidade e possibilidade política"[47]. Tendo como referência principal os Estados Unidos, ela afirma que ambos minariam a democracia constitucional. O neoliberalismo restringiria a capacidade política e estatal, enquanto o neoconservadorismo moralizaria o

---

[41] Mariana Caminotti e Constanza Tabbush, *Más allá del sexo, o como los contra-movimientos desafían múltiples agendas de derechos en América Latina*, paper apresentado na Conferencia Polcéntrica IFJP-Flacso México "Feminismos y Conservadurismos", Cidade do México, 2019; Flavia Freidenberg e Gabriela del Valle Pérez, *Cuando hacer política te cuesta la vida* (Cidade do México, Unam/Instituto de Investigaciones Jurídicas, 2017).

[42] No Peru, as reações ao Decreto Legislativo n. 1.408, de setembro de 2018, que fortalece políticas para a "prevenção da violência nas famílias", basearam-se na ideia de que o decreto incorporaria sub-repticiamente a "ideologia de gênero" por meio da ideia de "famílias democráticas". Ver "Cipriani cuestionó la nueva ley sobre la familia: 'Tiene un contrabando'", *RPP Noticias*, 15 set. 2018, disponível em: <https://rpp.pe/politica/actualidad/cipriani-cuestiono-la-nueva-ley-sobre-la-familia-tiene-un-contrabando-noticia-1150112>, acesso em: 28 abr. 2020.

[43] Pippa Norris e Ronald Inglehart, *Cultural Backlash: Trump, Brexit, and Authoritarian Populism* (Cambridge, Cambridge University Press, 2019).

[44] José Luis Pérez Guadalupe e Sebastian Grundberger (orgs.), *Evangélicos y poder en América Latina* (Lima, Instituto de Estudios Social Cristianos/Konrad Adenauer Stiftung, 2018).

[45] Nancy Fraser, "Contradictions of Capital and Care", *New Left Review*, n. 100, 2016; idem, *The Old Is Dying and the New Cannot Be Born*, cit.

[46] Wendy Brown, "American Nightmare", cit.; idem, *In the Ruins of Neoliberalism*, cit.; idem, "Neoliberalism's Scorpion Tail", cit.

[47] Idem, "American Nightmare", cit., p. 693.

poder estatal nas esferas doméstica e internacional. Posteriormente, ela localizaria o neoconservadorismo nas raízes do neoliberalismo, definindo-o como um projeto moral[48]. Para além da dimensão mais específica de uma história do pensamento neoliberal, que ela aborda a partir de Friedrich Hayek, o principal avanço em relação ao trabalho anterior de Brown está, ao que parece, no reconhecimento de que há diferentes tipos de privatização – a privatização dos bens e do espaço público, que corresponde à restrição do papel do Estado, e a expansão da "esfera privada protegida", que corresponde à ampliação do papel da família.

As duas dinâmicas participam da produção do "cidadão não democrático", na medida em que privatizam as alternativas aos problemas presentes e aos desafios cotidianos da vida, repelindo a pluralidade. Aquele foi conceituado como o cidadão que "não se aflige com concentrações exorbitantes de poder político e econômico e com revogações rotineiras do Estado de direito"[49] e não se opõe à ideia de que aqueles percebidos como ameaçadores ou não merecedores possam ter seus direitos restringidos ou inteiramente negados. Podem ser imigrantes, lésbicas, gays, transgêneros, homens e mulheres jovens e negros que vivem em áreas periféricas de grandes cidades em determinados países, mulheres expostas à violência e à precariedade, indígenas, não cristãos ou qualquer pessoa que não se enquadre nas expectativas sociais tradicionais e nas moralidades hegemônicas codificadas.

O "cidadão não democrático" resultaria da erosão do público, mas também se tornaria um ativo político para a reprodução das políticas antidemocráticas nesse processo. Queremos dizer, com isso, que a produção de subjetividades autoritárias pode ser um fator fundamental para a ascensão e o apoio posterior a lideranças e governos autoritários.

A relação entre econômico e moral nos permite, ainda, abordar aspectos estruturais, como a pressão para que os papéis sejam mantidos de acordo com as hierarquias convencionais (tanto no que diz respeito à sexualidade quanto à maternidade e à divisão sexual do trabalho) e a dimensão da subjetividade. A transformação da ação estatal, por exemplo, vai além da oposição entre regulamentação e desregulamentação, e seria melhor abordada como um novo padrão de regulação, no qual se estruturam novas relações entre governo e sujeitos sociais[50].

---

[48] Idem, *In the Ruins of Neoliberalism*, cit.
[49] Idem, "American Nightmare", cit., p. 692.
[50] Pierre Dardot e Christian Laval, *A nova razão do mundo*, cit., p. 273.

A ação pública se redefine, assim como os sujeitos. Também é interessante manter o foco na relação entre Estado e esfera pública, assim como nas disputas políticas que se travam justamente nessa fronteira. A moralização do Estado pode contribuir para a redefinição ou mesmo o fechamento do espaço cívico[51], enquanto a lógica econômica impõe limites à justiça social. Garantias e proteções sociais a minorias e grupos sociais mais vulneráveis[52] podem ser restritas em nome de imperativos morais e econômicos.

O neoconservadorismo defende as tradições morais, mas o faz de modo a instrumentalizá-las na disputa política[53]. Um dos aspectos dessa defesa é o louvor a uma antiga ordem na qual os papéis de gênero seriam "mais claros" e as mulheres cuidavam das demandas da vida familiar cotidiana enquanto os homens podiam "assumir os encargos da masculinidade"[54]. Os defensores das tradições morais aderem em graus distintos a abordagens repressivas à diversidade e mobilizam visões antipluralistas, nas quais a aceitação e a naturalização de papéis e desigualdades sexuais funcionariam como respostas a um suposto declínio da ordem moral[55].

A apologia à "família convencional" também está relacionada à maneira como é percebida a divisão do trabalho e das responsabilidades – em outras palavras, à reprodução social. Ainda que as mulheres continuem a ser as principais responsáveis pelo trabalho doméstico e de cuidado, sua presença na força de trabalho remunerado se ampliou, assim como seu acesso à educação formal e às mais diversas profissões. Isso significa que o trabalho gratuito que desempenharam historicamente entra em tensão com suas funções na vida pública, mesmo em uma perspectiva bastante prática: o tempo disponível para o trabalho doméstico e o tempo disponível para o trabalho remunerado, o tempo destinado ao cuidado e o tempo destinado à profissionalização e aos vínculos laborais entram frequentemente em conflito[56].

---

[51] Conny Roggeband e Andrea Krizsán, "Reversing Gender Policy Progress", cit.
[52] Nancy Fraser, *The Old Is Dying and the New Cannot Be Born*, cit.
[53] Wendy Brown, *In the Ruins of Neoliberalism*, cit.
[54] Anne Norton, *Leo Strauss and the Politics of American Empire* (New Haven, Yale University Press, 2004), citada em Wendy Brown, "American Nightmare", cit., p. 697.
[55] Rayani Mariano, *As disputas em torno das famílias na Câmara dos Deputados entre 2007 e 2018: familismo, conservadorismo e neoliberalismo* (tese de doutorado, Brasília, Universidade de Brasília, 2019).
[56] Joan Tronto, *Caring Democracy: Markets, Equality, and Justice* (Nova York, New York University Press, 2013); Joan Williams, *Reshaping the Work-Family Debate: Why Man and Class Matter*

Com o avanço do neoliberalismo a partir dos anos 1980, o desmantelamento da infraestrutura pública e a restrição a direitos econômicos e trabalhistas fazem da proteção e o apoio pelas e dentro das famílias uma necessidade prática e um antídoto para as incertezas[57]. A crise econômica das últimas décadas torna esses conflitos ainda mais agudos, na medida em que a agenda da "austeridade econômica" e do "equilíbrio fiscal" tem significado menos garantias trabalhistas, rotinas de trabalho menos reguladas e um estrangulamento dos recursos para políticas de cuidado, saúde e educação. Em todos os casos, a posição relativa das mulheres nas sociedades faz com que sejam elas as mais oneradas pelas responsabilidades privatizadas e pelo tempo desregulamentado do trabalho.

Ao mesmo tempo, não se pode reduzir a reação aos homens, como grupo. Vale observar que um dos setores mais importantes na promoção do neoconservadorismo, os neopentecostais, tem o semblante feminino[58]. As mulheres que aderem ao pentecostalismo na América Latina são, em grande parte, de baixa renda e afetadas pela precarização e pela restrição dos serviços públicos. Mulheres que enfrentam a precariedade e a insegurança podem ser também as mesmas que, de uma perspectiva moral, reivindicam a relevância e a responsabilidade da família. Ao mesmo tempo, entre os evangélicos latino-americanos, a defesa da família não vem necessariamente acoplada à domesticidade das mulheres. A doutrina pentecostal incide sobre as subjetividades feminina e masculina, redefinindo-as de modo a aproximar as mulheres da esfera pública e os homens do domínio familiar[59]. Pode haver, com isso, uma reconfiguração das relações de gênero, ao mesmo tempo que a valorização da família é um eixo central.

O "familismo" que se manifesta, assim, em diferentes combinações nas reações em curso não é simplesmente uma ideologia. O contexto atual de mudanças nas relações produtivas e nas formas de regulação do trabalho faz dele um requisito essencial quando "as provisões públicas são eliminadas ou privatizadas"

(Cambridge, Harvard University Press, 2010); Flávia Biroli, "Care and the New Patterns of Precarity", em Andries Baart, Jaco Hoffman e Frans Vosman (orgs.), *The Ethics of Care: The State of the Art* (Oxford, Oxford University Press, 2020).

[57] Flávia Biroli, "Care and the New Patterns of Precarity", cit.

[58] Maria das Dores Campos Machado, "Representações e relações de gênero nos grupos pentecostais", *Revista Estudos Feministas*, Florianópolis, v. 13, n. 2, 2005, p. 388; ver também o capítulo 2 deste livro.

[59] Maria das Dores Campos Machado, "Representações e relações de gênero nos grupos pentecostais", cit., p. 389.

e "o trabalho e/ou o custo de fornecê-las são devolvidos aos indivíduos", com as mulheres assumindo uma parcela desproporcional desse trabalho[60].

As atuais contradições do capitalismo pressionam ainda mais pela revisão das fronteiras entre produção e reprodução social[61]. Com a crescente participação das mulheres no mercado de trabalho, a falta de alternativas coletivas e públicas para garantir o cuidado de crianças, de idosos e dos mais vulneráveis produziu uma crise do cuidado. Embora seja vivenciada nas relações interpessoais, ela está diretamente ligada ao papel do Estado e à parcela de responsabilidades partilhada entre Estado, mercado e famílias[62]. Redefinições do papel do Estado pelo capitalismo financeiro e a mudança da ordem social de gênero produzem novos padrões para as relações de cuidado – que são, no entanto, conflitantes[63]. Não só a posição social relativa das mulheres mudou, mas os arranjos familiares e os padrões afetivos e parentais se transformaram profundamente[64].

A "família" que o neoconservadorismo defende é um espelho das tradições morais cristãs. É formada por um homem e uma mulher, variando entre formulações mais tradicionalistas, nas quais o primeiro provê financeiramente, e outras nas quais a mulher é definida como agente relevante para a prosperidade da família[65]. Nessa configuração, homens e mulheres têm papéis complementares e o problema da exploração do trabalho fica suspenso – como esfera privada afetiva, ela não seria atravessada por relações de poder.

A moralidade sexual conservadora, que define a família pelo objetivo da reprodução biológica – restringindo-a a arranjos heterossexuais[66] –, é, assim, acompanhada do requisito da "funcionalidade". Em um contexto de desregulamentação e privatização, a máxima "cada um cuida de si" amplia a responsabilidade das famílias como unidades privadas. Formas inevitáveis de dependência e de vulnerabilidade humana não se tornam menos desafiadoras porque o orçamento público para lidar com elas foi reduzido. Desse modo, a

---

[60] Wendy Brown, *Undoing the Demos*, cit., p. 105.
[61] Nancy Fraser, "Legitimation Crisis?", cit., p. 166.
[62] Nancy Folbre, *Who Pays for the Kids? Gender and the Structures of Constraint* (Nova York, Routledge, 1994); Joan Tronto, *Caring Democracy*, cit.
[63] Nancy Fraser, "Contradictions of Capital and Care", cit.
[64] United Nations, *Families in a Changing World* (Nova York, UN Women, 2019).
[65] Maria das Dores Campos Machado, "Representações e relações de gênero nos grupos pentecostais", cit.
[66] Juan Marco Vaggione, "La Iglesia católica frente a la política sexual: la configuración de una ciudadanía religiosa", *Cadernos Pagu*, Campinas, n. 50, 2017.

divisão sexual do trabalho, base material das relações de gênero e prática cotidiana de atribuir às mulheres um trabalho do qual os homens são liberados[67], é justificada e permanece como um fator de precarização da vida das mulheres[68].

O que nos parece particularmente importante constatar é que a família é considerada o único laço social duradouro e o suporte a buscar à medida que a política neoliberal retira outros apoios e restringe a ideia – e a possibilidade prática – de solidariedade[69]. Nos primeiros anos em que o neoliberalismo se transforma em diretriz política prática, ainda no início da década de 1980, a famosa declaração de Margaret Thatcher, "não existe sociedade, mas apenas homens e mulheres individualmente", já vinha seguida do complemento "e suas famílias"[70]. Dado o caráter inevitável da dependência e vulnerabilidade humanas, a ilusão de que a sociedade é composta por indivíduos independentes e livres fazendo as próprias escolhas depende do apoio não remunerado ou subvalorizado de muitas pessoas. O desafio está, ainda, em compreender de maneira interseccional essa realidade, na qual gênero, raça e classe constituem "nós" em relações de poder que são dinâmicas e que se engendram a partir de hierarquias, exploração e violência, mas também de renegociações e resistências[71].

Enquanto o debate sobre o papel do Estado e os limites para os gastos públicos foi construído em oposição ao Estado de bem-estar social nas décadas de 1970 e 1980, a dimensão moral do mérito e do merecimento também foi reforçada em uma perspectiva religiosa. Cabe aqui uma referência ao movimento Maioria Moral, fundado por Jerry Falwell em 1978, nos Estados Unidos, discutido no segundo capítulo. A agenda definida por ativistas da direita religiosa estadunidense como "pró-família" tem sido, desde então, um recurso para a mobilização positiva, que produz identidades religiosas e nacionalistas, e para a construção negativa dos oponentes, ativando o racismo, a homofobia e o antifeminismo[72].

Embora seja importante ter em mente seus diversos contextos sociais e culturais, é inegável que as igrejas pentecostais latino-americanas e sua teologia

---

[67] Flávia Biroli, *Gênero e desigualdades*, cit.
[68] Idem, "Care and the New Patterns of Precarity", cit.; Isabell Lorey, *State of Insecurity: Government of the Precarious* (Nova York, Verso, 2015).
[69] Melinda Cooper, *Family Values: Between Neoliberalism and the New Social Conservatism* (Boston, MIT Press, 2017); Wendy Brown, *In the Ruins of Neoliberalism*, cit.
[70] Wendy Brown, *Undoing the Demos*, cit.
[71] Helena Hirata e Danièle Kergoat, "Novas configurações da divisão sexual do trabalho", *Cadernos de Pesquisa*, v. 37, n. 132, 2007.
[72] David Held, *A Brief History of Neoliberalism* (Oxford, Oxford University Press, 2005), p. 50.

sofreram influência significativa do cristianismo evangélico dos Estados Unidos[73]. Sua agenda moral, tanto quanto sua "teologia da prosperidade", pode ser conectada a uma rede mais ampla. Essa é uma razão para entender se, e de que modo, sua conexão com o neoliberalismo é distinta da dos católicos. Em contextos de pobreza e violência, os pentecostais latino-americanos conseguiram definir os valores cristãos de uma maneira que conecta mérito, sucesso econômico e moralidade, como foi discutido na introdução e nos capítulos anteriores desta obra. A compreensão de Brown do neoliberalismo como um projeto que contém a moralidade tradicional expõe os meandros em que a "teologia da prosperidade" se fortalece como moralidade embutida em uma racionalidade econômica[74].

Há, no entanto, razões para considerar que isso não ocorre sem tensões. O neoliberalismo é uma ideologia "mutante" e multiforme, e por isso podemos levantar a hipótese de que se *realiza*, contextualmente, em diferentes composições com as moralidades de gênero[75]. Outra hipótese sobre por que há tensões é que, mesmo concordando com o entendimento de que o neoconservadorismo contém uma moralidade tradicional[76], o neoconservadorismo não contém, necessariamente, a adesão ao neoliberalismo. Há conflitos e deslocamentos, por exemplo, nas movimentações recentes do catolicismo. A agenda de gênero é um ponto fulcral de moralidades em disputa, de modo a ultrapassar o pensamento e a racionalidade neoliberais.

Além disso, se o neoliberalismo foi historicamente identificado com a suspensão de fronteiras para o capital e formas supranacionais de regulação econômica, suas mutações históricas mostram que existem deslocamentos do "globalismo" para o nacionalismo[77]. Governantes populistas e autoritários, como Donald Trump, nos Estados Unidos, Jair Bolsonaro, no Brasil, Viktor Orbán, na Hungria, e Rodrigo Duterte, nas Filipinas, são exemplos de como essa reconfiguração

---

[73] Antônio Flávio Pierucci, "Representantes de Deus em Brasília: a bancada evangélica na Constituinte", *Ciências Sociais Hoje*, São Paulo, Vértice, v. 11, 1989, p. 104-32; Lílian Sales e Ricardo Mariano, "Ativismo político de grupos religiosos e luta por direitos", *Religião & Sociedade*, v. 39, n. 2, 2019, p. 9-27.
[74] Wendy Brown, "Neoliberalism's Scorpion Tail", cit.
[75] Ver William Callison e Zachary Manfredi, "Theorizing Mutant Neoliberalism", em *Mutant Neoliberalism: Market Rule and Political Rupture* (New York, Fordham University Press, 2020).
[76] Wendy Brown, *In the Ruins of Neoliberalism*, cit.
[77] Sören Brandes, "From Neoliberal Globalism to Neoliberal Nationalism", *Ephemera*, v. 19, n. 3, 2019.

tem se apresentado em quatro regiões distintas, sempre conjugada à promoção do neoconservadorismo e, especificamente, à reação à igualdade de gênero. É possível detectar, nas disputas que redefiniram as fronteiras morais da cidadania – permitindo que se fale, por exemplo, em "cidadania sexual" –, uma ética política que ultrapassa os limites nacionais[78], encontrando reações que também os ultrapassam, ativando uma espécie de agenda *global* contra o "globalismo". Enquanto no primeiro caso as fronteiras morais se movem referenciadas pelo pluralismo ético, na reação neoconservadora o recurso ao tradicionalismo moral se transforma em arma política para a erosão de normas políticas democráticas[79].

Os protestos contra o gênero, o povo e a democracia

Como discutimos antes neste livro, a construção intelectual da "ideologia de gênero" se deu nos anos 1990, tendo sido incorporada a um documento da Igreja católica, pela primeira vez, em 1998. Suas origens católicas nos levam a um movimento anterior, em que a ideia de "cultura da morte" foi difundida e a contracepção foi vista como uma ameaça. Dessa perspectiva, a Igreja projeta na perspectiva de gênero uma ameaça à família, ao sexo matrimonial e à complementaridade entre homem e mulher[80], situados, ao mesmo tempo, nos âmbitos da natureza e da moralidade.

Aqui nos voltamos mais especificamente à questão que perpassa este livro: por que apenas nas últimas décadas a noção de "ideologia de gênero" se tornaria uma estratégia dos grupos conservadores para coibir debates, pesquisas, legislações e políticas públicas que desafiassem as desigualdades de gênero e a violência ou promovessem direitos para a população LGBTQI?

Na segunda década deste século, a "ideologia de gênero" se tornaria um *slogan* difundido em protestos de rua, campanhas eleitorais e consultas populares. Políticos de extrema direita têm mencionado essa expressão em pronunciamentos oficiais e ela tem sido incorporada à agenda governamental de países tão distintos quanto Brasil, Paraguai, Hungria e Polônia.

Foi mencionado anteriormente que um marco importante na Europa é a campanha *La Manif por Touts*, de 2012, na França. Ela se estabeleceu na

---

[78] Juan Marco Vaggione, "La Iglesia católica frente a la política sexual", cit.
[79] Wendy Brown, "Neoliberalism's Scorpion Tail", cit., p. 46.
[80] Juan Marco Vaggione, "La Iglesia católica frente a la política sexual", cit.; ver também a introdução desta obra.

tentativa de conter a legalização do casamento de pessoas do mesmo sexo e teve como alvo também a educação sexual e os estudos de gênero. Estrategicamente, a noção de "ideologia de gênero" permitiria dar vulto à ameaça que se apresentaria às famílias francesas, com ênfase na ideia de distorção da infância e da natureza.

Nesses protestos, imagens de famílias nucleares apareciam acompanhadas de declarações que a) rejeitam o termo gênero, como em "Não coloque um dedo em nossos estereótipos de gênero" e "Queremos sexo, não gênero"[81]; b) reafirmam a heterossexualidade como fundamento moral da família, como em "Papai e mamãe, não há nada melhor para um filho" ou "Pai e mãe, iguais e complementares"; c) enfatizam o caráter religioso da família, como em "A família é sagrada" e d) posicionam a rejeição do casamento de pessoas do mesmo sexo no campo dos direitos, como em "Somos todos guardiões do Código Civil".

O caráter transnacional dessa campanha, indicado na introdução deste livro como uma característica do neoconservadorismo, pode ser detectado na propagação das mesmas mensagens e imagens na Europa e na América Latina, para onde os protestos de rua contra a "ideologia de gênero" viriam a partir de 2016. Antes de abordá-los, é importante ressaltar que, ainda que nem sempre tenham sucesso – como no caso da França, em que o casamento de pessoas do mesmo sexo foi aprovado a despeito dos protestos –, campanhas como essa se transformaram em uma oportunidade política para lideranças de extrema direita.

Na Europa, isso tem ocorrido com efeitos locais variados[82]. O retrocesso de gênero tem afetado as dimensões processual e substancial da política no centro e no leste do continente, manifestando-se como deterioração de direitos, prejuízo na implementação de políticas públicas e erosão de mecanismos de consulta[83]. Os ataques seguidos à Convenção de Istambul (Convenção do Conselho da Europa para a Prevenção e o Combate à Violência contra as Mulheres e à Violência Doméstica) mostram a extensão da reação à agenda de direitos humanos, mas também a instrumentalização do ataque à "ideologia de gênero" para justificá-la.

---

[81] Sara Bracke e David Paternotte (orgs.), *Habemus género! La Iglesia católica y la ideologia de género* (Rio de Janeiro, Abia/Sexuality Policy Watch, 2018), p. 10.

[82] Michaela Köttig, Renate Bitzan e Andrea Pettö, *Gender and Far Right Politics in Europe* (Londres, Palgrave MacMillan, 2016).

[83] Conny Roggeband e Andrea Kriszán, "Reversing Gender Policy Progress", cit., p. 371.

Estudiosas têm apontado conexões entre os protestos que levaram milhares às ruas da Polônia entre 2012 e 2014 e os processos de desdemocratização em curso. Segundo Agnieszka Graff, a campanha contra o gênero "e o pânico moral que provocou deram lugar à vitória da direita no outono de 2015", quando seus líderes se tornaram parte do governo[84]. A cruzada contra o gênero "foi o prelúdio do autoritarismo e continua sendo sua aliada", pois "as políticas de direita invocam a ameaça supostamente representada" pela perspectiva de gênero para desmantelar instituições democráticas, mudar o currículo escolar e atacar organizações que apoiam a pesquisa científica no país[85].

A Hungria é o principal exemplo da centralidade do gênero nas atuais tendências iliberais e autoritárias na Europa. A noção de "ideologia de gênero" vem sendo usada para demonizar elites globais e exaltar identidades nacionais, recorrendo a um suposto apoio dos cidadãos[86]. Em uma medida claramente antipluralista e iliberal, os estudos de gênero foram proibidos em universidades húngaras por um decreto assinado pelo primeiro-ministro de extrema direita Viktor Orbán em 12 de outubro de 2018.

Na América Latina, o recurso à "ideologia de gênero" também tem permitido, ao mesmo tempo, uma maior inserção de perspectivas moralistas unitárias no debate público e criado oportunidades político-eleitorais. No caso do Brasil, a movimentação nesse sentido ocorre desde 2014, quando os itens referentes à igualdade e à diversidade racial e de gênero foram eliminados do Plano Nacional de Educação aprovado no Congresso no dia 22 de abril. Foi em 2018, porém, que o alcance dessa estratégia se tornou mais claro. Como foi discutido no capítulo anterior, o combate à "ideologia de gênero" foi incluído no programa eleitoral do candidato presidencial de extrema direita Jair Bolsonaro. Seu discurso inaugural em 1º de janeiro de 2019 destacou a intenção de libertar o país da "ideologia de gênero", precedendo a adesão aberta a essa agenda por ao menos três ministérios – o Ministério da Mulher, da Família e dos Direitos Humanos, o Ministério das Relações Exteriores e o Ministério da Educação[87]. Embora esse seja um caso extremo, inclusive pela

---

[84] Agnieszka Graff, *"Ideología de género": conceptos débiles, política ponderosa* (Rio de Janeiro, Abia/Sexuality Policy Watch, 2018), p. 88.

[85] Ibidem, p. 88-90.

[86] Elzbieta Korolczuk e Agnieszka Graff, "Gender as 'Ebola from Brussels': The Anti-Colonial Frame and the Rise of Illiberal Populism", *Signs*, v. 43, n. 4, 2018, p.797-8.

[87] Flávia Biroli, "A reação contra o gênero e a democracia", cit.

clareza com que tem se manifestado, não se trata de uma exceção. No Paraguai, a Resolução n. 29.664 de 2017 do Ministério da Educação e Ciência proibiu a "difusão e uso de materiais impressos digitalmente referentes à teoria e/ou ideologia de gênero nas instituições de ensino". No Peru, assim como na Colômbia, ministros da Educação foram demitidos quando movimentos neoconservadores contra o gênero e seus aliados no Congresso pressionaram nessa direção, e ficou claro o impacto político da campanha contra a "ideologia de gênero" na aprovação de pautas específicas e na aprovação do governo de maneira mais ampla.

No entanto, mesmo quando as campanhas não produziram resultados mais diretos como esses, a ideia de que existe uma "ideologia de gênero" avançou na região e colocou aqueles que promovem a igualdade de gênero em uma posição defensiva[88]. Isso foi, em parte, alcançado pelos protestos de rua – de que falaremos agora. Uma hipótese plausível é que eles tenham colaborado para ampliar a percepção da população de que há algo errado nas políticas de gênero e que a eleição de lideranças conservadoras seria fundamental para barrar a influência dos movimentos feministas e LGBTQI sobre o Estado.

O ciclo de protestos de rua contra a "ideologia de gênero" na América Latina começou em 2016, embora a expressão tenha se tornado parte do debate público na região ainda nos anos 1990, como dito nos capítulos anteriores. Esses protestos levaram milhares de pessoas às ruas de diferentes países e cidades da região em oposição a políticas em três eixos: educação sexual e conteúdo educacional para promoção da igualdade de gênero e do respeito à diversidade sexual; casamento de pessoas do mesmo sexo e adoção por casais do mesmo sexo. Como vem sendo discutido neste livro, trata-se de reações a leis, políticas públicas e decisões de tribunais de Justiça, sobretudo de cortes superiores, em países como Brasil, Colômbia e México. Há ainda reações voltadas especificamente para normas e decisões de cortes regionais, como a Corte Interamericana de Direitos Humanos. Seria preciso compreender também como se dá a expansão desses protestos em países nos quais não houve avanços consideráveis em um ou outro dos eixos mencionados. É possível que isso se deva à propagação da noção de "ideologia de gênero" como algo a ser temido, provocando ou intensificando inseguranças e pânicos morais. É igualmente

---

[88] Charles Miskolci e Maximiliano Campana, "'Ideologia de gênero'", *Revista Sociedade e Estado*, v. 32, n. 3, 2017.

válido considerar em que medida o recurso a essa campanha tem se tornado uma oportunidade política para atores conservadores em busca de visibilidade e reconhecimento por segmentos específicos do público e do eleitorado, como mencionado anteriormente. Chamamos atenção para o fato de que, para além de um efeito de contágio, trata-se da organização de protestos por redes que, como se verá, ultrapassam os espaços nacionais.

Em 10 de agosto de 2016, milhares de pessoas marcharam em ao menos cinco cidades colombianas contra as políticas estaduais de educação sexual. As manifestações se opunham ao conteúdo educacional elaborado em conformidade com a Lei n. 1.620/2013, que determinava que as escolas adotassem códigos e práticas para garantir os direitos humanos, sexuais e reprodutivos dos estudantes e conter a violência nas escolas, assim como a uma decisão do Supremo Tribunal da Colômbia (T478 de 2015), que determinava a revisão dos manuais escolares em resposta a um processo movido pela mãe de um estudante que cometeu suicídio após ter sofrido discriminação sexual na escola. Essas normas foram vistas por políticos conservadores e atores religiosos como uma forma de "colonização homossexual" e como um caminho para a implementação da "ideologia de gênero" no país[89]. A Marcha de la Familia também pode ser vista como uma reação à regra do Supremo Tribunal colombiano de abril de 2016 em favor das uniões de pessoas do mesmo sexo[90].

Um mês depois da marcha na Colômbia, foi organizada, em 10 de setembro, uma marcha contra o casamento igualitário pela Frente Nacional por la Familia no México. Aconteceu simultaneamente em várias cidades do país e foi seguida pela Marcha Nacional por el Matrimonio, los Niños y la Familia, na Cidade do México, em 24 de setembro. A Frente e as marchas foram uma reação à iniciativa do governo mexicano de modificar a Constituição e o Código Civil para incluir a união e o direito de adoção por casais do mesmo sexo, bem como o direito à identidade de gênero[91].

---

[89] José Fernando Serrano Amaya, "La tormenta perfecta: ideología de género y articulación de públicos", *Sexualidad, Salud y Sociedad: Revista Latinoamericana*, n. 27, dez. 2017, p. 154.

[90] Ana Cristina González Vélez e Laura Castro, "Colombia: educación sexual, diversidad y paz – el entramado de la 'ideología de género'", em Ana Cristina González Vélez et al. (orgs.), *Develando la retórica del miedo de los fundamentalismos: la campaña "Con mis hijos no te metas" en Colombia, Ecuador y Perú* (Lima, Centro de la Mujer Peruana Flora Tristán, 2018).

[91] América Quetzalli, *Génesis de uma nueva fuerza política religiosa conservadora*, paper apresentado na Conferencia Polcéntrica IFJP-Flacso México "Feminismos y Conservadurismos", Cidade do México, 2019.

No Peru, em novembro de 2016, a campanha #ConMisHijosNoTeMetas seria lançada contra as novas diretrizes de educação sexual. O texto da reforma da educação básica diferenciava sexo e gênero e discutia a diversidade sexual[92]. Alguns meses depois, em 4 de março de 2017, 25 mil pessoas se concentraram no centro de Lima para protestar contra as diretrizes, além de ter havido manifestações por todo o país contra o gênero.

Para analisar os protestos, coletamos dados escritos e visuais de *sites* de jornais (nacionais e internacionais, com notícias regionais e locais), *sites* e redes sociais mantidos por organizações ligadas às campanhas contra a "ideologia de gênero", nos quais as marchas foram promovidas, e assistimos aos vídeos dos protestos no YouTube, o que nos permitiu ver cartazes e faixas, ouvir discursos e *jingles* e observar as reações e a performance das pessoas reunidas nos protestos. Esses dados foram coletados entre julho de 2018 e maio de 2019.

A partir da análise desses registros, detectamos os seguintes enquadramentos para as disputas:

1) *Lobbies* feministas e LGBTQI politicamente poderosos ameaçam crianças e "a família", impondo leis e políticas públicas guiadas por seus próprios interesses;

2) Elites globais a quem elites nacionais minoritárias se aliaram lideram um processo de neocolonização contra tradições e valores nacionais estimados pelo "povo". Isso inclui referências a George Soros, a Open Society Foundation e a Organização das Nações Unidas, definidos como uma coalizão cujo objetivo seria subjugar a nação por meio do enfraquecimento da "família";

3) As crianças são os principais alvos dos inimigos descritos nos itens 1 e 2 e precisam ser protegidas, por isso as famílias têm de reassumir seus papéis como as principais autoridades que decidem como as crianças devem ser criadas, redefinindo os limites da autoridade estatal e os processos pelos quais as políticas foram produzidas;

4) Os movimentos de minorias, rótulo atribuído aos movimentos feministas e LGBTQI, representam uma ameaça para as maiorias, agindo contra a "verdadeira democracia". Os políticos devem ouvir a "vontade democrática do povo".

Se essas são as razões e reivindicações, é importante também compreender melhor quem liderou os protestos.

---

[92] Ana Cristina González Vélez e Laura Castro, "Colombia", cit., p. 21.

As campanhas antigênero conseguiram unir católicos e evangélicos conservadores, que assumiram diferentes papéis[93], conforme visto detalhadamente no segundo capítulo. Os protestos de rua são liderados por evangélicos, enquanto em alguns casos registrados há padres e bispos católicos declarando publicamente seu apoio e deles participando[94].

Essa é uma diferença a ser considerada nos estudos comparando a campanha contra o gênero em diferentes regiões: na América Latina, a expressão política de um setor crescente de igrejas pentecostais conservadoras é inevitável para compreender os padrões de mobilização e a centralidade da oposição à diversidade sexual em protestos populares[95]. Diferentemente, na Europa do leste e

---

[93] Maria das Dores Campos Machado, "Pentecostais, sexualidade e família no Congresso Nacional", *Horizontes Antropológicos*, Porto Alegre, v. 23, n. 47, 2017; Juan Marco Vaggione, *Sexualidad, derecho y religión*, cit.; Ana Cristina González Vélez e Laura Castro, "Colombia", cit.

[94] No Peru, o influente cardeal Luis Cipriani falou publicamente sobre os riscos da "ideologia de gênero" e apoiou as marchas de março de 2017. Ver "Juan Luis Cipriani se pronuncia sobre marcha 'Con mis hijos no te metas'", *Canal 24 Horas*, 4 mar. 2017, disponível em: <https://www.youtube.com/watch?v=qY0Om3QkSyg>, acesso em: 25 maio 2020; e "Masivas marchas contra la 'ideología de género' en Perú", *El País Colombia*, 4 mar. 2017, disponível em: <https://www.elpais.com.co/mundo/masivas-marchas-contra-la-ideologia-de-genero-en-peru.html>, acesso em: 28 abr. 2020. O padre Luis Gaspar Uribe foi um dos católicos a discursar na marcha, entre seus pares evangélicos; ver <https://www.youtube.com/watch?v=Z14snguafiw>, acesso em: 14 jul. 2020. No Brasil, o padre Luiz Carlos Lodi, que coordena o Movimento Pró-Vida da cidade de Anapólis (GO), tem sido um dos atores a difundir a noção de "ideologia de gênero". Como se verá a seguir, ele traduziu para o português o livro do advogado argentino Jorge Scala sobre o tema e, na apresentação da publicação brasileira, de 2011, chama a Igreja brasileira a agir mais abertamente. Ela o faria em 2015, quando a Confederação Nacional dos Bispos Brasileiros (CNBB) divulgou nota contra o que denominaram "a inclusão da ideologia de gênero nos Planos de Educação". Nesse período, outros bispos e padres se manifestariam, em textos, entrevistas e sermões com o mesmo teor – conferir, por exemplo, padre Mário Marcelo Coelho, "Padre explica o que é a ideologia de gênero", *Canção Nova Notícias*, 23 jun. 2015, disponível em: <https://noticias.cancaonova.com/brasil/padre-explica-o-que-e-a-ideologia-de-genero/>, acesso em: 25 maio 2020; e bispo Pedro Carlos Cipollini, da Diocese de Santo André (SP), "Carta sobre a Ideologia de Gênero", *Portal da Diocese de Santo André*, set. 2015, disponível em: <https://www.diocesesa.org.br/2015/09/carta-sobre-a-ideologia-de-genero/>, acesso em: 25 maio 2020. Os matizes precisam ser considerados, como se pôde ver na discussão sobre a Colômbia, no capítulo anterior. Naquele país, a utilização da noção de "ideologia de gênero" como estratégia pelos opositores do acordo de paz entre o governo e as Farc foi criticada pelo presidente da Conferência Episcopal Colombiana, o bispo Luis Augusto Castro. Ver "Obispo desmiente 'ideología de género' en acuerdos de paz", *TeleSUR*, 17 out. 2016, disponível em: <https://www.telesurtv.net/news/Obispo-desmiente-ideologia-de-genero-en-acuerdos-de-paz-en-Colombia-20161017-0039.html>, acesso em: 24 abr. 2020.

[95] José Luis Pérez Guadalupe, *Entre Dios y César: el impacto político de los evangélicos en el Perú y América Latina* (Lima, Iesc/KAS, 2017); José Luis Pérez Guadalupe e Sebastian Grundberger (orgs.), *Evangélicos y poder en América Latina*, cit.

central, a aliança entre Igreja católica e setores da direita e da extrema direita partidária é que tem sido decisiva[96].

No entanto, para além das configurações regionais e do peso dos evangélicos nas ações políticas na América Latina, questões de que temos tratado, a Igreja católica é central para a ideia de que existe, de fato, uma "ideologia de gênero". O seguinte diálogo entre Jorge Mario Bergoglio, o papa Francisco, e bispos poloneses durante a Jornada Mundial da Juventude na Cracóvia, Polônia, foi transcrito por documentos do Vaticano divulgados em 2 de agosto de 2016:

> Na Europa, América, América Latina, África e em alguns países da Ásia, existem formas genuínas de colonização ideológica. E uma delas – chamarei claramente seu nome – é [a ideologia] do "gênero". Hoje crianças – crianças! – são ensinadas na escola que todos podem escolher seu sexo. Por que eles estão ensinando isso? Porque os livros são fornecidos por pessoas e instituições que lhes dão dinheiro. Essas formas de colonização ideológica também são apoiadas por países influentes. E isso é terrível![97]

Sua afirmação está enraizada em transformações anteriores da doutrina social da Igreja, que reforçavam a ideia de que a complementaridade entre os sexos desempenha um papel central na antropologia humana. A *Carta aos bispos da Igreja católica sobre a colaboração de homens e mulheres na Igreja e no mundo*, publicada em 2004, período final do papado de Karol Wojtyła, o papa João Paulo II, e assinada por Joseph Ratzinger, o futuro papa Bento XVI, como líder da Congregação para a Doutrina da Fé, afirma que homens e mulheres têm naturezas diferentes e devem trabalhar juntos[98]. O documento descreve duas tendências no contexto contemporâneo: uma delas iria no sentido de "enfatizar fortemente as condições de subordinação para gerar antagonismo", tornando as mulheres adversárias dos homens; a outra negaria as diferenças entre homens e mulheres, a fim de evitar a dominação, minimizando as diferenças físicas e

---

[96] Agnieszka Koscianska, *"The Handbook of Masturbation and Defloration": Tracing Sources of Recent Neo-Conservatism in Poland* (Manchester, Manchester University Press, 2020); David Paternotte e Roman Kuhar, "Disentangling and Locating the 'Global Right': Anti-Gender Campaigns in Europe", *Politics & Governance*, v. 6, n. 3, 2018, p. 6-19

[97] Ver "Dialogo del Santo Padre con i Vescovi della Polonia (Kraków, 27 luglio 2016)", *Portal do Vaticano*, 2 ago. 2016, disponível em: <http://press.vatican.va/content/salastampa/it/bollettino/pubblico/2016/08/02/0568/01265.html>, acesso em: 25 maio 2020.

[98] Sara Garbagnoli, "Against the Heresy of Immanence: Vatican's 'Gender' as a New Rhetorical Device Against the Denaturalization of the Sexual Order", *Religion and Gender*, Leiden, v. 6, n. 2, 2016, p. 187-204.

definindo-as como culturais. Uma preocupação central é que ambas teriam "inspirado ideologias que, por exemplo, colocam em questão a família"[99].

Retomada no diálogo do papa Francisco de 2016, essa formulação anterior de gênero como ideologia aponta o papel da Igreja católica em estabelecer as bases intelectuais da "ideologia de gênero". Também já foi mencionado neste capítulo e discutido nos anteriores o papel central do pentecostalismo conservador.

As análises feitas convergem para o entendimento de que os atores religiosos conservadores são protagonistas das reações contra a igualdade de gênero. No entanto, essas reações são um fenômeno político que está no cerne do neoconservadorismo, envolvendo também atores seculares, ainda que estes estejam alinhados e operando conjuntamente com setores religiosos. Em estreita relação com processos de erosão da democracia, abrem oportunidades para lideranças autoritárias e de extrema direita. Nesse aspecto, a candidatura e a eleição de Jair Bolsonaro para a Presidência do Brasil, em 2018, são bastante típicas. Ao longo de sua carreira de três décadas como deputado, ele ganhou destaque opondo-se aos direitos humanos e defendendo a ditadura de 1964 e a "justiçagem" como forma de reduzir a violência no país. Entretanto, foi sua oposição à chamada "ideologia de gênero" – sobretudo à educação contra a homofobia e ao casamento de pessoas do mesmo sexo – que lhe permitiu um novo ciclo de visibilidade e a consolidação de alianças com políticos religiosos conservadores nos anos 2010. A estratégia de fundir o combate à corrupção na política ao combate ao que seria uma forma de corrupção moral, associando ambas ao Partido dos Trabalhadores (PT) e ao *establishment* político, teve impacto nas eleições de 2018. Por sua vez, as principais manifestações contra Bolsonaro foram organizadas por mulheres e levaram milhares de pessoas às ruas de cidades em todo o país sob o signo do #EleNão, em favor da democracia e da vida das mulheres, contra a misoginia, o sexismo e a homofobia. As reações foram à altura: notícias e imagens falsas sobre os protestos, que procuraram estigmatizar os movimentos e as pessoas neles envolvidos, espalhavam-se pelas redes sociais antes mesmo que tivessem terminado.

A guerra contra a "ideologia de gênero" respalda a oposição mais ampla aos direitos das mulheres e de pessoas LGBTQI como direitos humanos e à igualdade de gênero como uma dimensão da cidadania nas democracias.

---

[99] Ver "Letter to the Bishops of the Catholic Church on the Collaboration of Men and Women in the Church and in the World", *Portal do Vaticano*, 31 jul. 2004, disponível em: <http://www.vatican.va/roman_curia/congregations/cfaith/documents/rc_con_cfaith_doc_20040731_collaboration_en.html>, acesso em: 24 jul. 2020.

A imagem do feminismo como inimigo também é importante para compreendermos como se constrói a ideia de que os direitos das mulheres e de pessoas LGBTQI são promovidos por uma minoria que estaria distanciada das tradições nacionais e dos interesses do "povo". É sobre essas duas questões – o escopo e a política do inimigo – que falaremos nas próximas seções.

O que está sendo contestado?

Como explicitado na seção anterior, os protestos analisados foram contra o gênero e contra a redução da autoridade dos pais de família pelo Estado, ao implementar políticas educacionais que estariam em desacordo com suas crenças e moralidade. Assim, para além da suspensão de conteúdos educacionais específicos, os protestos reivindicam certa concepção da família, da autoridade paterna e dos papéis de mulheres e homens. Atuam pela expansão da "esfera pessoal protegida"[100], em detrimento da política como espaço de promoção de agendas de justiça social. Quando mencionam políticas ou leis específicas, o fazem em referência a três temas: a educação sexual (sobretudo a chamada educação sexual integral), a união de pessoas do mesmo sexo e a adoção por casais do mesmo sexo. O posicionamento contrário ao aborto se conjuga aos demais temas, mas não foi aquele que motivou as manifestações aqui analisadas, contrárias à chamada "ideologia de gênero" e organizadas em nome da ideia de que família e infância estão em risco.

A centralidade da família nessas manifestações e os posicionamentos contrários à "família democrática" mostram que o problema se coloca em duas dimensões: uma delas é a fronteira entre autoridade estatal e familiar; a outra diz respeito às hierarquias intrafamiliares. Nos dois casos, o controle dos corpos está em disputa, mas estão em questão também os papéis desempenhados por mulheres e homens na esfera privada e na esfera pública.

A maternidade é, sem dúvida, o aspecto mais óbvio, uma vez que está no centro dos conflitos sobre o aborto e da estratégia da "cultura da morte", que precedem e também se sobrepõem à campanha contra a "ideologia de gênero", como discutido no primeiro capítulo.

O dispositivo da maternidade funde o feminino à capacidade reprodutiva[101]. Essa capacidade, por sua vez, é transposta como traço de personalidade

---

[100] Wendy Brown, *In the Ruins of Neoliberalism*, cit.
[101] Elisabeth Badinter, *O amor incerto: história do amor maternal do século XVII ao século XX* (Lisboa, Relógio D'Água, 1985 [1980]); Flávia Biroli, *Família: novos conceitos* (São Paulo, Perseu Abramo, 2014).

nato, expresso por uma suposta tendência das mulheres a cuidar de outros e preocupar-se mais com eles que consigo próprias. Maternalismo e familismo, conjuntamente, levam essa disputa para além do controle sobre a sexualidade e a capacidade reprodutiva. A divisão sexual convencional do trabalho e a noção de éticas diferenciadas com base nas posições de mulheres e homens poderiam ser, assim, também reafirmadas – inclusive pelas próprias mulheres[102]. Afinal, a ideia de que existe uma natureza feminina contraposta e complementar à masculina é fortemente marcada pela responsabilização desigual pelas tarefas domésticas e de cuidado e pela ideia de que a inserção de mulheres e homens na esfera privada e na esfera pública é diferenciada em decorrência de uma suposta natureza dos sexos[103].

A produção intelectual conservadora antecessora ou concomitante aos protestos já mencionados nos dá chaves bastante claras sobre o escopo da contestação do gênero. E, como veremos, ele ultrapassa o controle da sexualidade e da capacidade reprodutiva, embora sejam essas questões centrais.

Como discutido na introdução e antes neste capítulo, os conflitos não são novos, mas seus padrões se modificaram. A ampliação do escopo do que é contestado – e assume a condição de "doutrinário"[104], isto é, daquilo que fere doutrinas, crenças e tradições – pode ser investigada como um dos pontos de deslocamento. Trata-se de algo que já foi indicado por Mariana Caminotti e Constanza Tabbush ao tratar da oposição à política de cotas para participação feminina no Paraguai por meio da estratégia da "ideologia de gênero"[105].

Aqui, voltamos à produção intelectual de advogados argentinos, nas duas décadas iniciais do século XXI, por sua relevância na difusão da campanha contra

---

[102] Mary Dietz, *Citizenship with a Feminist Face: The Problem with Maternal Thinking* (Oxford, Oxford University Press, 1998), p. 45-64; Carol Gilligan, *In a Different Voice: Psychological Theory and Women's Development* (Cambridge, Harvard University Press, 1982).

[103] Simone de Beauvoir, *Le Deuxième Sexe* (Paris, Gallimard, 1949) [ed. bras.: *O segundo sexo: edição comemorativa 1949-2019*, trad. Sérgio Milliet, Rio de Janeiro, Nova Fronteira, 2019]; Flávia Biroli, *Gênero e desigualdades*, cit.; Christine Delphy e Diana Leonard, *Familiar Exploitation: A New Analysis on Marriage in Contemporary Western Societies* (Cambridge, Polity Press, 2004 [1992]); Joan Tronto, "Beyond Gender Difference to a Theory of Care", *Signs*, v. 12, n. 4, 1987, p. 644-63.

[104] Retomarei em seguida essa discussão, a partir da tipologia de Mala Htun e Sarah Weldon, *The Logics of Gender Justice*, cit.

[105] Mariana Caminotti e Constanza Tabbush, *Más allá del sexo, o como los contra-movimientos desafían múltiples agendas de derechos en América Latina*, cit.

a "ideologia de gênero"[106] nesta chave ampla do suposto risco das agendas da igualdade de gênero e da diversidade sexual.

Em 2003, o advogado argentino Jorge Scala publicou *La ideología de género o el género como herramienta de poder* pela editora espanhola Sekotia[107]. Com atualizações e sob o título *Ideologia de gênero: o neototalitarismo e a morte da família*, foi publicado em português em 2011, pela editora católica Katechesis, que tem lançado outros livros sobre o mesmo tema. Na edição brasileira, contou com apresentação do padre católico Luiz Carlos Lodi da Cruz, de Anápolis (GO), que se apresenta como presidente do Movimento Pró-Vida daquela cidade e foi responsável pela tradução[108], e com prefácio de Ives Gandra da Silva Martins, também católico e membro da Opus Dei. Este último é jurista, professor emérito de direito da Universidade Presbiteriana Mackenzie e ministro do Tribunal Superior do Trabalho, configurando um exemplo dos operadores jurídicos no sentido já discutido no primeiro capítulo. Além de sua relação histórica com movimentos "pró-vida", vale ressaltar que é pai de Angela Gandra, que ocupa o cargo de secretária da Família no Ministério da Mulher, da Família e dos Direitos Humanos do governo Bolsonaro, que tem à frente a advogada e pastora evangélica Damares Alves, como vimos no segundo capítulo[109].

No primeiro parágrafo da introdução a *Ideologia de gênero*, Scala afirma que a "chamada 'teoria' de gênero seria, na realidade, uma ideologia. Não qualquer uma, mas a ideologia "mais radical da história, já que, se fosse imposta, destruiria o ser humano em seu núcleo mais íntimo e simultaneamente acabaria com a sociedade". Ela não precisaria se impor pela força das armas, diz, mas

---

[106] Maximiliano Campana, *Políticas antigénero en América Latina: Argentina* (Rio de Janeiro, Abia/Sexuality Policy Watch, 2020, coleção Género & Política en América Latina); José Morán Faúndes, "The Geopolitics of Moral Panic: The Influence of Argentinian Neo-Conservatism in the Genesis of the Discourse of 'Gender Ideology'", *International Sociology*, v. 34, n. 94, 2019, p. 402-17.

[107] As edições posteriores, em espanhol e em português, foram atualizadas e contam, portanto, com referências a eventos posteriores à data da primeira edição, como a aprovação da união de pessoas do mesmo sexo em diversos países nos anos 2000 e o percentual de casamentos e divórcios ao fim da primeira década do século XXI.

[108] Esta edição foi publicada pela Katechesis, de São Paulo. Nela, Lodi da Cruz informa também ter traduzido para o português o livro de Scala intitulado *IPPF: a multinacional da morte* (Anápolis, Múltipla, 2004). O padre brasileiro é também autor dos livros *Aborto na rede hospitalar pública: o Estado financiando o crime* (Anápolis, Múltipla, 2006) e *Descobrindo a castidade* (Anápolis, Pró-Vida de Anápolis, 2018).

[109] Ives Gandra Martins organizou o livro *A questão do aborto: aspectos jurídicos fundamentais* (São Paulo, Quartier Latin, 2008), em que reúne vários artigos de diferentes autores, com posições e argumentos jurídicos contrários ao direito ao aborto.

mudaria mentes e corações por meio de propaganda e de "manipulação da linguagem, visando a uma verdadeira lavagem cerebral, ao estilo sectário, mas com dimensões globais"[110].

Algumas noções-chave, introduzidas nas páginas iniciais do livro, seriam repetidas em todo o texto:

1) A perspectiva de gênero não é teoria, mas ideologia;

2) Ela corresponde à ideia de que cada um é livre para "'construir' o próprio gênero", isto é, 2.1) "cada um interpreta o que é ser homem e o que é ser mulher como queira"; 2.2) "cada pessoa pode escolher, aqui e agora, se quer ser homem ou mulher – com o conteúdo subjetivo que ela mesma tenha dado a esses termos – e mudar de decisão quantas vezes quiser"[111];

3) Ela é uma ameaça de proporções globais que pode acabar com a sociedade humana, uma vez que seu objetivo final é destruir a família e a dinâmica natural da reprodução;

4) Trata-se de propaganda e de estratégias para manipular e construir hegemonia, utilizando-se do sistema educacional formal;

5) Os movimentos que a promovem são minoritários e nomeados "feminismo radical".

Retomaremos, em breve, as ideias de minoria e de "feminismo radical". Juntamente com a ideia de risco para a humanidade e para as crianças, elas são fundamentais para a construção do feminismo como inimigo. Nesse momento, destacamos que o risco não estaria apenas nas mudanças nas relações sexuais e na autonomia sexual e reprodutiva – a ideia de "escolha" é, aliás, particularmente ameaçadora –, mas estaria também em políticas para a igualdade em diferentes dimensões da vida, que incluem a participação política e a violência. Para Scala:

1) A autonomia propagada pela "ideologia de gênero" ["cada qual escolheria livremente o que gosta"] retiraria sentido das "concepções da complementaridade dos sexos e [d]a norma da heterossexualidade";

2) A "saúde sexual e reprodutiva" seria a abertura para "o exercício sem limites da sexualidade apetecida por cada um", sendo a única limitação tolerável

---

[110] Jorge Scala, *Ideologia de gênero: o neototalitarismo e a morte da família* (trad. padre Luiz Carlos Lodi da Cruz, São Paulo, Katechesis, 2011), p. 11-3. As citações feitas aqui referem-se à edição em português. A opção se deve ao fato de ser uma versão atualizada, que conta com apresentação e prefácio de pessoas envolvidas com a campanha antigênero no Brasil. Apesar disso, foi feita também a leitura cuidadosa do original em espanhol.

[111] Ibidem, p. 14.

"a proibição das relações sexuais não consentidas – e seria permitido a todo adolescente dar um consentimento válido a qualquer forma de trato genital";

3) A "desigualdade de gênero" seria "a que ocorre quando os homens estão a cargo da vida pública, do poder político e do trabalho, e as mulheres, da vida privada, da procriação e da educação dos filhos". Assim, como a "função doméstica" impediria as mulheres de "compartilhar o poder", "a maternidade é vista como um mal intrínseco pelo feminismo radical, que reivindica o *direito ao aborto*"[112].

Em sua apresentação ao livro, Lodi da Cruz também explicita o arco do conflito. Ele alerta para o fato de que mesmo católicos poderiam inadvertidamente utilizar termos emprestados à "ideologia de gênero". Segundo ele, "falar de desigualdade de *gênero*, opor-se à homofobia, não aceitar *discriminações* contra os homossexuais, dividir as pessoas em *homossexuais* e *heterossexuais*", colocando "no mesmo nível uma anormalidade (o homossexualismo) e a normalidade sexual, como se tudo fosse mera questão de legítima *opção*" seriam exemplos, que deveriam ser evitados, de uso inadvertido[113]. Situando o problema no contexto brasileiro, faz também críticas explícitas aos posicionamentos e à política de participação (cita as conferências de políticas públicas) nos governos do Partido dos Trabalhadores (2003-2016).

A moralidade sexual é o eixo principal da disputa e, com ela, o conflito em torno da autoridade sobre a família, a parentalidade, a conjugalidade e a criação dos filhos, como temos discutido aqui. Porém, mesmo políticas de não discriminação não passam no crivo daqueles cuja trajetória se origina no ativismo contra o direito ao aborto. A "ideologia de gênero" permite que eles assumam uma abordagem mais global contra a igualdade de gênero e a diversidade sexual e, de maneira específica, contra os movimentos feministas e LGBTQI como atores políticos legítimos.

Isso fica explícito na seguinte passagem do livro de Scala:

> Estas pessoas [referindo-se às que promoveram a agenda de gênero em Pequim] reconhecem que aumentar o prazer sexual poderia aumentar o número de bebês e de mães; portanto, sua receita para a salvação do mundo é: 1) anticoncepcionais grátis e aborto legal; 2) promoção da homossexualidade (sexo sem bebês); 3) curso

---

[112] Ibidem, p. 15-6 (grifos no original).
[113] Luiz Carlos Lodi da Cruz, "Apresentação", em Jorge Scala, *Ideologia de gênero*, cit., p. 5-6 (grifos no original).

de educação sexual para promover a experiência sexual entre as crianças e ensiná-las como obter contraceptivos e abortos, que a homossexualidade é normal e que homens e mulheres são a mesma coisa; 4) eliminação dos direitos dos pais, de forma que estes não possam impedir as crianças de fazer sexo, educação sexual, anticoncepcionais e abortos; 5) cotas iguais para homens e mulheres; 6) todas as mulheres na força de trabalho; desacreditar todas as religiões que se oponham a esta agenda.[114]

Há uma ênfase particularmente significativa na refutação da participação política de mulheres em condições paritárias e, em especial, das cotas eleitorais ou em espaços de representação instituídas com o objetivo de reduzir a sub-representação feminina. Segundo o autor, o feminismo promoveria a "militância" pela ideia de "construção da cidadania", que traria em si o pressuposto de um mundo dominado pelos homens, contra o qual seria necessário lutar. Com isso, se chegaria a uma "massa crítica", que então lutaria "para obter ao menos a metade de todos os postos de decisão em matérias política, social e cultural". Da estratégia das cotas, se avançaria "impondo" a "ideologia de gênero" pelo sistema jurídico. Nesse caso, a "reinterpretação da teoria dos direitos humanos em termos de gênero" seria fundamental e os direitos sexuais e reprodutivos corresponderiam ao "cavalo de Troia" de tal "ideologia"[115].

Na versão que Scala detalha sobre o roteiro da tomada de poder pelas feministas, as etapas seriam as seguintes:

1) Movimentos feministas procuram modificar a estrutura íntima do ser humano, por meio da manipulação da linguagem;

2) Para tanto, promovem a militância, conseguida por meio da ideia de "construção da cidadania" feminina;

3) Com a militância, compõe-se uma "massa crítica", que deve lutar "para obter ao menos a metade de todos os postos de decisão em matéria política, social e cultural", o que se faz pela estratégia das "cotas de gênero";

4) Com as cotas, leva-se a agenda de gênero aos parlamentos nacionais e regionais;

5) Como a "ideologia" continua a não ser aceita pela maior parte da população, é imposta pelo Judiciário, o que se faz pela estratégia da

---

[114] Jorge Scala, *Ideologia de gênero*, cit., p. 18.
[115] Ibidem, p. 191.

"reinterpretação da teoria dos direitos humanos em termos de gênero", utilizando-se os direitos sexuais e reprodutivos como "cavalo de Troia";

6) A Organização das Nações Unidas, mas também organizações regionais como a União Europeia e a Organização dos Estados Americanos, servem como "plataformas idôneas para impor globalmente a ideologia de gênero";

7) Os organismos multilaterais de crédito, como o Banco Mundial, "financiam – em todo o planeta – a imposição dessa ideologia às nações menos desenvolvidas";

8) Reformas educativas e de saúde pública são realizadas "em termos de gênero" nas nações menos desenvolvidas.

Tudo isso comporia um "sistema totalitário, que pretende ser imposto pela força bruta". Como no pensamento de Friedrich Hayek, analisado por Brown, a justiça social é vista como uma das ameaças do voluntarismo político, implementada pela vontade de poucos e contrária à liberdade[116]. As tradições morais, ativadas pelas religiões cristãs, por sua vez, são a ancoragem moral para que as propostas possam ser apresentadas como majoritárias e não coercitivas.

Contra a participação política paritária promovida pelas cotas de gênero, os argumentos oscilam, em um mesmo parágrafo, entre a constatação 1) de que isso nunca aconteceu – "é evidente que nunca houve uma participação política matematicamente igual entre homens e mulheres"; 2) do desinteresse – "é evidente que a maioria das mulheres – e dos homens – nunca se interessou pela política no transcurso de sua vida terrena"; 3) de que "eliminar qualquer barreira legal e prática para a participação feminina" não é o caminho, porque não se trata de uma "necessidade antropológica"; e, por fim, 4) de que "ser mulher" não implica "idoneidade para o manejo da coisa pública", o que o autor sugere ser a falsa razão alegada por aquelas que "reivindicam uma paridade total imposta pela lei"[117].

Além de abordar a participação política das mulheres, Scala avança também para classificar como problemáticas as políticas que procuram combater a violência de gênero. No livro, a questão da violência aparece de duas formas distintas: a primeira é a contestação da ideia de que há violência de Estado quando o aborto é criminalizado e as mulheres são levadas a interromper a

---

[116] Wendy Brown, *In the Ruins of Neoliberalism*, cit.
[117] Jorge Scala, *Ideologia de gênero*, cit., p. 139.

gestação em condições inseguras; a segunda diz respeito à ideia de violência de gênero no cotidiano, sobretudo no cotidiano das relações domésticas.

O esforço é, de maneira nítida, no sentido de politizar reativamente o debate sobre violência, em uma perspectiva de renaturalização das relações de poder e da trama das relações sociais de gênero. Por isso é importante colocar em xeque, diretamente, os instrumentos que têm sido adotados para que a violência seja tipificada e combatida. Scala contesta diretamente o Programa Interamericano sobre a Promoção dos Direitos Humanos da Mulher e da Equidade e Igualdade de Gênero (PIA), adotado pela XXX Assembleia Geral da Organização dos Estados Americanos, em junho de 2000[118]. A ideia de que foi tomada uma "decisão política de 'impor' a perspectiva de gênero, embora reconhecendo que essas recomendações carecem de valor jurídico", remete ao que foi discutido nos primeiros capítulos deste livro: a juridificação das disputas e o reconhecimento da OEA como campo relevante em que elas estão sendo travadas. A Convenção sobre a Eliminação de Todas as Formas de Discriminação contra a Mulher (Cedaw, na sigla em inglês), aprovada em 1979 pela Assembleia Geral da Organização das Nações Unidas, também é um alvo importante. O destaque, nesse caso, é para os comitês e protocolos de revisão dessa convenção, que, ao longo dos anos, incorporaram a perspectiva de gênero e difundiram globalmente as políticas para contenção, criminalização e redução da violência contra as mulheres.

Para Scala, haveria três supostos equívocos na ideia de "violência de gênero", que justificariam refutá-la: 1) "por definição ideológica, [a violência] é sempre sofrida pela mulher"; 2) a violência apenas é injusta quando é contra a mulher[119]; 3) a violência doméstica é definida como violência de gênero, apesar de tratar-se de violência interpessoal. O termo "violência familiar" também seria inaceitável da ótica de gênero, afinal a violência existiria quando as famílias acabam (divórcio) e quando não há mais famílias, mas coabitação (uniões homossexuais ou que não são formalizadas como casamento)[120].

Destacamos, mais uma vez, o fato de que o escopo se amplia em relação ao que se considerou há poucos anos o alvo do conservadorismo religioso. O neoconservadorismo se volta contra um arco amplo de políticas para a igualdade

---

[118] Ibidem, p. 152.
[119] Ibidem, p. 89.
[120] Ibidem, p. 90.

de gênero e contra a própria ideia de participação igualitária das mulheres na sociedade. E, como mencionado antes, a estratégia da "ideologia de gênero" permite essa oposição mais global, anti-igualitária.

Para compreender essas mudanças, pode ser útil voltar-nos à tipologia proposta por Mala Htun e Laurel Weldon, que desagregam a análise da agenda de gênero por temáticas[121]. A desagregação em políticas "doutrinárias" e "não doutrinárias" nos interessa particularmente.

Tabela 1: Tipologia de políticas para a igualdade de gênero de Htun e Weldon

		Essas políticas desafiam doutrinas religiosas ou tradições culturais codificadas?	
		Sim	Não
Essas políticas empoderam as mulheres como grupo de status ou se dirigem às desigualdades de classe?	Políticas de gênero/status	• Legalidade do aborto; • Legalidade da contracepção; • Legislação de família.	• Cotas de gênero na política; • Violência contra as mulheres; • Igualdade constitucional.
	Políticas de gênero/classe	• Financiamento do aborto; • Financiamento da contracepção.	• Licença parental; • Fundos federais para o cuidado das crianças; • Igualdade no local de trabalho.

Fonte: Mala Htun e Sarah Weldon, "When Do Governments Promote Women's Rights? A Framework for the Comparative Analysis of Sex Equality Policy", *Perspectives on Politics*, v. 8, n. 1, mar. 2010, p. 209. Tradução nossa.

As agendas dos protestos analisados neste capítulo correspondem claramente às políticas "doutrinárias", com dimensões de status e/ou de classe. Trata-se justamente de políticas que se situam nas zonas em que o conflito sobre a jurisdição da sexualidade e do parentesco tem se estabelecido historicamente. São aquelas que desafiam não apenas crenças, mas o papel das religiões institucionalizadas.

Segundo Htun e Weldon, "nem todas as políticas para a igualdade de gênero provocam esse tipo de conflito entre o Estado e outras organizações sobre sua

---

[121] Mala Htun e Sarah Weldon, "When Do Governments Promote Women's Rights? A Framework for the Comparative Analysis of Sex Equality Policy", *Perspectives on Politics*, v. 8, n. 1, mar. 2010, p. 207-16.

respectiva autoridade jurisdicional"[122]. Questões mais distantes das doutrinas religiosas e das tradições codificadas, como aquelas que concernem zonas da vida que não são tocadas pelas escrituras ou que não puderam ser antecipadas como dilemas pelas religiões, seriam menos disputadas. Creches e igualdade no ambiente de trabalho ou na política seriam alguns exemplos.

Se considerados apenas os protestos de rua e os documentos apresentados na seção anterior, a campanha contra a chamada "ideologia de gênero" poderia ser traduzida como um conflito referente à autoridade de diferentes instituições quanto ao parentesco, à conjugalidade, à parentalidade e, de maneira especial, à educação das crianças. Os atores seriam os movimentos feministas e LGBTQI, de um lado, e os movimentos religiosos conservadores, de outro. Estaria em jogo a influência sobre o Estado, ou, melhor dizendo, quais atores teriam capacidade e legitimidade para orientar leis e políticas.

Ao voltarmo-nos para os ideólogos dessas campanhas, no entanto, vimos que o escopo dos conflitos é mais amplo. Quando tratam da "ideologia de gênero", eles incluem, também, questões que Htun e Weldon consideraram não doutrinárias, como a participação política das mulheres, em especial as cotas para aumentar a representação política feminina, e as políticas contra a violência de gênero, em especial aquelas voltadas para a violência de gênero no espaço familiar[123]. Além disso, um dos temas mais presentes nos protestos, a educação sexual, não foi mesmo mencionado no artigo das autoras e se tornaria cada vez mais importante justamente na segunda década deste século.

A ideia de ameaça feminista se liga, como dito, à de destruição da família, mas também à de contestação da autoridade paterna. O risco que haveria para as crianças é uma chave fundamental, que permitiu popularizar a ação sob o signo do #ConMisHijosNoTeMetas e insígnias semelhantes, como #AMisHijosLosEducoYo e, no caso brasileiro, o Escola sem Partido. Como vimos, fala-se em nome do direito dos pais de educar seus filhos segundo seus valores. É importante ter isso em mente, porque a estratégia discursiva dos que se opõem ao que denominam "ideologia de gênero" é justamente colocar no centro do debate a ideia de que um direito estaria sendo subtraído aos

---

[122] Ibidem, p. 210.

[123] É verdade que as autoras mencionaram justamente o fato de que, em algumas partes do mundo, mesmo o acesso a determinadas ocupações é designado por leis religiosas. Seu exemplo é a Arábia Saudita. Na América Latina, no entanto, a atuação dos grupos religiosos, nas últimas décadas, vinha sendo nas questões "doutrinárias".

pais, enquanto a ordem familiar seria erodida pela vontade de minorias e pela imposição do Estado.

Da disputa entre moralidades ao feminismo como inimigo político

Na campanha contra a agenda da igualdade de gênero, a ideia de que os movimentos feministas corresponderiam a minorias estranhas ao modo de pensar e agir das maiorias é fundamental. Na produção que difunde o combate à chamada "ideologia de gênero", foram definidos como "pequenos círculos esotéricos"[124], repetindo, em diferentes passagens, tratar-se de um "pequeno grupo de pessoas", que estariam "dispostas a implementar posições minoritárias contra a natureza humana"[125]. Foram, ainda, descritos como uma "minoria problemática"[126].

Isso ocorre justamente quando os feminismos demonstram capacidade de mobilização em toda a América Latina. Mais capilares e transversais a diferentes espaços sociais, codificam diferentes demandas – desde aquelas de corte liberal, como a demanda por salários iguais e participação política das mulheres, até aquelas que são críticas ao capitalismo e às desigualdades de classe e de gênero, como as greves chamadas pelo movimento 8M, os manifestos por um "feminismo para 99%" e o movimento #NiUnaMenos, que denuncia o patriarcado e as formas estruturais de violência[127]. Os movimentos pelo direito ao aborto também têm sido massivos, como demonstraram os *pañuelos verdes* da campanha argentina[128].

Nessa explosão, Sonia Alvarez detecta o que denominou *sidestreaming* do feminismo, com a multiplicação de movimentos e coletivos, com diferentes graus de centralidade na organização, amplitude e intensidade das atividades

---

[124] Jorge Scala, *Ideologia de gênero*, cit., p. 12-3.
[125] Ives Gandra Martins, "Prefácio", em Jorge Scala, *Ideologia de gênero*, cit., p. 9.
[126] Nicolás Márquez e Agustín Laje, *El libro negro de la nueva izquierda* (Madri, Unión Editorial, 2016), p. 70. No original, a expressão é *"minoría conflictuada"*.
[127] Verónica Gago, "Cartografiar la contraofensiva: el espectro del feminismo", *Nueva Sociedad*, n. 282, 2019.
[128] Os lenços verdes foram utilizados por milhares de mulheres nas manifestações na Argentina e se multiplicaram, em outras partes do mundo, como símbolo da defesa do direito ao aborto, mas também dos direitos das mulheres, de sua resistência e da luta por igualdade. Ver Ernesto Tenembaum, "Un mar infinito de pañuelos verdes", *El País Argentina*, 26 dez. 2018, disponível em: <https://elpais.com/internacional/2018/12/26/argentina/1545862249_741308.html>, acesso em: 28 abr. 2020.

que promovem[129]. Ao mesmo tempo, um feminismo institucional (o das chamadas "femocratas", que operam no âmbito do Estado) e um feminismo difuso, aquele que hoje vemos perpassar o mundo da cultura, o jornalismo e mesmo as dinâmicas de consumo, tiveram efeitos variados, nacional e internacionalmente, mas é certo que fizeram parte da arena pública de maneira muito mais intensa do que em períodos anteriores. É possível que seja do cruzamento entre diferentes feminismos que tenha se produzido uma forma de expressão pública na qual a clivagem de gênero é fundamental e a defesa da democracia se conecta à defesa da igualdade de gênero, ainda que isso se dê de maneiras variadas. É algo que se viu, por exemplo, nos protestos contra a candidatura de extrema direita de Jair Bolsonaro à Presidência do Brasil, em 2018, quando o #EleNão ganhou as ruas em todo o país.

A construção do feminismo como ameaça a toda a sociedade, pelos neoconservadores, indica que sua reação não é apenas aos avanços já codificados no âmbito legal e político-institucional, mas também aos feminismos, assim como aos movimentos LGBTQI, *enquanto atores políticos*. Seu potencial é visto como risco de perda de poder por aqueles cujas posições são resguardadas pelo *status quo* patriarcal. Como dito anteriormente, os neoconservadores entendem que haveria difusão e ativação da militância, projetos de ocupação de poder e, no limite, um efeito sobre a intimidade, sobre as famílias e sobre toda a sociedade.

Seria este um reconhecimento dos deslocamentos provocados pela crítica e pela atuação política feminista, conjugadas a mudanças sociais profundas nas últimas décadas? Pensamos que a resposta é sim. A disputa entre moralidades se estabelece de modo a caracterizar o feminismo como inimigo político, mais do que como adversário com quem se disputa. Não se trata, é claro, de esperar que perspectivas morais tão distintas pudessem transformar-se em consensos mediados na esfera política. O ponto é outro. Estamos lidando com direitos individuais, o que nos leva a situar uma política como essa, que constrói o adversário como um inimigo que ameaça toda a sociedade, além das bordas do próprio liberalismo. Além de iliberal, ela pode também ser definida como antidemocrática.

Isso se dá, em primeiro lugar, porque a política neoconservadora colabora para a erosão do público e para a constituição do cidadão não democrático, como

---

[129] Sonia Alvarez, "Para além da sociedade civil: reflexões sobre o campo político feminista", *Cadernos Pagu*, Campinas, n. 43, 2014, p. 13-56.

mencionado antes. É algo que está diretamente conectado ao ataque neoliberal ao *social*, em suas formas epistemológica (negação de sua existência), política (desmantelamento e deslegitimação do Estado em suas funções distributivas), cultural (afirmação dos indivíduos e famílias como única realidade tangível, responsáveis por sua vulnerabilidade e pela vulnerabilidade dos que lhes são próprios) e ética (contestação da justiça social como referência normativa, colocando no lugar a autoridade proveniente da moralidade tradicional)[130].

Uma segunda razão para situar a perspectiva neoconservadora não apenas como iliberal, mas como antidemocrática, é que ela colaboraria para o que foi definido como "a cristalização de paixões coletivas em torno de questões que não podem ser manejadas pelo processo democrático", produzindo uma "explosão de antagonismos que podem desafiar os próprios fundamentos da civilidade"[131]. Nesse caso, o fato de ser possível postular abertamente o valor desigual de heterossexuais e homossexuais e as hierarquias que configuram desvantagens para as mulheres, legitimando essas posições, pressiona os limites do aceitável em direção à justificação da violência. Esta se naturaliza na própria recusa ao pluralismo ético como fundamento das democracias.

É preciso, portanto, entender o que está sendo combatido.

Mudanças ocorridas nas últimas décadas têm sido intensificadas, em seu potencial político, com a atuação mais plural e capilar dos movimentos feministas nesta década. O acesso à pílula anticoncepcional e a novos anticonceptivos, a partir dos anos 1960, permitiria à mulher maior controle sobre a vida reprodutiva. A legalização do divórcio, por sua vez, colaboraria para tornar socialmente aceitável uma moralidade distante do que foi defendido no mesmo período pela Igreja católica e por outras instituições e atores religiosos conservadores. Em conjunto, transformações de caráter tecnológico, legal e social levariam a novos padrões de conjugalidade (com casamentos ocorrendo mais tarde, terminando com maior frequência e recomeçando com novos parceiros também

---

[130] Wendy Brown, "Neoliberalism's Scorpion Tail", cit., p. 45.
[131] Nesta passagem, Mouffe se refere aos riscos de abordagens racionalistas que apostam no consenso, lidando pouco ou mal com o caráter plural e agonístico da democracia. De sua crítica, voltada para as abordagens deliberacionistas, trazemos aqui a diferença entre "pluralismo agonista", que reconhece a dificuldade de estabelecer consenso sem excluir perspectivas em sociedades plurais e complexas, e antagonismo, que coloca em risco a democracia ao levar conflitos que necessariamente existirão a uma condição de hostilidade e ao horizonte da potencial eliminação do outro e das posições que representa. Enquanto o agonismo seria a luta entre adversários em um ambiente político plural, o antagonismo seria a "luta entre inimigos". Ver Chantal Mouffe, "Por um modelo agonístico de democracia", *Revista Sociologia e Política*, n. 25, 2005, p. 21.

com maior frequência) e de natalidade (com taxas reduzidas ao longo das últimas décadas, o que, na prática, significa que a média de filhos por mulher se reduz, assim como o período da vida em que as mulheres são responsáveis pelo cuidado de filhos pequenos). Mesmo que não mencionemos especificamente a legalização do aborto e a união de pessoas do mesmo sexo, estamos falando de transformações que incidiram no tecido social de diferentes maneiras, com efeitos nas relações de propriedade, de cuidado, na sexualidade, nos afetos e, claro, na conformação de famílias.

Muitas dessas transformações foram codificadas pelos movimentos feministas e seus apoiadores como uma agenda de direitos, nas arenas internacional e nacional. Faz sentido, assim, o entendimento de que os feminismos são atores na redefinição dos significados das relações entre mulheres e homens, justamente porque atuaram para transformar as desigualdades de gênero em problemas políticos a serem combatidos pelos regimes democrático-liberais. O gênero foi politizado no sentido de desnaturalizar as restrições à cidadania, à liberdade e à autonomia de cerca de metade da população. Podemos, assim, afirmar que essa politização constituiu o pluralismo democrático que surge a partir do fim da Segunda Guerra (1939-1945), o qual foi, é claro, seletivo interna e globalmente – basta pensarmos nas ditaduras no Cone Sul, impostas com a colaboração ou apoio posterior das mesmas potências capitalistas que empunhavam a bandeira do "mundo livre"; e, ainda, em como o racismo perpassou a construção das democracias tidas como estáveis e consolidadas.

Sem deixar de lado essa complexidade, deve-se reconhecer que, na segunda metade do século XX e, sobretudo, a partir dos anos 1970, a densidade, a intensidade na atuação e a efetividade na promoção da agenda feminista se ampliaram. A instalação da Cedaw em 1979, os documentos resultantes das conferências da ONU nos anos 1990 e a adoção, pelos Estados nacionais, de diretrizes para o combate à discriminação e à violência contra as mulheres e a promoção da participação igualitária são exemplos já mencionados de como isso tem acontecido.

As conferências da ONU dos anos 1990, em especial a de Pequim, em 1995, fazem parte da cronologia dos embates sobre gênero também no que diz respeito aos feminismos como atores políticos. O processo que levou à Conferência de Pequim "provocou" as redes de movimentos nacionais de mulheres e feministas a definir suas propostas e instalou uma dinâmica – obviamente variada, se consideramos diferentes contextos nacionais – de relação com o Estado.

O relato de Vera Soares sobre o caso brasileiro vai justamente nessa direção[132]. A preparação para a conferência se iniciou em 1993, quando um decreto do presidente da República determinou a formação do Comitê Brasileiro da IV Conferência Mundial sobre a Mulher (juntamente com outros, criados pelo Ministério das Relações Exteriores, a partir desse mesmo ano, para as conferências do chamado Ciclo Social da ONU). Em 1994, seria formada a Articulação das Mulheres Brasileiras, promovendo fóruns e coordenações em 21 estados brasileiros e convergindo na Conferência das Mulheres Brasileiras, no Rio de Janeiro, em junho de 1995 (dois meses antes da Conferência de Pequim). Soares chama atenção para o fato de que, nesse processo, pela primeira vez o governo brasileiro realizava consultas amplas com o objetivo de produzir um relatório bem informado sobre as condições de vida das mulheres no país. Estavam em jogo a produção de informações e o reconhecimento dos movimentos como atores políticos relevantes para a construção de políticas públicas e para o processo de construção do Estado democrático.

Essa interação entre movimentos feministas, organizações internacionais e o mundo acadêmico das universidades e institutos de pesquisa está sendo colocada em xeque juntamente com a perspectiva de gênero. Ao adotar a agenda política da igualdade de gênero, os Estados, a fim de construir políticas públicas eficazes, precisaram de dados que permitissem diagnosticar a situação das mulheres. A análise teórica se conecta, assim, à empírica. Com isso, camadas de fatos antes menos visíveis passam a ser analisadas, novas causalidades para as desigualdades são empiricamente sustentadas e um conjunto amplo de problemas se revela em seu caráter político, isto é, demandando respostas no âmbito das instituições políticas. Ao mesmo tempo, passam a fazer parte do debate público, tornando-se visíveis e reconhecidos *como problemas* em espaços onde antes permaneciam naturalizados – por exemplo, a noção de divisão sexual do trabalho deixou os círculos feministas e passou a ser agenda da mídia à medida que organismos internacionais, universidades e institutos de pesquisa passaram a considerar regularmente os dados sobre a participação das mulheres na força de trabalho, mas também a pesquisar o uso do tempo e a divisão cotidiana das responsabilidades[133]. Em resumo, foi necessário romper a dualidade entre

---

[132] Vera Soares, "O contraditório e ambíguo caminho para Beijing", *Estudos Feministas*, v. 3, n. 1, 1995.

[133] Flávia Biroli, "Reação conservadora, democracia e conhecimento", *Revista de Antropologia*, v. 61, n. 1, 2018.

público e privado e politizar as hierarquias de gênero em uma e outra dessas esferas para que um novo conjunto de problemas para a pesquisa e de dados empíricos se tornasse visível[134].

Na produção contra a "ideologia de gênero", Jorge Scala já tratava em tom de denúncia o fato de que "no campo da investigação histórica, o feminismo radical pretende reinterpretá-la [a história] e, para tanto, se baseia em novas fontes e bases de dados e documentação", o que aconteceria também em outras manifestações da ciência e da cultura[135]. Antes dele, a jornalista estadunidense Dale O'Leary, em *The Gender Agenda: Redefining Equality*, livro publicado em 1997 e sobre o qual falamos na introdução, dizia, em sua denúncia da incorporação do gênero pela Conferência de Pequim, que "a redefinição da igualdade requer toda uma burocracia para exercer o *gênero*, com pessoas coletando novamente estatísticas desagregadas segundo o gênero, *experts* na análise de gênero"[136].

Duas décadas depois, países cujos governos transformaram a denúncia da "ideologia de gênero" em agenda oficial, como Brasil, Hungria e Polônia, explicitam seu desacordo com a agenda da igualdade de gênero e do respeito à diversidade sexual, enquanto definem feministas – nos protestos e nas universidades, nas organizações não governamentais e nos institutos de pesquisa – como inimigas. No meio acadêmico, o caso mais extremo é, sem dúvida, o da Hungria, que, como vimos, em 2018 proibiu, por decreto, os estudos de gênero nas universidades[137]. Contudo, ações nessa mesma direção estão presentes também em outros contextos nos quais a extrema direita chegou ao poder. Na Polônia, a antropologia deixou de ser uma disciplina reconhecida pelo sistema educacional de ensino superior em dezembro de 2018[138]. No Brasil, circulou no Congresso Nacional um dossiê supostamente preparado por funcionários do Ministério da Educação com denúncias contra professores e pesquisadores

---

[134] Idem, "Teorias feministas da política, empiria e normatividade", *Lua Nova*, n. 102, 2017; Flávia Biroli et al., *Mulheres, poder e ciência política* (Campinas, Editora da Unicamp, 2020).

[135] Jorge Scala, *Ideologia de gênero*, cit., p. 48-9.

[136] Citada em ibidem, p. 49.

[137] Ver Becky Prager, "The Hungarian Ban on Gender Studies and its Implications for Democratic Freedom", *Harvard Journal of Law and Gender*, jan. 2019, disponível em: <https://harvardjlg.com/2019/01/the-hungarian-ban-on-gender-studies-and-its-implications-for-democratic-freedom/>, acesso em: 8 dez. 2019.

[138] Ver Elzbieta Gozdziak e Izabella Main, "Erasing Polish Anthropology?", *Anthropology News*, 7 dez. 2018, disponível em: <http://www.anthropology-news.org/index.php/2018/12/07/erasing-polish-anthropology/>, acesso em: 10 mar. 2020.

de gênero e da ditadura militar[139], a área de humanidades se tornou subsidiária a "áreas prioritárias" e foi, pela primeira vez, excluída de editais para bolsas e financiamentos de pesquisa das agências nacionais. Em todos os casos, os estudos de gênero estão sofrendo ataques e o cancelamento (nem sempre assim anunciado, uma vez que se dá em um contexto de afirmação de um certo caráter instrumental da ciência) de financiamentos existentes anteriormente.

Reivindicando, simultaneamente, a condição de estudo científico e de denúncia, o advogado argentino Nicolás Márquez e o cientista político e advogado Agustín Laje publicaram a primeira edição de *El libro negro de la nueva izquierda: ideología de género o subversión cultural* [O livro negro da nova esquerda: ideologia de gênero e subversão cultural] em julho de 2016, pela editora espanhola Unión Editorial. Nela, a definição do feminismo como inimigo se tornaria mais clara que nos documentos e livros antes citados. Para tanto, a estratégia de fusão entre feminismo, "ideologia de gênero" e "marxismo cultural" seria importante, assim como a alegação de que se trataria de um movimento para destruir a família e, com isso, a liberdade individual e a sociedade.

Desde o lançamento da obra em 2016, Márquez e Laje deram palestras e participaram de programas de entrevista em diferentes países da América Latina, como Chile, Colômbia, Costa Rica, Equador, México, Paraguai, Peru e Uruguai[140]. O caráter secular de seus argumentos é declarado abertamente por eles e é algo relevante na identidade que projetam e nas estratégias assumidas para difundir sua perspectiva. Embora não o façam de forma original, têm sido importantes na difusão de um elemento que se soma aos enquadramentos discutidos anteriormente: a ênfase na condição ideológica das abordagens teóricas feministas.

Scala diz que "o objetivo político do feminismo radical" consistiria em "alcançar uma mudança cultural para 'redefinir' o conceito de pessoa, de tal modo que seja permitido à mulher competir com o homem na conquista do

---

[139] Ver Maurício Tuffani, "Pró-reitores de pesquisa e pós-graduação repudiam dossiê sobre CNPq", *Direto da Ciência*, 16 nov. 2019, disponível em: <http://www.diretodaciencia.com/2019/11/16/pro-reitores-de-pesquisa-e-pos-graduacao-repudiam-dossie-sobre-capes-e-cnpq/>, acesso em: 10 mar. 2020.

[140] Na esteira desse livro, Samuel Ángel, diretor-executivo do Movimento de Católicos Solidaridad, da Colômbia, publicaria, em 2019, o livro *La amenaza de la ideología de género*, com prefácio de Nicolás Márquez. Em parceria com este e com Agustín Laje, tem difundido a ideia de um suposto totalitarismo de esquerda no qual feminismos e movimentos LGBTQI seriam atores importantes.

poder político"[141]. Laje e Márquez, por sua vez, denunciam que o "feminismo radical" poderia alcançar, com o conceito de gênero, aquilo que o próprio marxismo nunca teria alcançado com o conceito de classe[142]. E isso se deveria justamente ao fato de que adotaria a perspectiva da construção de hegemonia pela dominação cultural, que associam a Antonio Gramsci e, mais tarde, a Ernesto Laclau e Chantal Mouffe.

Agustín Laje, que é quem se dedica, no livro, à história do "feminismo de gênero", faz uma extensa revisão do que vê como um feminismo que abandonou as mulheres ao implodir as identidades. Ele teria se iniciado com Simone de Beauvoir, em *O segundo sexo*, ainda em 1949, e alcançaria o ápice em termos de teorização radical com Judith Butler, que publicou, em 1990, *Problemas de gênero*. Daí em diante, o foco do autor recai sobre os movimentos e protestos feministas e LGBTQI, que ele procura estigmatizar não apenas como radicais, mas também como violentos, escatológicos e antinaturais.

A noção de "feminismo radical" é, então, apresentada em contraste com outros feminismos. Este, o radical, "nada tem a ver", diz Laje, "com outros feminismos que a história registrou e que nós, longe de criticá-los, cremos que representam progressos sociais importantes e necessários". Essa posição nos parece distinta da de Jorge Scala, para quem o feminismo radical é simplesmente aquele que contesta o patriarcado e busca a igualdade definida, segundo ele, como homogeneidade. Laje vai mais longe, situando a história das "ondas" feministas para dizer que a busca do acesso à cidadania foi louvável. Enquanto os feminismos foram parte de novos marcos liberais modernos, estiveram referenciados por conceitos legítimos de justiça; essa teria sido a primeira onda feminista. A segunda, na concepção de Laje, seria o feminismo marxista; a terceira corresponderia ao feminismo de gênero, como veremos adiante.

Significativamente, é citando o economista austríaco Ludwig von Mises, um dos pensadores de referência para a direita ultraliberal, que ele diferencia o feminismo como "um ramo do grande movimento liberal que encarna a ideia de uma evolução livre e tranquila" do feminismo como um "filho espiritual do socialismo". Nessa última condição, a de filho do socialismo, o feminismo radical buscaria "nas instituições as raízes das condições dadas pela natureza e,

---

[141] Jorge Scala, *Ideologia de gênero*, cit., p. 56.
[142] Nicolás Márquez e Agustín Laje, *El libro nuevo de la nueva izquierda: ideologia de género o subversión cultural* (Madri, Unión Editorial, 2016).

portanto, subtraídas da ação do homem"; ao pretender reformá-las, pretenderia reformar a própria natureza[143]. Isso posto, o ponto mais importante – e o equívoco mais patente, para o autor – seria a conexão entre a propriedade privada e a exploração não apenas de classe, mas de sexo. Em termos de estratégia, a diferença estaria entre o feminismo que buscou resolver problemas por meio de reformas eleitorais e educativas, que ele exemplifica com John Stuart Mill, e aquele que só poderia resolvê-los recorrendo a "uma revolução violenta que acabe com a propriedade privada e com a família como instituição social". Nesse caso, as referências são a Friedrich Engels, Leon Trótski, a intelectual e política socialista Clara Zetkin e a teórica marxista e líder bolchevique Aleksandra Kollontai, a quem dedica especial atenção. O ponto principal ao qual se opõem, agora de uma perspectiva neoconservadora, é a coletivização da propriedade, uma vez que esta teria como correspondente o fim da família, a coletivização dos filhos e, em alguns casos, das mulheres. No lugar da família, na visão propagada, estariam o Estado totalitário e o partido.

O comunismo soviético teria legado à esquerda o conhecimento sobre as consequências e formas de implementação do feminismo como "arma cultural", para ser utilizada contra seus inimigos capitalistas – embora, paradoxalmente, dedique muitas linhas ao fracasso dessa estratégia[144]. Para balizar esse ponto, cita um depoimento de um ex-agente da KGB sobre a importância, nas palavras de Laje, de insidiosamente tomar o mundo acadêmico "como forma de desmoralizar e alienar gerações inteiras", o que ele relaciona ao feminismo "*queer*" nas universidades e centros de pesquisa, a partir dos anos 1980[145].

É à chamada terceira onda do feminismo, entretanto, que Laje dedica maior atenção. Fruto das experiências anteriores, mas também da queda do socialismo real, o feminismo "radical", "*queer*", "culturalista" ou "neomarxista", seria responsável pela propagação da "ideologia de gênero"[146]. Este, diz, "outorgaria ao incesto e à pedofilia o lugar de uma de suas reivindicações mais depreciáveis"[147]. Questionaria o "papel feminino" e, com isso, o casamento e a

---

[143] Ludwig Von Mises, *Socialismo: analisis económico y sociológico* (Madri, Unión Editorial, 2007), p. 107-8.
[144] Nicolás Márquez e Agustín Laje, *El libro nuevo de la nueva izquierda*, cit., p. 52.
[145] Ibidem, p. 67.
[146] Ibidem, p. 53.
[147] Essa conexão é feita de maneira aberta, mas também insidiosa, ora indicando fontes específicas, ora generalizando, como em: "E à questão da pedofilia as teóricas feministas somam também a reivindicação do incesto". Não há, diz, "forma mais efetiva de destruir a cultura e a família que

maternidade. Além de exceder "o estritamente político, jurídico e econômico" e "meter-se no mais recôndito do lar" (aqui a referência é a Betty Friedan e seu livro *A mística feminina**, publicado em 1963), esse feminismo também ofereceria as bases para "o culto à feiura e ao mau gosto que caracteriza nossas feministas radicais de hoje"[148].

Laje, assim, se desloca constantemente entre uma suposta análise histórica e conceitual do feminismo e um senso comum antifeminista, que repetiria que elas são perigosas, lésbicas e, claro, feias. A ideia de que o feminismo radical faz com que o problema da opressão da mulher "inunde" tudo e que os âmbitos público e privado "sejam escrutinados por igual" é a que mais se repete. A politização das relações de poder entre mulheres e homens, a politização do gênero como a base para a demanda por direitos, que é, portanto, o inaceitável.

E isso se daria em um contexto muito específico, aquele que apresenta novos desafios à esquerda com a queda do Muro de Berlim em 1989 e a dissolução da União Soviética em 1991. Diante deles, a "nova esquerda" teria buscado "inventar e potencializar todos os pequenos conflitos sociais, ainda que estes não tenham natureza econômica". Nesse deslocamento da economia para a cultura, novos atores e novos relatos seriam fundamentais. Vale observar que movimentos ambientais, antirracistas, indigenistas e LGBTQI são mencionados, juntamente com o feminismo, como subprodutos da queda do socialismo real, determinando a "morte da luta de classes e o conseguinte nascimento da batalha cultural".

Para a construção do feminismo como inimigo, é fundamental afirmar sua origem em uma esquerda radical, nunca moderada ou centrista. Falar de ondas permite a Laje distinguir ao mesmo tempo diferentes feminismos, mas fazê-lo de modo cronológico. O de hoje é radical, e isso permitiria alertar aqueles que acabam "adotando de pés juntos a maioria dos seus postulados para o que de fato significa"[149]. Para além da ideia de radicalidade que assim se constitui – e

---

fazendo da pedofilia e do incesto condutas aprováveis; dos anos 1970 para cá, pois, o feminismo radical trará, às vezes mais explicitamente, outras mais implicitamente, essas horripilantes reivindicações dentro de seu programa". O "lesbianismo ideológico", diz, seria abundante, fazendo corresponder o sexo heterossexual a um mal a ser combatido. Nesse caso, cita Andrea Dworkin, Sheila Jeffreys e Monique Wittig. Ver ibidem, p. 62.

* Ed. bras.: trad. Carla Bitelli, Flávia Yacubian, Bhuvi Libanio e Marina Vargas, Rio de Janeiro, Rosa dos Tempos, 2020. (N. E.)

[148] Nicolás Márquez e Agustán Laje, *El libro nuevo de la nueva izquierda*, cit., p. 54.

[149] Ibidem, p. 55.

que ele parece compreender como unificada no que define como objetivo de destruição da família, sem um entendimento, aliás, das tensões internas ao próprio feminismo –, o que tem maior expressão em sua crítica é a oposição entre natural e antinatural.

"Consideremos por agora", diz, "o perigo de abolir em nossa consciência qualquer determinação natural no ser humano: teríamos como resultado a imagem de uma pessoa humana suspendida no nada, alienada a respeito de toda a realidade exterior, incapaz de orientar suas pautas culturais de acordo com o que, por razões evidentemente naturais, resulta auspicioso para sua manutenção e crescimento". O homem, afirma, "é natureza, mas também é cultura: nessa ordem. E tão certo quanto isso é o fato de que sua cultura triunfa quando não vai em detrimento da natureza"[150].

Para a "ideologia de gênero", desde os primeiros "esboços significativos", com Simone de Beauvoir, não importaria, no entanto, o que o corpo "traz naturalmente", mas exclusivamente "como se socializa o indivíduo". Justamente por alegar o que os neoconservadores caracterizam como falsa independência dos fatos naturais, ela seria "exacerbada como estratégia para destruir as instituições sociais que seriam funcionais ao capitalismo: a família monogâmica, a proibição do incesto e a pedofilia, a heterossexualidade etc"[151].

É de uma perspectiva naturalista que o feminismo se transforma no inimigo, é de uma perspectiva capitalista e conservadora que é situado como estratégia da esquerda para acabar com a propriedade privada e a família. Com isso, as bases fundamentais da promoção da igualdade de gênero e mesmo da emancipação feminina em sentido liberal acabam sendo recusadas, ainda que Laje diga que, enquanto estivessem no registro da Justiça, isto é, da promoção da liberdade individual em uma perspectiva universal, poderiam ser aceitas. Ao recusar a ideia de que desigualdades e confrontos de gênero existem, atribuindo-os ao próprio feminismo, os autores recusam também a validade dos dados sobre as desigualdades e relações de poder, assim como a politização do gênero.

Para Scala, a igualdade de gênero significaria que mulheres e homens "seríamos iguais, mas no sentido de sermos idênticos, ou seja, absolutamente intercambiáveis"[152]. Recusando diferenças naturais, os defensores da igualdade

---

[150] Ibidem, p. 56.
[151] Ibidem, p. 64.
[152] Jorge Scala, *Ideologia de gênero*, cit., p. 16.

de gênero entenderiam a diferença sexual como "uma provocação ao confronto – mulheres boxeadoras ou soldados – e não como um chamado à complementaridade". Nas palavras de Laje, por sua vez, "o que a esquerda começa a fazer com o feminismo desde a segunda onda, e que se tornaria mais agudo com a terceira, é gerar uma ideologia segundo a qual o homem e a mulher constituem sujeitos inconciliáveis, cujos interesses tanto objetivos quanto subjetivos não podem ser harmonizados se não por meio da luta política, frequentemente inclusive violenta"[153].

O feminismo confrontaria a "natureza" por não reconhecer a complementaridade entre os sexos. A reação de Scala e dos demais autores é justamente à proposição, pelo feminismo, dessas relações como problemas políticos. Sua matriz não é a da disputa e do conflito democráticos, mas aquela que transforma adversários em inimigos, uma vez que atentariam contra a própria "natureza". Como inimigos, os feminismos "radicais" seriam portadores de posições moralmente indefensáveis diante do conjunto do "povo" – de que são, portanto, excluídos.

Nesse apelo à complementaridade e à conciliação, nessa chamada ao combate ao feminismo como inimigo, pedem para que se virem as costas a demandas por justiça e igualdade feitas por mulheres e por organizações que têm tomado parte das disputas políticas, em ambientes democrático-liberais com graus relativamente altos de pluralidade, nas décadas recentes.

Conclusão

Nos eventos analisados, os diversos atores recorrem a uma linguagem de direitos para ressignificar não apenas o conceito de gênero, mas também o de democracia. Afirmando que a agenda de gênero seria a de minorias feministas e LGBTQI aliadas às elites internacionais, avançam o entendimento de que ela é "democraticamente" rejeitada pelas pessoas comuns, aquelas descritas como "chefes de família" ou aquelas que representariam os interesses da família. É assim que uma poderosa ferramenta política contra a pluralidade, a igualdade na cidadania, o laicismo e a crítica política está sendo ativada em tempos de desdemocratização.

Os "valores familiares" são centrais para as abordagens teórica e empírica aqui desenvolvidas. A família é definida por atores e movimentos conservadores como sujeito legítimo de direitos e fonte legítima de autoridade contra

---

[153] Nicolás Márquez e Agustín Laje, *El libro nuevo de la nueva* izquierda, cit., p. 64.

o Estado. É assim que uma ampla gama de significados, leis e políticas sobre direitos humanos e direitos de gênero, em particular, é rejeitada. Enquanto "a família" é colocada como único agrupamento significativo, o coletivo se esvai, os direitos individuais perdem a centralidade e a ideia de "maioria cristã" se funde com a de "nação". O caráter antipluralista da reação contra o gênero é definido na medida em que "a família", "o povo", "a maioria" e "a nação" são condensados no que seria a expressão legítima de reivindicações e enquadramentos para as disputas políticas.

As dimensões institucionais e morais das campanhas são claras nos protestos na América Latina, à medida que leis e políticas estão sendo disputadas. Por sua vez, a dimensão econômica destacada nas abordagens teóricas discutidas neste capítulo não é tão explícita. Apesar disso, vale a pena reforçar que suas reivindicações vão além do eixo status/reconhecimento, abrangendo também classe/distribuição. Há uma preocupação com os papéis desempenhados por homens e mulheres na sociedade e como eles seriam "normalizados" entre as novas gerações. As relações de poder dentro da família estão em foco não apenas pela sexualidade, mas também pela divisão sexual do trabalho e pelos padrões do controle sobre o corpo, com maior ou menor autonomia de mulheres e crianças. Ao recusar o coletivo, a dimensão distributiva se evidencia, porque privatizar responsabilidades significa colocar diferentes famílias em posições muito desiguais quanto ao acesso a recursos e ao cuidado com os "seus".

A campanha contra a agenda da igualdade de gênero e da diversidade sexual se opõe a valores democráticos como laicidade, pluralidade e respeito aos oponentes políticos. Contudo, ela também se apropria deles, ressignificando-os. Há mais em jogo do que apenas visões de mundo conflituosas. Estamos diante de investidas contra a política como dimensão em que alternativas coletivas podem ser construídas. Há, na cruzada antigênero, um potencial de erosão de valores democráticos, naturalizando desigualdades e abrindo caminho para alternativas autoritárias contra inseguranças, incertezas e aqueles definidos como "outros". Enquanto nova clivagem em campanhas políticas e em parte da agenda de governos de extrema direita, em países como Brasil, Hungria e Polônia, as disputas em torno do gênero são agora uma questão a ser considerada efetivamente por aqueles que querem entender os atuais processos de erosão da democracia. Na América Latina, a campanha contra o gênero vem sendo incorporada por governos e lideranças de direita, em países como Brasil, Colômbia e Paraguai, mas vai além deles e remete também a processos anteriores e à intensificação da criminalização das mulheres em países como El Salvador, Nicarágua e Honduras. Por isso, é importante compreender o grau e a forma em que se dá em diferentes contextos nacionais.

A partir do que foi apresentado neste capítulo, algumas questões demandam atenção. Em primeiro lugar, o significado da democracia está sendo contestado e concepções restritivas estão sendo afirmadas. A reformulação da laicidade de Estado como um desrespeito aos valores da maioria cristã, bem como a lógica da "maioria leva tudo" para os direitos, fez parte dos enquadramentos mobilizados nos protestos, conforme mencionado. É preciso compreender de que modo se manifesta em diferentes países, nas disputas político-eleitorais e nos espaços institucionais. Potencialmente, restringe os direitos humanos e as garantias para as minorias.

Em segundo, as críticas democráticas a hierarquias e desigualdades estão sendo agora declaradas ideológicas. Uma abordagem nacionalista, tradicionalista e "científica" levaria à aceitação de "diferenças naturais" e complementaridades, mesmo no que diz respeito a agendas que antes puderam ser classificadas como não doutrinárias, como a participação política das mulheres. Agendas igualitárias e de justiça social seriam mobilizadas por minorias e por elites hegemônicas contrárias aos interesses do "povo" e à sua liberdade.

Em terceiro, a campanha contra o gênero incentiva e justifica a criminalização de atores coletivos e a censura ao conhecimento e ao pensamento crítico e não convencional. Atores que disputam direitos em uma perspectiva emancipatória ou representam alternativas e utopias igualitárias (organizações de esquerda, ativistas de direitos humanos, movimentos negros, movimentos feministas, movimentos LGBTQI, todos os grupos sob a égide do comunismo), assim como a produção de conhecimento que desnaturaliza o mundo como tal (a pesquisa científica e o debate acadêmico, mas também as artes), estão sendo empurrados para fora das fronteiras da legitimidade democrática e transformados em inimigos políticos.

E em quarto lugar, direitos e valores democráticos, assim como a dimensão social e coletiva da vida, são combatidos e enfraquecidos em nome das tradições e, sobretudo, da "família" – isto é, famílias nucleares definidas por seu caráter heterossexual e pelo objetivo da reprodução. Dessa perspectiva, as famílias devem ser autônomas no modo de criar seus filhos, para além de diretrizes políticas e princípios de justiça social. E devem ser funcionais, capazes de autonomia também em termos econômicos, de suporte aos "seus". Com isso, neoliberalismo e neoconservadorismo (ou, na perspectiva de Brown, a moralidade do neoliberalismo) promovem a responsabilidade das famílias nucleares em detrimento de pactos coletivos e de dinâmicas distributivas.

Não é apenas a democracia liberal que está sendo contestada, mas uma concepção do público, como mencionado. O pluralismo é colocado em xeque juntamente com a ideia de que a coletividade pode compartilhar a responsabilidade pela vulnerabilidade humana. O foco na família e nos "meus filhos" é o eixo central da política do inimigo, tanto quanto da privatização que reduz garantias e desmonta a legitimidade das agendas de justiça social e da própria política – mesmo quando o familismo é enunciado em tensão com as prerrogativas neoliberais e a sociedade de consumo. Dessa perspectiva, a erosão da democracia é promovida enquanto abre caminho para visões discriminatórias, autoritárias e anti-igualitárias.

CONCLUSÃO

Maria das Dores Campos Machado, Juan Marco Vaggione e Flávia Biroli

A reação à agenda da igualdade de gênero e da diversidade sexual é um fenômeno com dimensões globais, mas é preciso compreender seus padrões regionais. Neste livro, defendemos a tese de que está em curso na América Latina uma atualização do conservadorismo religioso, fenômeno que se desenvolve em uma temporalidade marcada pelo avanço dos direitos reprodutivos e sexuais, mas também pelas mudanças na correlação de forças no campo religioso, com o declínio do catolicismo e a expansão do pentecostalismo por toda a região. Trata-se, portanto, de uma nova configuração do conservadorismo, em que atores e grupos religiosos reagem a transformações societárias e lançam mão de alianças políticas com segmentos não religiosos para garantir a hegemonia moral em sociedades distintas.

Como foi discutido nesta obra, a nova configuração do ativismo conservador, o neoconservadorismo, se sofisticou ao longo dos últimos anos, tanto nos discursos quanto nas estratégias. Ainda que as instituições religiosas e suas hierarquias continuem sendo atores relevantes, o neoconservadorismo também é composto por organizações da sociedade civil que realizam campanhas a favor da vida ou da família e por representantes de diferentes partidos políticos, os quais priorizam a recusa aos direitos sexuais e reprodutivos como parte de suas agendas públicas.

Nessa disputa de moralidades, destacam-se, de um lado, atores religiosos conservadores e, de outro, os movimentos feministas e LGBTQI. O que foi chamado neste livro de "politização reativa" e, de mais especificamente, "juridificação reativa" explicita o modo como essa disputa tem se configurado. A politização do religioso também se reconfigura, com cristãos maximizando o uso dos canais democráticos de participação para ampliar sua representação em espaços de discussão e deliberação das políticas sexuais, de gênero e da família. Assim, a política reativa desses atores religiosos mobiliza milhares de fiéis e tem grande impacto na formulação e aprovação de leis, na implementação de políticas públicas e nos processos eleitorais de vários países.

Apesar de ter se tornado possível em contextos democráticos nos quais a pluralidade política se ampliou, esse conservadorismo atualizado tem conexões significativas com os padrões atuais do autoritarismo e os fenômenos reconhecidos como processos de desdemocratização ou de erosão da democracia, que se apresentam em países da região e globalmente em graus diferentes. De uma perspectiva, abre-se toda uma agenda de investigação sobre a instrumentalização do combate à pauta da igualdade de gênero e da diversidade sexual por movimentos, líderes e governos de direita e de extrema direita. De outra, colocam-se como problemas fundamentais, discutidos neste livro, o antipluralismo dos movimentos contra o gênero e o modo como a defesa da "família", nos termos em que é feita, legitima violências e restrições de direitos, assim como processos de privatização e erosão da dimensão coletiva da política.

Políticas ancoradas na defesa de "maiorias" e de supostas tradições nacionais ou religiosas promovem retrocessos que diminuem a possibilidade de participação e influência de grupos que atuam em defesa de direitos humanos, sobretudo nas pautas feministas e LGBTQI. Podem ocorrer a estigmatização, o silenciamento e, no limite, a criminalização dos movimentos feministas e LGBTQI, assim como da produção de conhecimento que explicita desigualdades e violências de gênero. Enquanto isso, intensifica-se a participação dos atores religiosos na construção de políticas públicas. Assim, também para a análise dos processos de transformação das democracias e de autocratização dos regimes, é crucial compreender as alianças entre diferentes atores, os padrões de atuação dos atores religiosos conservadores protagonistas nos movimentos que analisamos e seus efeitos sobre agendas de direitos que dependem da desnaturalização do caráter religioso das normas seculares.

Análises das mobilizações antigênero em diferentes sociedades sugerem alianças entre distintos segmentos religiosos, com divisão de tarefas entre líderes católicos e evangélicos. Um estudo recente de Franklin Gil Hernandez[1] mostra que, enquanto os primeiros foram responsáveis pela difusão da narrativa da "ideologia de gênero" na Colômbia, os segundos se destacaram pela grande capacidade de mobilização dos fiéis em redes sociais, ruas e casas legislativas para combater as políticas sexuais e de gênero no ano de 2016. No Brasil, análises da atuação parlamentar de evangélicos e católicos carismáticos no Congresso

---

[1] Franklin Gil Hernandez, *Políticas antigénero en América Latina: Colombia – Agentes conservadores contra los derechos sexuales y reproductivos* (Rio de Janeiro, Abia/Sexuality Policy Watch, 2020, coleção Género & Política en América Latina).

Nacional nas duas primeiras décadas do século XXI chamam atenção para o fato de que tais atores políticos se revezam no desenvolvimento de atividades complementares, como a redação e apresentação de projetos de leis e a relatoria das propostas nas comissões permanentes e temporárias da Câmara e do Senado Federal, quando os temas são os direitos sexuais e reprodutivos[2]. Na mesma direção, Denise Carreira identifica a distribuição de tarefas entre os atores cristãos no combate à inserção da perspectiva de gênero na política educacional, com os atores evangélicos assumindo mais prontamente a ofensiva no Plano Nacional de Educação (PNE), em âmbito federal, e os católicos se destacando nos embates em torno dos planos regionais e municipais[3]. Dados levantados por Sonia Corrêa e Isabela Kalil demonstram, ainda, que o número de publicações evangélicas sobre "ideologia de gênero" cresceu muito depois de 2014, ano da votação do PNE, e hoje é superior aos escritos de intelectuais católicos na sociedade brasileira[4]. São fenômenos que sugerem o compartilhamento progressivo, por católicos e evangélicos, do discurso neoconservador em combate à agenda da igualdade de gênero e da diversidade sexual no país, assim como uma atuação conjunta (ainda que nem sempre coordenada) em sua difusão.

Argumentamos que o crescimento expressivo das igrejas pentecostais na América Latina ampliou a participação de atores individuais com identidade evangélica na política partidária e nas disputas eleitorais de vários países, criando as condições para uma aliança conjuntural desse segmento religioso com setores católicos conservadores. Trata-se de um processo complexo, envolvendo interesses diferenciados – por um lado, o desejo de maior projeção política dos setores evangélicos; por outro, as pretensões do integralismo de se fortalecer frente às versões mais liberais do catolicismo –, mas que tem impactado demasiadamente o debate público e as instituições da região. Nesse sentido, grupos evangélicos não só vêm incorporando as formulações discursivas de intelectuais

---

[2] Ver Maria das Dores Campos Machado, "Religion and Moral Conservatism in Brazilian Politics", *Politics and Religion Journal*, v. 12, n. 1, 2018, p. 55-77; idem, "O discurso cristão sobre a 'ideologia de gênero'", *Revista Estudos Feministas*, v. 26, n. 2, 2018, p. 447-63; idem, "Pentecostais, sexualidade e família no Congresso Nacional", *Horizontes Antropológicos*, n. 47, 2017, p. 351-80; idem, "Religião e política no Brasil contemporâneo: uma análise dos pentecostais e carismáticos católicos", *Religião & Sociedade*, Rio de Janeiro, v. 35, n. 2, 2015, p. 45-72.

[3] Denise Carreira, *Igualdade e diferenças nas políticas educacionais: a agenda das diversidades nos governos Lula e Dilma* (tese de doutorado, São Paulo, Universidade de São Paulo, 2015).

[4] Sonia Corrêa e Isabela Kalil, "Brasil – ¿la catástrofe perfecta?", em Sonia Corrêa e Richard Parker (orgs.), *Políticas antigénero en América Latina*, cit.

católicos com posições tradicionalistas, como também vêm adotando estratégias de intervenção na esfera pública que as investigações científicas associavam ao universo católico (criação de organizações não governamentais e redes transnacionais, realização de eventos internacionais "pró-vida" e "pró-família", adoção de linguagem e estratégias jurídicas para a resolução de conflitos etc.).

É comum observar a colaboração de atores conservadores católicos e evangélicos na recusa a projetos vinculados à liberalização do aborto, ao reconhecimento de direitos para casais do mesmo sexo ou à implementação da educação sexual nas escolas, entre outros temas. Esses atores, outrora em tensão devido aos privilégios da Igreja católica, articulam-se em diversas alianças e colaborações conjuntas, evidenciando importantes transformações no campo religioso. Sustentadas pela obsessão comum com a moral sexual, essas alianças terão estabilidade nos próximos anos, caso as distintas ênfases e diferenças entre os atores se intensifiquem por questões morais ou políticas? É algo a ser pensado também no que diz respeito à aliança com atores seculares, como grupos e líderes de direita e de extrema direita, para quem hoje parece ser conveniente instrumentalizar a agenda "pró-família".

Deve-se destacar, contudo, que, para além das influências do meio católico, os evangélicos da região, nas últimas décadas, estreitaram muito os laços com a direita cristã, a qual integra a base de apoio de Donald Trump, eleito presidente dos Estados Unidos em 2016 e candidato à reeleição em 2020, no momento em que finalizamos este livro. A agenda neoconservadora dos evangélicos latino-americanos é construída e implementada a partir da circulação de valores, de atores e de estratégias de organização e de mobilização oriundas tanto do Norte global (Estados Unidos e Europa) quanto das trocas entre atores religiosos da própria América Latina. Da Teologia da Prosperidade às investidas do Capitol Ministries com o objetivo de influenciar a política regional, passando por iniciativas de contenção sexual dos jovens cristãos, como o movimento Eu Escolhi Esperar, são muitos e diferenciados os bens imateriais e materiais que circulam entre os evangélicos estadunidenses e os latino-americanos.

Se, por ora, a aliança entre setores evangélicos em crescimento e católicos conservadores parece render frutos para os dois lados, a médio e longo prazo, a tendência é que as tensões aumentem em virtude da pretensão de segmentos evangélicos de assumir a hegemonia cultural na região. A multiplicação das universidades evangélicas, os investimentos crescentes das igrejas em redes de comunicação – eletrônica, impressa e digital –, assim como as disputas em torno das associações que regulam o exercício profissional em distintos campos – direito, psicologia, serviço social, medicina, bioética etc. –, que já ocorrem em diferentes sociedades, podem gerar estremecimentos nas relações com os católicos, que por séculos conseguiram influenciar as principais instituições e a cultura da região. Se a renaturalização da moral religiosa como ética pública interessa a diferentes grupos religiosos, resta saber como se manifestarão suas diferenças em disputas de poder bastante concretas, que envolvam acesso a recursos econômicos e simbólicos, assim como espaço político-institucional.

Vimos também que, a despeito do caráter patriarcal e sexista das campanhas antigênero, atualizando as iniquidades sociais na família e nas sociedades de uma forma mais ampla contra a crítica e a agenda de justiça promovidas pelos movimentos feministas e LGBTQI, as iniciativas dos segmentos cristãos neoconservadores da América Latina mobilizam mulheres de diferentes grupos confessionais. Algumas são pastoras ou políticas que desenvolveram a habilidade da oratória e a capacidade de liderança nos eventos religiosos, mas a maioria das mulheres cristãs que atende ao chamado dos religiosos neoconservadores/das religiosas neoconservadoras para a cruzada contra o gênero engaja-se nos movimentos levada pela emoção. Vivendo em situação de grande marginalização social e impotência, essas mulheres acreditam lutar pela preservação da família e de seus filhos.

A análise das mobilizações nas sociedades colombiana e brasileira, bem como da participação dos religiosos neoconservadores na Assembleia Geral da Organização dos Estados Americanos (OEA) de 2019, revela que os segmentos evangélicos vêm adotando a estratégia dos setores católicos de abrir espaço para as mulheres cristãs – pastoras, missionárias, políticas etc. – na reação política às conquistas dos movimentos feministas e pela diversidade sexual na região. O ativismo neoconservador dessas cristãs tem uma dimensão simbólica importante no embate público com as feministas e os defensores da laicidade do Estado. Afinal, são mulheres que assumem a contestação das teses emancipacionistas de outras mulheres – caso do direito de decidir sobre o próprio corpo, mas também das hierarquias "naturais" entre homens e mulheres e seu impacto na definição da autoridade na família e dos papéis desempenhados por uns e outras nas esferas privada e pública – e reafirmam a importância da religião na sociedade contemporânea. Elas podem ter um papel importante, também, na socialização de meninas e meninos, em um momento no qual a disputa de moralidades se torna mais aguda. Dito de outra forma, o engajamento dessas mulheres na cruzada moral dos cristãos conservadores explicita as diferenças ideológicas dentro do segmento feminino, ampliando os desafios daquelas e daqueles que lutam pela equidade de gênero.

Faz-se necessária, assim, uma profunda reflexão dos movimentos feministas e pela diversidade sexual sobre a importância da religiosidade na vida social, um esforço na construção de pontes cognitivas com os segmentos religiosos, assim como o planejamento de linhas de ação junto a grupos de jovens cristãs/cristãos. A existência de coletivos com propostas inovadoras nos campos teológico e político – Rede de Teólogas, Pastoras, Ativistas e Líderes Cristãs; Feministas Cristãs; Frente Evangélica pelo Estado de Direito; Evangélicas pela Igualdade de Gênero etc. – indica que essa via de atuação pode ser fecunda e que as vozes femininas dissonantes no meio cristão precisam tornar-se visíveis para os demais setores da sociedade.

As disputas se dão em muitas arenas; neste livro, mostramos a relevância do Judiciário e do direito mais amplamente. A agenda de direitos reprodutivos e sexuais, em seus avanços na segunda metade do século XX, leva a um novo limiar a reivindicação de laicidade do Estado moderno, assim como a separação entre o direito e as influências religiosas. Como dito na introdução, explicita o *religioso* enquanto tal – isto é, em seus conflitos com a política – e coloca a agenda de direitos humanos no centro dos embates.

O neoconservadorismo é, em grande medida, um movimento reativo às transformações na ética e na legalidade sexual, à (des)ordem sexual que se inscreve no e a partir do direito. Um de seus principais objetivos é recristianizar a sociedade por meio da mobilização do direito. Desse modo, os atores religiosos conservadores buscam restaurar uma ordem moral que consideram em crise e, para tanto, o campo jurídico e as estratégias legais ocupam um lugar privilegiado. Os diversos atores que compõem o neoconservadorismo confluem, assim, em ações visando incidir sobre o papel do direito na definição de um ordenamento hierárquico do gênero e da sexualidade.

As relações entre Estado e sociedade civil e as redes em que a participação política se efetiva têm se transformado. Nas últimas décadas, sobretudo a partir do processo de democratização em vários países da América Latina, movimentos feministas e LGBTQI foram atores na construção de leis e políticas públicas na região. Participaram da reconfiguração do sistema internacional de direitos humanos, que passaria a ser referenciado pela igualdade de gênero e pelo respeito à diversidade sexual, e foram ativos nas disputas nos espaços nacionais.

Em alguns países, encontraram oportunidades para atuar em espaços renovados de participação institucionalizada, com a vitória de governantes de centro-esquerda – embora tenha havido limites à promoção de suas agendas, sobretudo no que toca os direitos sexuais e reprodutivos, como foi discutido neste livro.

Ao mesmo tempo – lembrando que é necessário levar em conta diferenças entre os países –, nesse mesmo contexto, os atores neoconservadores ampliaram sua presença em espaços governamentais – ministérios e secretarias de Estado – e em espaços de participação institucionalizados – conselhos de políticas públicas, definição e execução de políticas educacionais, iniciativas e espaços de combate às drogas e recuperação de dependentes químicos, cuidado psiquiátrico, entre outros.

Por isso, chamamos atenção para o fato de que essa disputa de moralidades se estabelece em contextos democráticos, nos quais ela é instrumentalizada politicamente, de modo que são utilizados canais de participação e de representação política, assim como ampliadas as possibilidades de manifestação e a pluralidade do debate público. Isso não significa, é claro, que os diferentes atores e movimentos atuem pelo fortalecimento da democracia. Pelo contrário, o que observamos aqui é justamente a tensão entre agendas referenciadas por éticas pluralistas e outras balizadas pelo antipluralismo.

É especialmente importante considerar a circulação dos atores e seu acesso aos espaços e recursos estatais. Com a redemocratização na região, a partir dos anos 1980, houve maior permeabilidade estatal aos feminismos e movimentos LGBTQI. A reação neoconservadora, deslocada com maior intensidade para os espaços estatais pela chegada de governos de direita e de extrema direita ao poder (em países como Bolívia, Brasil, Chile e Colômbia, entre outros), pelo alinhamento religioso de líderes e governos com origem de centro-esquerda (como no México e na Nicarágua) e pela eleição de representantes neoconservadores em níveis subnacionais, torna as barreiras mais espessas aos atores que promoveram, historicamente, agendas emancipatórias. A permeabilidade estatal agora se amplia em outra direção, com maior presença de atores da sociedade civil combatendo normas e políticas para a igualdade de gênero e nos espaços governamentais.

A dimensão propriamente eleitoral é, assim, relevante para compreender os padrões de participação e a circulação dos atores em âmbito estatal. Como discutido neste livro, os novos padrões de politização da religião envolvem a participação mais assertiva dos atores conservadores religiosos nas disputas eleitorais. Embora a hierarquia católica tenha proximidade histórica com partidos políticos e governantes na América Latina, o apelo evangélico ao voto nos "irmãos" e a criação de partidos com forte conexão com igrejas neopentecostais, com capilaridade nacional e regional, têm sido efetivos. Podemos considerar, ainda, como uma hipótese a ser confirmada em contextos particulares, que, nesse processo, a agenda antigênero tem permitido diferenciar esses atores de outros segmentos da direita. Permite, assim, um apelo a segmentos específicos do eleitorado. A maior presença de atores religiosos conservadores eleitos *com essa identidade* também amplia potencialmente os retrocessos a partir dos legislativos, nacionais e locais, e mesmo do Executivo, a depender de como se constituem as alianças de suporte ao governo em diferentes países.

Ao mesmo tempo, como mostramos, a dimensão popular da política neoconservadora vai além de processos eleitorais e do espaço institucional. Em recursos de consulta pública, em que se destacam abaixo-assinados, campanhas *on-line* e mesmo referendos, como o realizado na Colômbia sobre o acordo de paz entre o governo do país e as Forças Armadas Revolucionárias da Colômbia (Farc), a capacidade de mobilização por meio da agenda antigênero se evidencia. Nos protestos de rua, em diferentes cidades e países da região, as mensagens e enquadramentos se repetem: existe uma ameaça; resta aos pais proteger *seus filhos* e as tradições caras ao povo cristão. É preciso desconfiar das elites "modernas" e "globalizadas", das organizações internacionais e da própria democracia, valorizando uma espécie de senso comum baseado em hierarquias vistas como naturais.

Por isso, parece-nos especialmente importante compreender a reconfiguração de leis e políticas específicas, mas também a reorganização da relação entre Estado e sociedade, em um processo no qual o neoconservadorismo intensifica e transforma seu modo de participação no jogo político. Uma das questões centrais diz respeito à alocação de responsabilidades; outra, ao modo como a moral é politizada. O apelo à família é fundamental nos dois casos.

No primeiro, trata-se de situar a família como núcleo para a reprodução social das hierarquias, apresentadas como naturais, e das tradições cristãs, apresentadas como majoritárias. A família é, destarte, um dispositivo de controle. Não é qualquer família, entretanto, que é assim posicionada. A heteronormatividade, a função reprodutiva do casamento e a complementaridade entre os sexos se fundem nessa perspectiva – e permitem diferenciar os laços naturais (legítimos) dos não naturais (desviantes em relação à natureza; portanto, se não à lei corrente, desviantes em relação à moralidade e à "lei natural").

No segundo caso, o dos novos padrões de politização da moral, a "defesa da família" se transforma em um dispositivo para aprofundar as fronteiras entre os que mereceriam e os que não mereceriam proteção. Isso permite justificar posições antipluralistas e anti-humanistas, assim como o rechaço a agendas de justiça social.

Como discutimos antes, em nome da família é possível colocar em xeque direitos individuais, como a liberdade de crítica às hierarquias, à violência e ao preconceito, algo que é particularmente claro no que concerne aos conteúdos educacionais e, mais especificamente, à educação sexual. É possível, ainda, justificar o desrespeito à integridade física e psíquica dos indivíduos, como no caso da equiparação da homofobia à heterofobia e em argumentos que colocam em dúvida as pesquisas sobre violência doméstica e sexual contra as mulheres alegando que a violência existe e seria enviesado tratá-la enquanto fenômeno de gênero.

Em um sentido contrário à pluralidade e à democracia, feminismos e movimentos LGBTQI são transformados em inimigos. Afinal, se eles colocam em risco "a família" e as crianças, como considerá-los adversários políticos legítimos? Mentiras e estigmatização podem ser, assim, estratégias políticas. Justificam, ao mesmo tempo, a perseguição política, a violência difusa e a recusa às agendas de justiça desses movimentos. Para além das restrições aos direitos individuais em nome da família, o neoconservadorismo contribui para estabelecer delimitações mais rígidas para o conflito político legítimo e para naturalizar as desigualdades.

Esse ponto, o das desigualdades normalizadas, é um dos elos entre neoconservadorismo e neoliberalismo discutidos no livro. Ambos convergem, como vimos, na definição da família enquanto rede de apoio necessário aos indivíduos, à medida que a dimensão política coletiva se esgarça e os aparatos estatais de proteção são reduzidos ou desmontados. Como é impossível suspender os dilemas da vulnerabilidade humana, o neoliberalismo e o individualismo exacerbado convivem com o apelo ao suporte familiar e com as pressões para que as mulheres assumam seu papel tradicional nas relações de cuidado – ainda que o façam em meio a novos estímulos para fortalecer a capacidade econômica da família, comuns entre as igrejas neopentecostais latino-americanas.

A família funcional que o neoliberalismo requer não precisa ser justa ou democrática; ela precisa desempenhar um papel em sociedades nas quais a insegurança é histórica, adquirindo novos contornos com o desmonte neoliberal. Há matizes, no entanto, e eles são, em si, uma agenda promissora de pesquisa. Recentemente, a Igreja católica, sob a chefia de Jorge Bergoglio, o papa Francisco, tem se manifestado criticamente em relação ao neoliberalismo e às desigualdades. As denominações pentecostais não são homogêneas, mas pode-se localizar nesse campo uma aproximação maior a concepções de mérito centradas no indivíduo, com menor ou maior contato explícito com a Teologia da Prosperidade. Apesar disso, muitas dessas igrejas funcionam como suporte para as comunidades mais vulneráveis e oferecem apoio e mesmo serviços em tempos de restrição do caráter público do Estado – o que pode acontecer de modo complementar a esse desmonte, mas precisa, ainda assim, ser notado e compreendido por configurar redes alternativas de solidariedade.

Entendemos, apesar da complexidade e dos matizes mencionados, que o elo entre o familismo e o capitalismo neoliberal vai além das posições abertamente sustentadas por igrejas em relação às redes de suporte e às desigualdades econômicas. A aposta na família como núcleo de segurança, diante da vulnerabilidade e da precarização, faz com que neoliberalismo e neoconservadorismo operem de maneira convergente, justamente quando os conflitos relacionados às desigualdades de gênero se acirram, a crise das relações de cuidado se torna mais explícita e a retirada de garantias sociais, assim como as medidas para assegurar restrições ao orçamento público, é levada a novos patamares.

Um exemplo extremo é a Emenda Constitucional n. 95, que, em dezembro de 2016, alterou a Constituição brasileira para estabelecer um teto para os gastos públicos por vinte anos. Com isso, incidiu no caráter distributivo da Constituição do país, promulgada em 1988, e restringiu as decisões políticas que viriam pela frente. A restrição dos recursos não diminuiu a necessidade de cuidado por parte de crianças e idosos, de pessoas quando adoecem ou daquelas que têm necessidades especiais. Do mesmo modo, com a "flexibilização" das relações de trabalho, as inseguranças ampliadas quanto à rotina cotidiana e ao sustento tornam ainda maior a necessidade de redes de suporte privado, já que ele não advém, nesse momento, de políticas e leis com viés coletivo e solidário.

A moralização das inseguranças é, assim, uma chave para o neoconservadorismo como política. O apelo a inseguranças reais se faz no interior de um enquadramento no qual o suporte possível é o da família nuclear, heterossexual, *responsável pelos seus*. As fragilidades da ordem familiar não seriam da ordem da economia política (relacionadas à precarização das relações de trabalho ou ao esgarçamento das formas coletivas de apoio). Não seriam, também, da ordem das transformações sociais de gênero, sedimentadas ao longo de décadas e enraizadas em uma série de mudanças – técnico-científicas, culturais, políticas, jurídicas etc. O problema, nas narrativas neoconservadoras, seria de ordem moral. Melhor dizendo, o *desvio* e a *captura* do tradicionalismo levariam à insegurança, à falta de referências, ao caos.

Diante de transformações e inseguranças reais, a politização da religião e, especificamente, da moral tradicional tem se transformado em instrumento nas disputas ideológicas e, de modo mais específico, nas eleitorais. A direita e a extrema direita partidárias têm encontrado nessa instrumentalização oportunidades políticas significativas. Políticos autoritários e aqueles classificados como populistas têm assumido, em diferentes partes do mundo, a campanha antigênero como um aspecto importante de sua identidade e de seus governos quando eleitos. Ainda que suas políticas possam ser antipopulares em muitos sentidos, como nos casos da desregulamentação das relações de trabalho, da restrição de investimento público em saúde e educação, da limitação de aposentadorias, entre outros exemplos, o apelo ao "povo" viria de uma perspectiva moral. A família cristã seria o contraponto à corrupção moral – o que incluiria a moral sexual e a captura de bens públicos por políticos e empresários.

Um eixo em que ainda é preciso compreender seus apelos é o da relação entre gênero e nação. Entre ideólogos laicos do neoconservadorismo, assim como nos protestos de rua discutidos neste livro, a chave retórica da "maioria cristã" desempenhou papel importante em conjunto com a das "tradições nacionais". Recuperar a nação e mesmo a democracia, em alguns dos enunciados analisados, seria tomá-la de volta de feministas e lésbicas, de comunistas, de gramscianos e marxistas, mas também da própria política como gestão coletiva do público. Restariam, assim, as famílias e o controle ampliado dos corpos, reativando na micro e na macropolítica padrões patriarcais e heteronormativos da moral e da autoridade.

Deve-se registrar, entretanto, que os movimentos feministas, LGBTQI e de setores progressistas evangélicos e católicos persistem na defesa dos princípios igualitários e da agenda de gênero na América Latina. As experiências das feministas no Chile (com a campanha Un Violador en Tu Camino), na Argentina (com a campanha Ni Una Menos e a retomada da campanha pela legalização do aborto) e na Colômbia (com a eleição de Claudia López Hernández para a prefeitura de Bogotá em 2019) são indicadores importantes da capacidade de ação dos setores sociais acima mencionados.

No Brasil, em 2015, o movimento Fora Cunha, que levou mulheres de todo o país às ruas por direitos, entre os quais se destacava o aborto legal e o movimento de estudantes secundaristas, que teve grande expressão e mostrou a liderança de jovens mulheres, e, em 2018, o movimento Ele Não, contra a eleição do candidato presidencial de extrema direita Jair Bolsonaro, têm mostrado capacidade de articulação e de avanço para além da pauta específica de gênero, em um contexto reacionário. Mobilizaram-se em defesa da democracia e da justiça social. Com a vitória de Bolsonaro, que assumiu a Presidência do país em 1º de janeiro de 2019, a despeito dos sentimentos iniciais de perplexidade e de temor pelas ameaças a ativistas com projeção nacional, a articulação com outros atores políticos (academia, partidos, movimentos do campo jurídico e científico e contramovimentos religiosos e vozes dissidentes cristãs, entre outros) passou a ter como alvo o enfrentamento às iniciativas regressivas do governo nos campos dos direitos humanos, da educação, da saúde, do meio ambiente, das relações exteriores, da política indigenista, e, de modo específico, das políticas de gênero. De certo modo, este livro nos coloca diante de um paradoxo que tem se explicitado de maneira aguda no Brasil: a reação a direitos encontra os movimentos feministas e LGBTQI, assim como os movimentos negros e outros setores que atuam em defesa dos direitos humanos, ativos e muito presentes no debate e nas disputas. As forças democráticas renovam suas estratégias e suas alianças para fazer frente ao autoritarismo e à escalada de desrespeito aos direitos humanos. É importante que, nessa ampliação de alianças, o sentido da democracia seja suficientemente denso para que abarque as agendas de igualdade e diversidade que, nas décadas recentes, tornaram visíveis os gargalos e exclusões sistemáticas dos regimes liberais. Em outras palavras, o próprio sentido da democracia que se busca consolidar ou reconstruir, a depender do contexto, está também em disputa.

***

Iniciamos esta obra antes da pandemia de covid-19 e entregamos o texto original à editora quando seus efeitos começavam a ser conhecidos, em março de 2020. Poucos meses depois, no momento final de revisão do livro, em 13 de julho de 2020, cerca de 145 mil mortes pela doença haviam sido registradas na América Latina, mais de 70 mil apenas no Brasil. Dados e estudos preliminares apontam para o aprofundamento das desigualdades como uma das consequências da pandemia e, em alguns casos, das escolhas feitas para combatê-la. Como crise de saúde pública e como crise econômica, soma-se a clivagens e vulnerabilidades preexistentes. Dada a divisão sexual do trabalho, o cuidado com as crianças em períodos de suspensão das atividades escolares presenciais e o cuidado com os que adoecem aumentam a sobrecarga das mulheres. As soluções para reduzir o contágio esbarram no trabalho informal e na desregulamentação dos direitos trabalhistas em muitas partes do mundo nas últimas décadas. Em todo o mundo, aumentou a violência doméstica, e os problemas sanitários e de habitação que já existiam ficaram ainda mais evidentes. Nesse quadro, a reação à igualdade de gênero e aos direitos reprodutivos e sexuais não teve trégua. Em países tão distintos quanto os Estados Unidos, a Hungria e o Brasil, estão em curso políticas para restringir o direito ao aborto, anular direitos de pessoas trans e limitar o combate à violência doméstica em nome da ordem familiar, mostrando que a reação à agenda de igualdade e diversidade se mantém e pode inclusive aprofundar-se. As relações entre a pandemia e a democracia ainda estão por ser contadas, mas já sabemos que, se, de um lado, a percepção da relevância de políticas públicas distributivas e de saúde pode ter se ampliado, de outro, políticas de exceção podem ancorar-se nas necessidades abertas pela pandemia. Além disso, a crise econômica pode, mais uma vez, abrir caminho para que lideranças autoritárias e nacionalistas ressuscitem ameaças e a defesa de um "nós" restrito, recortado por perspectivas misóginas, racistas e xenofóbicas. Os problemas de que trata este livro permanecem. Mas somam-se a eles, agora, disputas renovadas em um contexto em que o novo, sem dúvida, não significa a superação dos desafios passados.

BIBLIOGRAFIA

ABERS, Rebecca Naeara; TATAGIBA, Luciana. Institutional Activism: Mobilizing for Women's Health from Inside the Brazilian Bureaucracy. In: ROSSI, Federico M.; BÜLOW, Marisa von (orgs.). *Social Movement Dynamics*: New Perspectives on Theory and Research from Latin America. Londres, Ashgate, 2015, p. 73-101.

AGENCIA AFP. Masivas marchas contra la "ideología de género" en Perú. *El País Colombia*, 4 mar. 2017. Disponível em: <https://www.elpais.com.co/mundo/masivas-marchas-contra-la-ideologia-de-genero-en-peru.html>, acesso em: 20 maio 2020.

AGÊNCIA BRASIL. Banco Mundial alerta para aumento da pobreza no Brasil. *Agência Brasil*, 5 abr. 2019. Disponível em: <http://agenciabrasil.ebc.com.br/internacional/noticia/2019-04/banco-mundial-alerta-para-aumento-da-pobreza-no-brasil>, acesso em: 12 maio 2020.

AGÊNCIA DIAP. Bancada da segurança pública cresce na Câmara e no Senado. *Diap*, 17 out. 2018. Disponível em: <https://www.diap.org.br/index.php/noticias/agencia-diap/88899-eleicoes-2018-bancada-linha-dura-da-seguranca-publica-cresce-na-camara-e-no-senado>, acesso em: 17 jul. 2020.

_____. Eleições 2018: bancada evangélica cresce na Câmara e no Senado. *Diap*, 27 nov. 2018. Disponível em: <https://www.diap.org.br/index.php/noticias/noticias/28532-eleicoes-2018-bancada-evangelica-cresce-na-camara-e-no-senado>, acesso em: 17 fev. 2020.

ALBUQUERQUE, Filipe. Ministro da Saúde "dribla" polêmicas e ajeita a casa. Mas logo terá de mostrar resultados. *Gazeta do Povo*, 19 abr. 2019. Disponível em: <https://www.gazetadopovo.com.br/republica/ministro-da-saude-dribla-polemicas-e-ajeita-a-casa-mas-logo-tera-de-mostrar-resultados>, acesso em: 20 maio 2020.

ALDANA, Myriam. Vozes católicas no Congresso Nacional: aborto, defesa da vida. *Revista Estudos Feministas*, Florianópolis, v. 16, n. 2, 2008, p. 639-47.

ALEGRE, Marcelo. *Opresión a conciencia*: la objeción de conciencia en la esfera de la salud sexual y reproductiva. *Paper* apresentado no Seminario en Latinoamérica de Teoría Constitucional y Política (Sela), 2009.

ALMEIDA, Ronaldo de. Os deuses do Parlamento. *Novos Estudos Cebrap*, São Paulo, n. 108, jun. 2017, p. 71-9. Disponível em: <http://novosestudos.uol.com.br/wp-content/uploads/2017/06/OS-DEUSES-DO-PARLAMENTO-Ronaldo-de-Almeida.pdf>, acesso em: 14 jul. 2020.

_____. A onda quebrada: evangélicos e conservadorismo. *Cadernos Pagu*, Campinas, n. 50, 2017.

_____. Deus acima de todos. In: *Democracia em Risco?* São Paulo, Companhia das Letras, 2019, p. 35-51.

ALMENDRAS, Jennifer. Conferencia Episcopal de Paraguay: "No es correcto imponer una concepción contraria a la verdad biológica". *Verdad en Libertad*, 2 nov. 2017. Disponível em: <http://www.verdadenlibertad.com/nota/val/4494/val_s/34/conferencia_episcopal_de_paraguay_no_es_correcto_imponer_una_concepcion_contraria_a_la_verdad_biologica>, acesso em: 12 maio 2020.

ALVAREZ, Sonia E. Latin American Feminisms "Go Global": Trends of the 1990's and Challenges for the New Millenium. In: _____; DAGNINO, Evelina; ESCOBAR, Arturo (orgs.). *Cultures of Politics, Politics of Culture*: Re-Visioning Latin American Social Movements. Boulder/Oxford, Westview Press, 1998, p. 293-342.

_____. Para além da sociedade civil: reflexões sobre o campo político feminista. *Cadernos Pagu*, Campinas, n. 43, 2014, p. 13-56.

AMAYA, José Fernando Serrano. La tormenta perfecta: ideología de género y articulación de públicos. *Sexualidad, Salud y Sociedad*, n. 27, 2017, p. 149-71.

_____. Religión y política por otros medios. *Desde el Jardín de Freud*, n. 18, 2018, p. 119-34. Disponível em: <https://revistas.unal.edu.co/index.php/jardin/article/view/71465>, acesso em: 20 nov. 2019.

ARGUEDAS-RAMIREZ, Gabriela. *Políticas antigénero en América Latina*: Costa Rica – "Ideología de género": la herramienta retórica del conservadurismo religioso en la contienda política y cultural. Rio de Janeiro, Abia/Sexuality Policy Watch, 2020, coleção Género & Política en América Latina.

ARLETTAZ, Fernando. *Matrimonio homosexual y secularización*. Cidade do México, Instituto de Investigaciones Jurídicas, 2015.

ASSOCIAÇÃO NACIONAL DE JURISTAS EVANGÉLICOS. *Portal da Anajure*. Disponível em: <https://anajure.org.br/>, acesso em: 12 maio 2020.

AVELAR, Idelber. A emergência das forças teocráticas nos EUA. *Revista Fórum*, 2012. Disponível em: <https://revistaforum.com.br/noticias/a-emergencia-das-forcas-teocratas-nos-eua-2/>, acesso em: 25 maio 2020.

AVRITZER, Leonardo. *O pêndulo da democracia*. São Paulo, Todavia, 2019.

BADINTER, Elisabeth. *O amor incerto*: história do amor maternal do século XVII ao século XX. Trad. Miguel Serras Pereira. Lisboa, Relógio D'Água, 1985 [1980].

BALL, Terence; DAGGER, Richard; O'NEILL, Daniel I. *Political Ideologies and the Democratic Ideal*. 10. ed, Nova York, Routledge, 2017.

BALLESTRIN, Luciana. *Sobre desdemocratização*: debate teórico, dimensões analíticas e referenciais empíricos. *Paper* apresentado no XLII Encontro Anual da Anpocs, Caxambu, 2018.

BALLOUSSIER, Anna Virginia. Psicóloga evangélica ganha batalha contra conselho na Justiça. *Folha de S.Paulo*, 4 set. 2017. Disponível em: <https://www1.folha.uol.com.br/cotidiano/2017/09/1915592-psicologa-evangelica-ganha-batalha-contra-conselho-na-justica.shtml>, acesso em: 12 maio 2020.

_____. Cara típica do evangélico brasileiro é feminina e negra, aponta Datafolha. *Folha de S.Paulo*, 13 jan. 2020. Disponível em: <https://www1.folha.uol.com.br/poder/2020/01/cara-tipica-do-evangelico-brasileiro-e-feminina-e-negra-aponta-datafolha.shtml?origin=folha>, acesso em: 20 jan. 2020.

_____. Feministas evangélicas tentam romper preconceito nas igrejas e imagem de esquerdistas. *Folha de S.Paulo*, 5 mar. 2020. Disponível em: <https://www1.folha.uol.com.br/poder/2020/03/feministas-evangelicas-tentam-romper-preconceito-nas-igrejas-e-rotulo-de-esquerdistas.shtml>, acesso em: 25 mar. 2020.

BAPTISTA, Saulo. *Pentecostais e neopentecostais na política brasileira*. São Paulo/São Bernardo do Campo, Anna Blume/Instituto Metodista Izabela Hendrix, 2009.

BÁRCENAS BARAJAS, Karina. Pánico moral y de género en México y Brasil: rituais jurídicos y sociales de la política evangélica para deshabilitar los principios de un estado laico. *Religião & Sociedade*, Rio de Janeiro, v. 38, n. 2, 2018, p. 85-118.

BASTIAN, Jean-Pierre. *Protestantismo y modernidad latinoamericana*: historia de unas minorías religiosas activas en América Latina. Cidade do México, Fondo de Cultura Económica, 1994.

BEAMAN, Lori. The Will to Religion: Obligatory Religious Citizenship. *Critical Research on Religion*, v. 1, n. 2, 2013, p. 141-57.

BEAUVOIR, Simone de. *Le Deuxième Sexe*. Paris, Gallimard, 1949. [Ed. bras.: *O segundo sexo*: edição comemorativa 1949-2019. Trad. Sérgio Milliet. Rio de Janeiro, Nova Fronteira, 2019.]

BEIRICH, Heidi; POTOK, Mark. *The Council for National Policy*: Behind the Curtain. Montgomery, Southern Poverty Law Centre, 2016.

BELTRÁN, William Mauricio. Política, cristianos y diversidad religiosa en Colombia. *Razón Pública*, 5 maio 2013. Disponível em: <https://www.razonpublica.com/index.php/politica-y-gobierno-temas-27/3715politica-cristianos-y-diversidad-religiosa-en-colombia.html>, acesso em: 20 maio 2020.

_____. La mutación del cristianismo colombiano: de católico a pentecostal. *Razón Pública*, 20 out. 2013. Disponível em: <https://razonpublica.com/la-mutacion-del-cristianismo-colombiano-de-catolico-a-pentecostal/>, acesso em: 26 abr. 2019.

_____; CREELY, Sian. Pentecostals, Gender, Ideology and The Peace Plebiscite: Colombia 2016. *Religions*, v. 9, n. 12, 2018.

_____; QUIROGA, Jesus David. Pentecostalismo y política electoral em Colombia (1991-2014). *Colombia Internacional*, n. 91, jul.-set. 2017.

BENTO XVI. Familia humana, comunidad de paz. *Portal do Vaticano*, 1º jan. 2008. Disponível em: <http://www.vatican.va/content/benedict-xvi/es/messages/peace/documents/hf_ben-xvi_mes_20071208_xli-world-day-peace.html>, acesso em: 12 maio 2020.

_____. Discurso de su santidad Benedicto XVI. *Portal do Vaticano*, 18 abr. 2008. Disponível em: <http://w2.vatican.va/content/benedict-xvi/es/speeches/2008/april/documents/hf_ben-xvi_spe_20080418_un-visit.html>, acesso em: 12 maio 2020.

BIROLI, Flávia. *Família*: novos conceitos. São Paulo, Perseu Abramo, 2014.

_____. A ideologia de gênero e as ameaças à democracia. *Blog da Boitempo*, 26 jun. 2015. Disponível em: <https://blogdaboitempo.com.br/2015/06/26/a-ideologia-de-genero-e-as-ameacas-a-democracia/>, acesso em: 18 fev. 2020.

_____. O rastro da onda: derrocada de direitos e moralismo compensatório. *Blog da Boitempo*, 20 out. 2017. Disponível em: <https://blogdaboitempo.com.br/2017/10/20/o-rastro-da-onda-derrocada-dos-direitos-e-moralismo-compensatorio/>, acesso em: 18 fev. 2020.

_____. Teorias feministas da política, empiria e normatividade. *Lua Nova*, n. 102, 2017, p. 173-210.

_____. *Gênero e desigualdades*: limites da democracia no Brasil. São Paulo, Boitempo, 2018.

_____. Reação conservadora, democracia e conhecimento. *Revista de Antropologia*, v. 61, n. 1, 2018, p. 83-94.

_____. O recesso da democracia e as disputas em torno da agenda de gênero. *Blog da Boitempo*, 24 maio 2019. Disponível em: <https://blogdaboitempo.com.br/2019/05/24/o-recesso-da-democracia-e-as-disputas-em-torno-da-agenda-de-genero/>, acesso em: 20 maio 2020.

_____. A reação contra o gênero e a democracia. *Nueva Sociedad*, edição especial em português, dez. 2019, p. 76-87.

_____. As mulheres. Bolsonaro, 100 dias. *Le Monde Diplomatique Brasil*, 2019. Disponível em: <https://diplomatique.org.br/as-mulheres-bolsonaro-100-dias/>, acesso em: 20 maio 2020.

_____. Care and the New Patterns of Precarity. In: BAART, Andries; HOFFMAN, Jaco; VOSMAN, Frans (orgs.). *The Ethics of Care*: The State of the Art. Oxford, Oxford University Press, 2020.

_____ et al. (orgs.). *Mulheres, poder e ciência política*. Campinas, Editora da Unicamp, 2020.

BITZAN, Renate; KÖTTIG, Michaela; PETTÖ, Andrea (orgs.). *Gender and Far Right Politics in Europe*. London, Palgrave MacMillan, 2016.

BLICHNER, Lars Chr.; MOLANDER, Anders. Mapping Juridification. *European Law Journal*, v. 14, n. 1, dez. 2007.

BOLAÑOS, Javier. Histórica jornada provida en Asamblea General de OEA. *En la Brecha*, 28 jun. 2019. Disponível em: <http://www.enlabrecha.mx/historica-jornada-provida-en-asamblea-general-de-oea.php>, acesso em: 12 mar. 2020.

BOLLETTINO SALA STAMPA DELLA SANTA SEDE. Dialogo del Santo Padre con i Vescovi della Polonia (Kraków, 27 luglio 2016). *Portal do Vaticano*, 2 ago. 2016. Disponível em: <http://press.vatican.va/content/salastampa/it/bollettino/pubblico/2016/08/02/0568/01265.html>, acesso em: 25 maio 2020.

BRACKE, Sara; PATERNOTTE, David (orgs.). *Habemus género!* La Iglesia católica y la ideología de género. Rio de Janeiro, Abia/Sexuality Policy Watch, 2018.

BRANDES, Sören. From Neoliberal Globalism to Neoliberal Nationalism. *Ephemera*, v. 19, n. 3, 2019, p. 641-9.

BROWN, Wendy. American Nightmare: Neoliberalism, Neoconservatism, and De-Democratization. *Political Theory*, v. 34, n. 6, 2006, p. 690-714.

_____. *Undoing the Demos*: Neoliberalism's Stealth Revolution. Nova York, Zone Books, 2015.

_____. *In the Ruins of Neoliberalism*: The Rise of Antidemocratic Politics in the West. Nova York, Columbia University Press, 2019.

_____. Neoliberalism's Scorpion Tail. In: CALLISON, William; MANFREDI, Zachary (orgs.). *Mutant Neoliberalism*: Market Rule and Political Rupture. Nova York, Fordham University Press, 2020.

BRUSCO, Elizabeth E. *The Reformation of Machismo*: Evangelical Conversion and Gender in Colombia. Austin, University of Texas Press, 1995.

BURITY, Joanildo. Religião, política e cultura. *Tempo Social*: Revista de Sociologia da USP, v. 20, n. 2, 2008, p. 83-113.

_____. Controvérsias religiosas e esfera pública: repensando as religiões como discurso. *Religião & Sociedade*, Rio de Janeiro, v. 32, n. 1, 2012, p. 167-83.

_____. A cena da religião pública: contingência, dispersão e dinâmica relacional. *Novos Estudos Cebrap*, São Paulo, n. 102, jun. 2015, p. 89-105.

_____; MACHADO, Maria das Dores Campos. *Os votos de Deus*: evangélicos, política e eleições no Brasil. Recife, Massangana, 2006.

BUTLER, Judith. *Gender Trouble*: Feminism and the Subversion of Identity. 2. ed., Nova York/Londres, Routledge, 1999. [Ed. bras.: *Problemas de gênero*: feminismo e subversão da identidade. Trad. Renato Aguiar. São Paulo, Civilização Brasileira, 2003.]

_____. *Relatar a si mesmo*: crítica da violência ética. Trad. Rogério Bettoni. Belo Horizonte, Autêntica, 2017.

CAFARDO, Renata; AGUSTIN, Renata. Plano educacional de Bolsonaro une criação de creche e ensino religioso. *UOL Notícias*, 14 out. 2018. Disponível em: <https://noticias.uol.com.br/politica/eleicoes/2018/noticias/agencia-estado/2018/10/14/plano-educacional-de-bolsonaro-une-criacao-de-creche-e-ensino-religioso.htm>, acesso em: 12 maio 2020.

CALLISON, William; MANFREDI, Zachary. Theorizing Mutant Neoliberalism. In: *Mutant Neoliberalism*: Market Rule and Political Rupture. Nova York, Fordham University Press, 2020.

CÂMARA DOS DEPUTADOS. Frente em defesa da vida e da família é lançada hoje. *Agência Câmara de Notícias*, 27 mar. 2019. Disponível em: <https://www.camara.leg.br/noticias/554207-frente-em-defesa-da-vida-e-da-familia-e-lancada-hoje/>, acesso em: 12 maio 2020.

CAMINOTTI, Mariana; TABBUSH, Constanza. *Más allá del sexo, o como los contra-movimientos desafían múltiples agendas de derechos en América Latina*. Paper apresentado na Conferencia Polcéntrica IFJP-Flacso México "Feminismos y Conservadurismos", Cidade do México, 2019.

CAMPANA, Maximiliano. *Políticas antigénero en América Latina*: Argentina. Rio de Janeiro, Abia/Sexuality Policy Watch, 2020, coleção Género & Política en América Latina.

_____; MISKOLCI, Richard. "Ideologia de gênero": notas para a genealogia de um pânico moral contemporâneo. *Revista Sociedade e Estado*, Brasília, v. 32, n. 3, 2017.

CANAL 24 HORAS. Juan Luis Cipriani se pronuncia sobre marcha "Con mis hijos no te metas". *Canal 24 Horas*, 4 mar. 2017. Disponível em: <https://www.youtube.com/watch?v=qY0Om3QkSyg>, acesso em: 25 maio 2020.

CANAL #SAMUELANGEL. Gira nacional: desenmascarando la ideología de gênero. *Canal #SamuelAngel*, 19 abr. 2018. Disponível em: <https://www.youtube.com/watch?v=VTliN-1Wfuk>, acesso em: 27 jan. 2010.

CANNON, Barry; HUME, Mo. Central America, Civil Society and the "Pink Tide": Democratization or De-Democratization? *Democratization*, v. 19, n. 6, 2012, p. 1.039-64.

CARBONELLI, Marcos. Political Parties and Churches in Argentina: Intersections in Quicksand. *Politics and Religion Journal*, v. 12, n. 1, 2018.

CARRANCA, Adriana. Direita cristã tipo exportação. *O Globo*, 22 abr. 2018. Disponível em: <https://oglobo.globo.com/mundo/direita-crista-tipo-exportacao-22617481>, acesso em: 25 maio 2020.

CARRANZA, Brenda; VITAL DA CUNHA, Christina. Conservative Religious Activism in the Brazilian Congress: Sexual Agendas in Focus. *Social Compass*, v. 65, n. 4, 2018, p. 486-502.

CARREIRA, Denise. *Igualdade e diferenças nas políticas educacionais*: a agenda das diversidades nos governos Lula e Dilma. Tese de doutorado, São Paulo, Universidade de São Paulo, 2015.

CASANOVA, José. *Public Religions in the Modern World*. Chicago/Londres, The University of Chicago Press, 1994.

CASE, Mary Ann. Trans Formations in the Vatican's War on "Gender Ideology". *Signs*: Journal of Women in Culture and Society, Boston, v. 44, n. 3, 2019, p. 639-64.

CASTELLS, Manuel. *O poder da identidade*. São Paulo, Paz e Terra, 2008.

CASTRO, Laura; VÉLEZ, Ana Cristina González. Colombia – educación sexual, diversidade y paz: el entramado de la "ideología de género". In: VÉLEZ, Ana Cristina González et al. (orgs.). *Develando la retórica del miedo de los amentalismos*: la campaña "Con mis hijos no te metas" en Colombia, Ecuador y Perú. Lima, Centro de la Mujer Peruana Flora Tristán, 2018.

CATHOLIC.NET. 25 de marzo: día del niño por nacer. *Catholic.net*, 25 mar. 2020. Disponível em: <http://es.catholic.net/op/articulos/16084/25-de-marzo-da-del-nio-por-nacer.html#modal>, acesso em: 12 maio 2020.

CERIONI, Clara. Entenda a prisão de Sara Winter e seu movimento antidemocracia. *Exame*, 15 jun. 2020. Disponível em: <https://exame.com/brasil/entenda-prisao-sara-winter-movimento-antidemocracia/>, acesso em: 9 jul. 2020.

CHADE, Jamil. Novo dicionário do Itamaraty. *UOL Notícias*, 10 jul. 2019. Disponível em: <https://noticias.uol.com.br/reportagens-especiais/novo-dicionario-do-itamaraty/#novo-dicionario-do-itamaraty>, acesso em: 8 jan. 2020.

CHAGAS, Thiago. Estão detonando nossas crianças e zombando dos cristãos no Brasil, diz pastora Damares Alves. *Gospel+*, 29 abr. 2013. Disponível em: <https://noticias.gospelmais.com.br/video-zombando-cristaos-brasil-pastora-damares-alves-53325.html>, acesso em: 12 maio 2020.

CHILE CRISTIANO. "Evangélicos en acción", un movimiento político con la misión de socializar e institucionalizar los valores cristianos en el país. *Chile Cristiano*, nov. 2015. Disponível em: <http://chilecristiano.cl/index.php/noticias/447-evangelicos-fundan-movimiento-politico>, acesso em: 12 maio 2020.

CIPOLLINI, Pedro Carlos. Carta sobre a Ideologia de Gênero. *Portal da Diocese de Santo André*, set. 2015. Disponível em: <https://www.diocesesa.org.br/2015/09/carta-sobre-a-ideologia-de-genero/>, acesso em: 25 maio 2020.

CITIZENGO. Nuevo currículo académico con ideología de género. *CitizenGo*, 28 nov. 2016. Disponível em: <http://www.citizengo.org/es/39179-no-ideologia-genero-nuevo-curriculo>, acesso em: 12 maio 2020.

CJCF/CATHOJURIS. Unión International de Juristas Católicos. Presentación. *CJCF/CathoJuris*. Disponível em: <https://www.cathojuris.org/la-cjcf/union-international-de-juristas-catolicos/>, acesso em: 12 maio 2020.

CNP. Revolução e marxismo cultural. *Portal do Padre Paulo Ricardo*. Disponível em: <https://padrepauloricardo.org/cursos/revolucao-e-marxismo-cultural>, acesso em: 20 maio 2020.

COLOMBO, Sylvia. Fantasma da violência em período de eleições volta a assombrar Colômbia. *Folha de S.Paulo*, 29 set. 2019. Disponível em: <https://www1.folha.uol.com.br/mundo/2019/09/fantasma-da-violencia-em-periodo-de-eleicoes-volta-a-assombrar-colombia.shtml?loggedpaywall>, acesso em: 4 out. 2019.

COMISIÓN TEOLÓGICA INTERNACIONAL. En busca de una ética universal: nueva perspectiva sobre la ley natural. *Portal do Vaticano*, 20 maio 2009. Disponível em: <http://www.vatican.va/roman_curia/congregations/cfaith/cti_documents/rc_con_cfaith_doc_20090520_legge-naturale_sp.html>, acesso em: 12 maio 2020.

CONGREGACIÓN PARA LA EDUCACIÓN CATÓLICA. Varón y mujer los creó: para una vía de diálogo sobre la cuestión del *gender* en la educación. Cidade do Vaticano, 2019. Disponível em: <http://www.educatio.va/content/dam/cec/Documenti/19_0998_SPAGNOLO.pdf>, acesso em: 12 maio 2020.

CONGREGAÇÃO PARA A DOUTRINA DA FÉ. Declaración sobre el aborto. *Portal do Vaticano*, 18 nov. 1974. Disponível em: <http://www.vatican.va/roman_curia/congregations/cfaith/documents/rc_con_cfaith_doc_19741118_declaration-abortion_sp.html>, acesso em: 12 maio 2020.

_____. Nota doctrinal sobre algunas cuestiones relativas al compromiso y la conducta de los católicos en la vida política. *Portal do Vaticano*, 24 nov. 2002. Disponível em: <http://www.vatican.va/roman_curia/congregations/cfaith/documents/rc_con_cfaith_doc_20021124_politica_sp.html>, acesso em: 12 maio 2020.

_____. Consideraciones acerca de los proyectos de reconocimiento legal de las uniones entre personas homosexuales. *Portal do Vaticano*, 31 jul. 2003. Disponível em: <http://www.vatican.va/roman_curia/congregations/cfaith/documents/rc_con_cfaith_doc_20030731_homosexual-unions_sp.html>, acesso em: 12 maio 2020.

_____. Letter to the Bishops of the Catholic Church on the Collaboration of Men and Women in the Church and in the World. *Portal do Vaticano*, 31 jul. 2004. Disponível em: <http://www.vatican.va/roman_curia/congregations/cfaith/documents/rc_con_cfaith_doc_20040731_collaboration_en.html>, acesso em: 24 jul. 2020.

CONGRESSO HEMISFÉRICO DE PARLAMENTARIOS. Quienes somos. *El Sitio Oficial de Parlamentarios*. Disponível em: <http://www.parlamentarios.org/quienes-somos/>, acesso em: 12 maio 2020.

CONSELHO CONSULTIVO. *Political Network for Values*. Disponível em: <https://politicalnetworkforvalues.org/en/who-we-are/>, acesso em: 28 abr. 2020.

COOPER, Melinda. *Family Values*: Between Neoliberalism and the New Social Conservatism. Boston, MIT Press, 2017.

CORAIOLA, Glaucio. Brasil: mensaje ante la 48 asamblea de la OEA. *Canal Congreso Iberoamericano Por la Vida y la Familia*, 5 jun. 2018. Disponível em: <https://www.youtube.com/watch?v=HA9ORKKhbYE>, acesso em: 12 mar. 2020.

CORNEJO-VALLE, Mónica; Ignacio PICHARDO. La "ideología de género" frente a los derechos sexuales y reproductivos. *Cadernos Pagu*, Campinas, n. 50, 2017, p. 12-23.

CORRÊA, Sonia. A "política do gênero": um comentário genealógico. *Cadernos Pagu*, Campinas, n. 53, 2018.

_____; KALIL, Isabela. *Políticas antigénero en América Latina*: Brasil – ¿la catástrofe perfecta? Rio de Janeiro, Abia/Sexuality Policy Watch, 2020, coleção Género & Política en América Latina.

_____; PARKER, Richard (orgs.). *Sexualidade e política na América Latina*: histórias, interseções e paradoxos. Rio de Janeiro, Abia/Sexuality Policy Watch, 2011. Disponível em: <http://www.sxpolitics.org/ptbr/wp-content/uploads/2011/07/dialogo-la_total_final.pdf>, acesso em: 17 jan. 2020.

_____; PRADO, Marco Aurélio Maximo. Retratos transnacionais e nacionais das cruzadas antigênero. *Revista Psicologia Política*, São Paulo, v. 18, n. 43, set.-dez. 2018.

COSTA, Camilla. Estado e fé: STF permite ensino confessional de religião nas escolas. *BBC Brasil*, 27 set. 2017. Disponível em: <https://www.bbc.com/portuguese/brasil-41404574>, acesso em: 20 mar. 2020.

COVER, Robert. *The Supreme Court, 1982 Term – Foreword*: Nomos and Narrative. *Paper* 2.705, *Faculty Scholarship Series*, 1983.

COWAN, Benjamin Arthur. "Nosso Terreno": crise moral, política evangélica e a formação da "nova direita" brasileira. *Varia História*, Belo Horizonte, v. 30, n. 52, 2014, p. 101-25.

CROUCH, Colin. *Post-Democracy*. Cambridge, Polity Press, 2004.

CUNNINGHAM, Frank. *Theories of Democracy*. Londres, Routledge, 2002.

DAHL, Robert. *On Democracy*. New Haven, Yale University Press, 1998.

DARDOT, Pierre; LAVAL, Christian. *A nova razão do mundo*: ensaio sobre a sociedade neoliberal. Trad. Mariana Echalar. São Paulo, Boitempo, 2016.

DATAFOLHA. 44% dos evangélicos são ex-católicos. *Datafolha*, 28 dez. 2016. Disponível em: <https://datafolha.folha.uol.com.br/opiniaopublica/2016/12/1845231-44-dos-evangelicos-sao-ex-catolicos.shtml>, acesso em: 13 fev. 2020.

DELGADO, Jaime Barrientos. *Políticas antigénero en América Latina*: Chile ¿Estrategias en construcción? Rio de Janeiro, Abia/Sexuality Policy Watch, 2020, coleção Género & Política en América Latina.

DELPHY, Christine; LEONARD, Diana. *Familiar Exploitation*: A New Analysis on Marriage in Contemporary Western Societies. Cambridge, Polity Press, 2004 [1992].

DEMARCO, Donald. *The Contraceptive Mentality*. São Francisco, CA, Ignatius Press, 1983. Disponível em: <https://www.catholicculture.org/culture/library/view.cfm?id=3417>, acesso em: 12 maio 2020.

DIÁRIO OFICIAL DA UNIÃO, 26 jun. 2014. Disponível em: <http://pesquisa.in.gov.br/imprensa/jsp/visualiza/index.jsp?data=26/06/2014&jornal=1000&pagina=1&totalArquivos=8>, acesso em: 12 maio 2020.

DIETZ, Mary. Citizenship with a Feminist Face: The Problem with Maternal Thinking. In: LANDES, Joan B. (org.). *Feminism, the Public and the Private*. Oxford, Oxford University Press, 1998, p. 45-64.

DIP, Andrea; VIANA, Natália. Os pastores de Trump. *El País*, 12 ago. 2019. Disponível em: <https://brasil.elpais.com/brasil/2019/08/12/politica/1565621932_778084.html>, acesso em: 12 maio 2020.

DORVILLÉ, Luís Fernando Marques; PONTUAL, Leandro Vahia; SELLES, Sandra Escovedo. Ensino religioso nas escolas estaduais do Rio de Janeiro: implicações para o ensino de ciências/biologia. *Ciência & Educação*, Bauru, v. 22, n. 4, 2016, p. 875-94.

DOUZINAS, Costas. *The End of Human Rights*. Oxford, Hart Publishing, 2000.

DRYZEK, John; DUNLEAVY, Patrick. *Theories of the Democratic State*. Nova York, Palgrave Macmillan, 2009.

DUARTE, Luiz Fernando Dias. Aonde caminha a moralidade? *Cadernos Pagu*, Campinas, n. 41, 2013, p. 19-27.

DUCHIADE, André. Violência e conflitos armados na Colômbia se agravaram, diz Cruz Vermelha. *O Globo*, 29 abr. 2020. Disponível em: <https://oglobo.globo.com/mundo/violencia-conflitos-armados-na-colombia-se-agravaram-diz-cruz-vermelha-23557236>, acesso em: 12 maio 2020.

EL ESPECTADOR. ¿Quién es Jorge Antonio Trujillo, el candidato desconocido en el tarjetón? *El Espectador*, 22 mar. 2018. Disponível em: <https://www.elespectador.com/elecciones-2018/noticias/politica/quien-es-jorge-antonio-trujillo-el-candidato-desconocido-en-el-tarjeton-articulo-745847>, acesso em: 20 maio 2020.

EL NUEVO PAÍS. Viviana anuncia su retiro de candidatura a la presidencia de Colombia. *El Nuevo País*, 2 maio 2018. Disponivel em: <https://elnuevopais.net/2018/05/02/viviane-morales-anuncia-su-retirode-candidatura-a-la-presidencia-de-colombia/>, acesso em: 20 maio 2020.

EL TIEMPO. Beatriz Cuellar, la quinta fuerza. *El Tiempo*, 1º jun. 1998. Disponível em: <https://www.eltiempo.com/archivo/documento/MAM-807267>, acesso em: 17 jul. 2019.

_____. La activista Sara Winter de visita en Barranquilla. *El Tiempo*, 28 nov. 2018. Disponível em: <https://www.eltiempo.com/colombia/barranquilla/la-activista-sara-winter-de-visita-en-barranquilla-298956>, acesso em: 20 maio 2020.

_____. Iniciativa de paridad de género, un logro para las colombianas. *El Tiempo*, 27 jan. 2020. Disponível em: <https://www.eltiempo.com/vida/mujeres/iniciativa-de-paridad-de-genero-un-logro-para-las-colombianas-455584>, acesso em: 1º fev. 2020.

ESPAÇO VITAL. Censura pública à psicóloga que oferecia terapia para curar homossexualismo. *Jusbrasil*, 3 ago. 2009. Disponível em: <https://espaco-vital.jusbrasil.com.br/noticias/1624005/censura-publica-a-psicologa-que-oferecia-terapia-para-curar-homossexualismo>, acesso em: 12 maio 2020.

ESQUIVEL, Juan. Religion and Politics in Argentina: Religious Influence on Legislative Decisions on Sexual and Reproductive Rights. *Latin American Perspectives*, 22 fev. 2016, p. 133-43.

ESTADÃO CONTEÚDO. Cármen Lúcia suspende ação e barra "cura gay". *IstoÉ*, 24 abr. 2019. Disponível em: <https://istoe.com.br/carmen-lucia-suspende-acao-e-barra-cura-gay/>, acesso em: 12 maio 2020.

EVANGÉLICO DIGITAL. Aaron Lara, presidente del Movimiento Iberoamericano por la Vida y la Familia. *Evangélico Digital*, 27 fev. 2019. Disponivel em: <https://www.evangelicodigital.com/latinoamerica/5981/aaron-lara-presidente-del-movimiento-iberoamericano-por-la-vida-y-la-familia>, acesso em: 11 mar. 2020.

EXCELSIOR. "Los partidos políticos católicos no son el caminho", asegura el papa. *Excelsior*, 30 abr. 2015. Disponível em: <https://www.excelsior.com.mx/global/2015/04/30/1021658/>, acesso em: 12 maio 2020.

FALQUET, Jules. Repensar as relações sociais de sexo, classe e "raça" na globalização neoliberal. *Mediações*, v. 13, n. 1-2, 2008, p. 121-42.

FERREIRA, Paula; GRANDELLE, Renato. Bolsonaro sugere que pais rasguem páginas sobre educação sexual de Caderneta de Saúde da Adolescente. *O Globo*, 7 mar. 2019. Disponível em: <https://oglobo.globo.com/sociedade/bolsonaro-sugere-que-pais-rasguem-paginas-sobre-educacao-sexual-de-caderneta-de-saude-da-adolescente-23506442>, acesso em: 8 jul. 2020.

FOLBRE, Nancy. *Who Pays for the Kids?* Gender and the Structures of Constraint. Nova York, Routledge, 1994.

FOLHA DE S.PAULO. Itamaraty orienta diplomatas a frisar que gênero é apenas sexo biológico. *Folha de S.Paulo*, 26 jun. 2019. Disponível em: <https://www1.folha.uol.com.br/mundo/2019/06/itamaraty-orienta-diplomatas-a-frisar-que-genero-e-apenas-sexo-biologico.shtml>, acesso em: 5 ago. 2020.

_____. Terrivelmente seletiva. *Folha de S.Paulo*, 5 jan. 2020. Disponível em: <https://www1.folha.uol.com.br/opiniao/2020/01/terrivelmente-seletiva.shtml>; acesso em 8 jan. 2020.

FOUCAULT, Michel. Do governo dos vivos (1979-1980). In: *Resumo dos cursos do Collège de France (1970-1982)*. Trad. Andréa Daher. Rio de Janeiro, Zahar, 1997.

FRANCISCO. *Amoris laetitia*. Portal do Vaticano, 19 mar. 2016. Disponível em: <http://www.vatican.va/content/francesco/es/apost_exhortations/documents/papa-francesco_esortazione-ap_20160319_amoris-laetitia.html>, acesso em: 12 maio 2020.

FRASER, Nancy. Legitimation Crisis? On the Political Contradictions of Financialized Capitalism. *Critical Historical Studies*, n. 2, 2015, p. 157-189.

_____. Contradictions of Capital and Care. *New Left Review*, n. 100, 2016, p. 99-117.

_____. *The Old Is Dying and the New Cannot Be Born*. Nova York, Verso, 2019. [Ed. bras.: *O velho está morrendo e o novo não pode nascer*. Trad. Gabriel Landi Fazzio. São Paulo, Autonomia Literária, 2020.]

FREIDENBERG, Flavia; PÉREZ, Gabriela del Valle (orgs.). *Cuando hacer política te cuesta la vida*. Cidade do México, Unam/Instituto de Investigaciones Jurídicas, 2017.

FRESTON, Paul. *Protestantes e política no Brasil*: da Constituinte ao *impeachment*. Tese de doutorado, Campinas, Universidade Estadual de Campinas, 1993.

FRIEDMAN, Elisabeth Jay; TABBUSH, Constanza (orgs.). *Seeking Rights from the Left*: Gender, Sexuality, and the Latin American Pink Tide. Nova York, Duke University Press, 2018.

GAGO, Verónica. Cartografiar la contraofensiva: el espectro del feminismo. *Nueva Sociedad*, n. 282, 2019.

GALHARDO, Ricardo; KRAUSE; Tulio. Procuradora pede esclarecimentos a Damares por paralisação de conselhos. *O Estado de S. Paulo*, 8 mar. 2019. Disponível em: <https://politica.estadao.com.br/noticias/geral,procuradora-pede-esclarecimentos-a-damares-por-paralisacao-de-conselhos,70002748458>, acesso em: 12 maio 2020.

GALLI, Beatriz. Reflexiones sobre el estigma social y la violencia institucional en procesos judiciales de mujeres y adolescentes "culpables" de aborto en el estado de Río de Janeiro. In: BERGALLO, Paola; SIERRA, Isabel Jaramillo; VAGGIONE, Juan Marco (orgs.). *El aborto en América Latina*. Buenos Aires, Siglo Veintiuno Editores, 2018.

GARBAGNOLI, Sara. Against the Heresy of Immanence: Vatican's "Gender" as a New Rhetorical Device Against the Denaturalization of the Sexual Order. *Religion and Gender*, Leiden, v. 6, n. 2, 2016, p. 187-204.

GARCIA, Thais. Ex-reitor do Mackenzie e defensor do design inteligente, Benedito Aguiar Neto é o novo presidente da Capes. *Conexão Política*, 26 jan. 2020. Disponível em: <https://conexaopolitica.com.br/brasil/educacao/ex-reitor-do-mackenzie-e-defensor-do-design-inteligente-benedito-aguiar-neto-e-o-novo-presidente-da-capes/>, acesso em: 20 mar. 2020.

GARCIA VILLEGAS, Mauricio. *La eficacia simbólica del derecho*: sociología jurídica del campo político en América Latina. Bogotá, Iepri/Debate, 2014.

GAZETA DO POVO. Ministro promete Enem sem "questões ideológicas" e indica: foquem na técnica. *Gazeta do Povo*, 26 abr. 2019. Disponível em: <https://www.gazetadopovo.com.br/educacao/ministro-promete-enem-sem-questoes-ideologicas-e-muito-polemicas/>, acesso em: 11 jul. 2019.

GIANELLA MALCA, Camila. Movimiento transnacional contra el derecho al aborto en América Latina. In: BERGALLO, Paola; SIERRA, Isabel Jaramillo; VAGGIONE, Juan Marco (orgs.). *El aborto en América Latina*. Buenos Aires, Siglo Veintiuno Editores, 2018.

_____; SIEDER, Rachel; PEÑAS DEFAGÓ, Maria Angélica. A New Conservative Social Movement? Latin America's Regional Strategies to Restrict Abortion Rights. *CMI Brief*, Bergen, v. 16, 2017, p. 1-5.

GILL, Lesley. "Like a Veil to Cover Them": Women and the Pentecostal Movement in La Paz. *American Ethnologist*, v. 17, n. 4, 1990, p. 709-21.

GILLIGAN, Carol. *In a Different Voice*: Psychological Theory and Women's Development. Cambridge, Harvard University Press, 1982.

GIRARD, Françoise. Negotiating Sexual Rights and Sexual Orientation at UN. In: PARKER, Richard; PETCHESKY, Rosalind; SEMBER, Robert (orgs.). *SexPolitics*: Reports from the Front Lines, 2007. Disponível em: <http://www.sxpolitics.org/frontlines/book/pdf/sexpolitics.pdf>, acesso em: 28 fev. 2018.

GIUMBELLI, Emerson. O Acordo Brasil-Santa Sé e as relações entre Estado, sociedade e religião. *Ciencias Sociales y Religión/Ciências Sociais e Religião*, Porto Alegre, v. 13, n. 14, 2011, p. 119-43.

GOV.BR. Na Hungria, ministra Damares ressalta que o Brasil é um país pró-família. *Portal do Governo Federal*, set. 2019. Disponível em: <https://www.mdh.gov.br/todas-as-noticias/2019/setembro/na-hungria-ministra-damares-ressalta-que-o-brasil-e-um-pais-pro-familia>, acesso em: 21 nov. 2019.

GOZDZIAK, Elzbieta M.; MAIN, Izabella. Erasing Polish Anthropology? *Anthropology News*, 7 dez. 2018. Disponível em: <http://www.anthropology-news.org/index.php/2018/12/07/erasing-polish-anthropology/>, acesso em: 10 mar. 2020.

GRAFF, Agnieszka. "Ideología de género": conceptos débiles, política poderosa. In: BRACKE, Sara; PATERNOTTE, David (orgs.). *Habemus género!* La Iglesia católica y la ideología de género. Rio de Janeiro, Abia/Sexuality Policy Watch, 2018, p. 84-91.

_____; KOROLCZUK, Elzbieta. Gender as "Ebola from Brussels": The Anti-Colonial Frame and the Rise of Illiberal Populism. *Signs*: Journal of Women in Culture and Society, Boston, v. 43, n. 4, 2018, p. 797-821.

GUADALUPE, José Luis Pérez. *Entre Dios y César*: el impacto político de los evangélicos en el Perú y América Latina. Lima, Iesc/KAS, 2017.

_____; GRUNDBERGER, Sebastian (orgs.). *Evangélicos y poder en América Latina*. Lima, Instituto de Estudios Social Cristianos/Konrad Adenauer Stiftung, 2018.

GUDIÑO BESSONE, Pablo. Aborto, sexualidad y bioética en documentos y encíclicas vaticanas. *Acta bioethica*, Santiago, v. 24, n. 1, 2018, p. 85-94.

GUIAME. Novo ministro da Educação diz que tem a Bíblia como referência. *Portal Guia-me*, 9 abr. 2019. Disponível em: <https://guiame.com.br/gospel/noticias/novo-ministro-da-educacao-diz-que-tem-biblia-como-referencia.html>, acesso em: 11 jul. 2019.

GUIMARÃES, Antonio Sérgio. *Classes, raça e democracia*. São Paulo, Editora 34, 2002.

GUIMARÃES, Christiane; MACHADO, Maria das Dores Campos; OLIVEIRA, Clara; RABELO, Carla. A política: um novo espaço de articulação das identidades religiosas e de gênero. *Mandrágora*, São Bernardo do Campo, Editora da Universidade Metodista, n. 10, 2005.

HAGOPIAN, Frances (org.). *Religious Pluralism, Democracy, and the Catholic Church in Latin America*. Notre Dame, University of Notre Dame Press, 2009.

HELD, David. *A Brief History of Neoliberalism*. Oxford, Oxford University Press, 2005.

HERNÁNDEZ, Diego. 700 congresistas de América exigen que la OEA abandone agenda gay y del aborto. *Redacción ACI Prensa/Actuall*, 17 jun. 2017. Disponível em: <https://www.aciprensa.com/noticias/700-congresistas-de-america-exigen-que-la-oea-abandone-agenda-gay-y-abortista-23744>, acesso em: 12 maio 2020.

HERNANDEZ, Franklin Gil. *Políticas antigénero en América Latina*: Colombia – Agentes conservadores contra los derechos sexuales y reproductivos. Rio de Janeiro, Abia/Sexuality Policy Watch, 2020, coleção Género & Política en América Latina.

HIRATA, Helena; KERGOAT, Danièle. Novas configurações da divisão sexual do trabalho. *Cadernos de Pesquisa*, v. 37, n. 132, 2007, p. 595-609.

HOLANDA, Marianna. "Deixamos a teoria da evolução entrar nas escolas", disse Damares Alves. *O Estado de S. Paulo*, 9 jan. 2019. Disponível em: <https://politica.estadao.com.br/noticias/

geral,deixamos-a-teoria-da-evolucao-entrar-nas-escolas-disse-damares-alves,70002673258>, acesso em: 20 mar. 2020.

HOMESCHOOLING BRASIL. Quem é Carlos Nadalim? Disponível em: <https://homeschooling brasil.info/quem-e-carlos-nadalim/>, acesso em: 9 jul. 2020.

HTUN, Mala. A política de cotas na América Latina. *Revista Estudos Feministas*, v. 9, n. 1, 2001, p. 225-30.

_____. *Sex and the State*: Abortion, Divorce, and the Family Under Latin American Dictatorships and Democracies. Cambridge, Cambridge University Press, 2003.

_____; WELDON, Sarah. When Do Governments Promote Women's Rights: A Framework for the Comparative Analysis of Sex Equality Policy. *Perspectives on Politics*, v. 8, n. 1, mar. 2010, p. 207-16.

_____; _____. *The Logics of Gender Justice*. Cambridge, Cambridge University Press, 2018.

HUNTINGTON, Samuel P. Conservatism as an Ideology. *The American Political Science Review*, v. 51, n. 2, jun. 1957, p. 454-73.

INTERNATIONAL JUSTICE RESOURCE CENTER. Inter-American Court: States Must Recognize Gender Identity, Same-Sex Marriage. *International Justice Resource Center*, 16 jan. 2018. Disponível em: <https://ijrcenter.org/2018/01/16/inter-american-court-states-must-recognize-gender-identity-same-sex-marriage/>, acesso em: 10 dez. 2019.

IPEA e Fórum Brasileiro de Segurança Pública. Atlas da Violência 2018. *Portal Ipea*, 5 jun. 2018. Disponível em: <http://www.ipea.gov.br/portal/index.php?option=com_content&view=article&id=33410&Itemid=432>, acesso em: 12 maio 2020.

ISTOÉ. Sara Winter mentiu sobre diploma de curso superior. *IstoÉ*, 17 jun. 2020. Disponível em: <https://www.msn.com/pt-br/noticias/brasil/sara-winter-mentiu-sobre-diploma-de-curso-superior/ar-BB15CfSo>, acesso em: 9 jul. 2020.

ITONGADOL. Argentina: declaran al 9 de agosto como "Día Nacional del Diálogo Interreligioso". *Iton Gadol*, 23 nov. 2017. Disponível em: <https://itongadol.com/noticias/107195-argentina-declaran-al-9-de-agosto-como-dia-nacional-del-dialogo-interreligioso>, acesso em: 20 maio 2020.

JAKOBSEN, Janet R.; PELLEGRINI, Anne. *Love the Sin*. Sexual Regulation and the Limits of Religious Tolerance. Boston, Beacon, 2004.

JOÃO PAULO II. *Evangelium vitae*. *Portal do Vaticano*, 25 mar. 1995. Disponível em: <http://www.vatican.va/content/john-paul-ii/pt/encyclicals/documents/hf_jp-ii_enc_25031995_evangelium-vitae.html>, acesso em: 12 maio 2020.

JONES, Daniel; DULBECCO, Paloma. La grieta evangélica. *Crisis*, Buenos Aires, n. 36, 2019, p. 18-21.

JUNQUEIRA, Rogelio D. A invenção da "ideologia de gênero": a emergência de um cenário político-discursivo e a elaboração de uma retórica reacionária antigênero. *Revista Psicologia Política*, São Paulo, v. 18, n. 43, 2018, p. 449-502.

KOSCIANSKA, Agnieszka. "The Handbook of Masturbation and Defloration": Tracing Sources of Recent Neo-Conservatism in Poland. In: HAUKANES, Haldis; PINE, Frances (orgs.). *Gender, Reproduction, Regulation*: Gender, Intimacy and Mobility in the Era of Hardening Borders. Manchester, Manchester University Press, 2020.

KOVÁTS, Eszter; PÕIM, Maari (orgs.). *Gender as Symbolic Glue*. Budapeste/Bruxelas, FEPS/Friedrich-Ebert-Stiftung, 2015.

KUHAR, Roman; PATERNOTTE, David (orgs.). *Anti-Gender Campaigns in Europe*: Mobilizing against Equality. Londres, Rowman & Littlefield International, 2017.

LA NACIÓN. Rabinovich, el tutor criticado por los padres. *La Nación*, 24 jul. 2005. Disponível em: <https://www.lanacion.com.ar/sociedad/rabinovich-el-tutor-criticado-por-los-padres-nid724163>, acesso em: 12 maio 2020.

LACERDA, Marina Basso. *O novo conservadorismo brasileiro*. Porto Alegre, Zouk, 2019.

LARED21. MYSU: "La objeción de conciencia es la principal barrera en el cumplimiento de la Ley IVE". *LaRed21*, 31 maio 2018. Disponível em: <https://www.lr21.com.uy/salud/1369811-mysu-objecion-conciencia-ley-ive-aborto-legal-mujeres-uruguay>, acesso em: 12 maio 2020.

LATINOBARÔMETRO. *Latinobarômetro de 2018*. Disponível em: <http://www.latinobarometro.org/latOnline.jsp>, acesso em: 14 fev. 2020.

LEMAITRE RIPOLL, Julieta. Laicidad y resistencia: movilización católica contra los derechos sexuales y reproductivos en América Latina. *Colección de Cuadernos Jorge Caprizo*, Cidade do México, Instituto de Investigaciones Jurídicas/Universidad Autónoma de México, 2013.

LEVITSKY, Steven; ZIBLATT, Daniel. *Como as democracias morrem*. Trad. Renato Aguiar. Rio de Janeiro, Jorge Zahar, 2018.

LIONÇO, Tatiana. Ideologia de gênero: a emergência de uma teoria religiosa sobre os riscos da democracia sexual. *Portal Geledés*, 28 set. 2014. Disponível em: <https://www.geledes.org.br/ideologia-de-genero-emergencia-de-uma-teoria-religiosa-sobre-os-riscos-da-democracia-sexual/>, acesso em: 25 maio 2020.

LODI DA CRUZ, Luiz Carlos. *Aborto na rede hospitalar pública*: o Estado financiando o crime. Anápolis, Múltipla, 2006.

_____. *Descobrindo a castidade*. Anápolis, Pró-Vida de Anápolis, 2018.

LOREY, Isabell. *State of Insecurity*: Government of the Precarious. Nova York, Verso, 2015.

LUNA, Naara. Aborto e células-tronco embrionárias na campanha da fraternidade: ciência e ética no ensino da igreja. *Revista Brasileira de Ciências Sociais*, v. 25, n. 74, 2010.

MACHADO, Lia Zanotta. O aborto como direito e o aborto como crime: o retrocesso neoconservador. *Cadernos Pagu*, Campinas, n. 50, 2017.

MACHADO, Maria das Dores Campos. *Carismáticos e pentecostais*: adesão religiosa e seus efeitos na esfera familiar. São Paulo, Editores Associados/Anpocs, 1996.

_____. Representações e relações de gênero nos grupos pentecostais. *Revista Estudos Feministas*, Florianópolis, v. 13, n. 2, 2005, p. 387-96.

_____. *Política e religião*: a participação dos evangélicos nas eleições. Rio de Janeiro, Fundação Getulio Vargas, 2006.

_____. As igrejas cristãs e os desafios da ampliação dos direitos dos humanos na América Latina. Paper apresentado no XXXIV Encontro Anual da Anpocs, Caxambu, 2010.

_____. Aborto e ativismo religioso nas eleições de 2010. *Revista Brasileira de Ciência Política*, Brasília, n. 7, 2012, p. 25-37.

_____. Discursos pentecostais em torno do aborto e da homossexualidade na sociedade brasileira. *Cultura y Religión*, Santiago, v. 17, 2013, p. 48-68.

_____. Religião e política no Brasil contemporâneo: uma análise dos pentecostais e carismáticos católicos. *Religião & Sociedade*, Rio de Janeiro, v. 35, n. 2, 2015, p. 45-72.

_____. Pentecostais, sexualidade e família no Congresso Nacional. *Horizontes Antropológicos*, Porto Alegre, v. 23, n. 47, 2017, p. 351-80.

_____. O discurso cristão sobre a "ideologia de gênero". *Revista Estudos Feministas*, v. 26, n. 2, 2018.

_____. Religion and Moral Conservatism in Brazilian Politics. *Politics and Religion Journal*, Belgrado, v. 12, n. 1, 2018, p. 55-77.

_____; BURITY, Joanildo. A ascensão política dos pentecostais na avaliação de líderes religiosos. *Dados*, Rio de Janeiro, v. 57, 2014, p. 601-29.

_____; MARIZ, Cecília Loreto. Sincretismo e trânsito religioso: comparando carismáticos e pentecostais. *Comunicações do Iser*, v. 45, 1994, p. 24-34.

_____; PICOLLO, Fernanda (orgs.). *Religiões e homossexualidades*. Rio de Janeiro, Fundação Getulio Vargas, 2011.

MACIEL, Alice. Emissários evangélicos de Trump atuaram para mudar embaixada brasileira em Israel. *El País*, 12 ago. 2019. Disponível em: <https://brasil.elpais.com/brasil/2019/08/12/politica/1565619027_559862.html>, acesso em: 3 out. 2019.

MAIA, Gustavo. Futuro ministro da Educação promete preservar valores conservadores. *UOL Notícias*, 23 nov. 2018. Disponível em: <https://noticias.uol.com.br/politica/ultimas-noticias/2018/11/23/futuro-ministro-da-educacao-promete-preservar-valores-conservadores.htm?cmpid>, acesso em: 20 maio 2020.

MARIA, Julio; RIBEIRO, Luci. Henrique Pires deixa a Secretaria Especial de Cultura. *O Estado de S. Paulo*, 21 ago. 2019. Disponível em: <https://cultura.estadao.com.br/noticias/geral,henrique-pires-deixa-secretaria-especial-de-cultura,70002976926>, acesso em: 20 maio 2020.

MARIANO, Rayani. *As disputas em torno das famílias na Câmara dos Deputados entre 2007 e 2018*: familismo, conservadorismo e neoliberalismo. Tese de doutorado, Brasília, Universidade de Brasília, 2019.

MARIANO, Ricardo. Pentecostais e política no Brasil. *Ciência e Religião*, 13 maio 2005. Disponível em: <http://www.comciencia.br/dossies-1-72/reportagens/2005/05/13.shtml>, acesso em: 15 maio 2020.

_____. A reação dos evangélicos brasileiros ao novo Código Civil. *Civitas*: Revista de Ciências Sociais, Porto Alegre, v. 6, n. 2, 2006.

MARIZ, Cecília. Algumas reflexões sobre religião e a luta pela cidadania. In: ANDRADE, Péricles; BURITY, Joanildo (orgs.). *Religião e cidadania*. São Cristóvão, Editora da Universidade Federal de Sergipe/Fundação Joaquim Nabuco de Pesquisa, 2011, p. 263-72.

MÁRQUEZ, Nicolás; LAJE, Agustín. *El libro negro de la nueva izquierda*: ideología de género o subversión cultural. Madri, Unión Editorial, 2016.

MARTINELLI, Flávia. Damares ataca reportagem sobre aborto seguro recomendado pela OMS. *Jornalistas Livres*, 21 set. 2019. Disponível em: <https://jornalistaslivres.org/damares-ataca-reportagem-sobre-aborto-seguro-recomendado-pela-organizacao-mundial-da-saude/>, acesso em: 12 maio 2020.

MARTINS, Ives Gandra. *A questão do aborto*: aspectos jurídicos fundamentais. São Paulo, Quartier Latin, 2008.

MAZUI, Guilherme; GARCIA, Gustavo. Secretário de Cultura deixa cargo após governo suspender edital com séries sobre temas LGBT. *G1*, 21 ago. 2019. Disponível em: <https://g1.globo.com/politica/noticia/2019/08/21/secretario-de-cultura-deixa-cargo-apos-governo-bolsonaro-suspender-edital-com-series-de-temas-lgbt.ghtml>, acesso em: 20 maio 2020.

MENDONÇA, Ana. Quem é Sara Winter, que chamou Alexandre de Moraes de "arrombado". *Estado de Minas*, 27 maio 2020. Disponível em: <https://www.em.com.br/app/noticia/politica/2020/05/27/interna_politica,1151239/quem-e-sara-winter-que-chamou-alexandre-de-moraes-de-arrombado.shtml>, acesso em: 9 jul. 2020.

MIGUEL, Luis Felipe. Da "doutrinação marxista" à "ideologia de gênero": Escola sem Partido e as leis da mordaça no parlamento brasileiro. *Revista Direito e Práxis*, Rio de Janeiro, v. 7, n. 3, 2016.

MILLS, Charles W. *The Racial Contract*. Ithaca/Londres, Cornell University Press, 1997.

MIRANDA, Hulda. Mitad de diputados de Restauración Nacional son pastores evangélicos. *Semanario Universidad*, 6 fev. 2018. Disponível em: <https://semanariouniversidad.com/pais/mitad-diputados-restauracion-nacional-pastores-evangelicos/>, acesso em: 12 maio 2020.

MISES, Ludwig Von. *Socialismo*: analisis económico y sociológico. Madri, Unión Editorial, 2007.

MISKOLCI, Richard; CAMPANA, Maximiliano. "Ideologia de gênero": notas para a genealogia de um pânico moral contemporáneo. *Sociedade e Estado*, v. 32, n. 3, 2017, p. 725-47.

MONTE, María Eugenia. Disputas sobre la regulación jurídica del aborto en Argentina. *Oñati Socio-Legal Series*, Oñati, v. 8, n. 5, 2018, p. 722-38.

_____; VAGGIONE, Juan Marco. Cortes irrumpidas: la judicialización conservadora del aborto en Argentina. *Revista Rupturas*, San José, v. 9, n. 1, 2018, p. 107-25.

MONTERO, Paula. Secularização e espaço público: a reinvenção do pluralismo religioso no Brasil. *Etnográfica*: Revista do Centro em Rede de Investigação em Antropologia, v. 13, n. 1, 2009.

_____. Controvérsias religiosas e esfera pública: repensando as religiões como discurso. *Religião & Sociedade*, Rio de Janeiro, v. 32, n. 1, 2012, p. 167-83.

_____. *Religião e controvérsias públicas*: experiências, práticas sociais e discursos. São Paulo, Terceiro Nome/Unicamp, 2015.

_____; SILVA, Aramis Luis; SALES, Lilian. Fazer religião em público: encenações religiosas e influência pública. *Horizontes Antropológicos*, Porto Alegre, v. 24, n. 52, 2018, p. 131-64.

MONTOYA, Juan David Velasco. Colombia: de minorías dispersas a aliados estratégicos. In: GUADALUPE, José Luis Pérez; GRUNDBERGER, Sebastian (orgs.). *Evangélicos y poder en América Latina*. Lima, Instituto de Estudios Social Cristianos/Konrad Adenauer Stiftung, 2018, p. 221-46.

MORAGAS, Mirta. *Políticas antigénero en América Latina*: el caso de la Organización de Estados Americanos. Rio de Janeiro, Abia/Sexuality Policy Watch, 2020, coleção Gênero & Política en América Latina.

MORÁN FAÚNDES, José Manuel. El desarrollo del activismo autodenominado "Pro-Vida" en Argentina, 1980-2014. *Revista Mexicana de Sociología*, v. 77, n. 3, 2015, p. 407-35. Disponível em: <http://www.scielo.org.mx/scielo.php?script=sci_arttext&pid=S0188-25032015000300003&lng=es&tlng=es>, acesso em: 12 maio 2020.

_____. The Development of "Pro-Life" NGOs in Argentina: Three Strategic Movements. *Religion & Gender*, v. 8, n. 1, 2018, p. 50-67.

_____. The Geopolitics of Moral Panic: The Influence of Argentinian Neo-Conservatism in the Genesis of the Discourse of "Gender Ideology". *International Sociology*, v. 34, n. 4, 2019, p. 402-17.

_____; SÁEZ; Macarena. *Sexo, delitos y pecados*: intersecciones entre religión, sexualidad y el derecho en América Latina. Washington, DC, Center for Latin American & Latino Studies – American University, 2016.

MORGAN, Lynn M. ¿Honrar a Rosa Parks? Intentos de los sectores católicos conservadores a favor de los "derechos" en la América Latina contemporánea. *Sexualidad, Salud y Sociedad*, Rio de Janeiro, n. 17, 2014, p.174-97.

MORI, Letícia. Por que a Ucrânia, onde Sara Winter diz ter sido treinada, fascina bolsonaristas? *BBC News Brasil*, 15 jun. 2020. Disponível em: <https://www.bbc.com/portuguese/brasil-52900757>, acesso em: 9 jul. 2020.

MOUFFE, Chantal. Por um modelo agonístico de democracia. *Revista Sociologia e Política*, n. 25, 2005, p. 11-23.

_____. *En torno a lo político*. Buenos Aires, Fondo de Cultura Económica, 2007.

MOUNK, Yasha. *O povo contra a democracia*: por que nossa liberdade corre perigo e como salvá-la. Trad. Cássio de Arantes Leite e Débora Landsberg. São Paulo, Companhia das Letras, 2018.

MYSU. Jueza asignó abogado de oficio para feto en caso sobre aborto en Soriano. *Mujer y Salud en Uruguay*, 24 fev. 2017. Disponível em: <http://www.mysu.org.uy/multimedia/mysu-en-medio/jueza-asigno-abogado-de-oficio-para-feto-en-caso-sobre-aborto-en-soriano/>, acesso em: 12 maio 2020.

NATIVIDADE, Marcelo; OLIVEIRA, Leandro. *As novas guerras sexuais*. Rio de Janeiro, Garamond Universitária, 2013.

NIKLAS, Jan. Séries LGBT atacadas por Bolsonaro perdem edital da TV pública. *O Globo*, 21 jan. 2020. Disponível em: <https://oglobo.globo.com/cultura/series-lgbt-atacadas-por-bolsonaro-perdem-edital-da-tv-publica-24202727>, acesso em: 20 maio 2020.

NORRIS, Pippa; INGLEHART, Ronald. *Cultural Backlash*: Trump, Brexit, and Authoritarian Populism. Cambridge, Cambridge University Press, 2019.

NORTON, Anne. *Leo Strauss and the Politics of American Empire*. New Haven, Yale University Press, 2004.

NOVAES, Regina. *Os escolhidos de Deus*: pentecostais, trabalhadores e cidadania. Rio de Janeiro, Marco Zero, 1985.

_____. *De corpo e alma*: catolicismo, classes sociais e conflitos no campo. Rio de Janeiro, Graphia, 1997.

NUGENT, Guillermo. El orden tutelar. Para entender el conflicto entre sexualidad y políticas públicas en América Latina. In: *La trampa de la moral única*: argumentos para una democracia laica. Lima, Línea Andina, 2005.

O GLOBO. Moro é o ministro mais bem avaliado do governo Bolsonaro; Damares fica em 2º. *O Globo*, 9 dez. 2019. Disponível em: <https://oglobo.globo.com/brasil/moro-o-ministro-mais-bem-avaliado-do-governo-bolsonaro-damares-fica-em-2-1-24126171>, acesso em: 8 jan. 2020.

O'DONNEL, Guillermo. *Democracy, Agency, and the State*: Theory with Comparative Intent. Oxford, Oxford Scholarship, 2010.

OBISPOS DEL PARAGUAY. "Permanezcan en mi amor (JN 15, 9)", mensaje de los obispos del Paraguay al concluir su asamblea plenaria. *Ecclesia*, 28 out. 2017. Disponível em: <https://www.revistaecclesia.com/permanezcan-amor-jn-15-9-mensaje-los-obispos-del-paraguay-al-concluir-asamblea-plenaria/>, acesso em: 12 maio 2020.

OBSERVATÓRIO DE IGUALDADE DE GÊNERO. Nível hierárquico dos mecanismos para o avanço da mulher (MAM). *Portal da Cepal*. Disponível em: <https://oig.cepal.org/pt/indicadores/nivel-hierarquico-dos-mecanismos-o-avanco-da-mulher-mam>, acesso em: 25 fev. 2020.

ORBEGOZO, Fernando Alayo. Corte Suprema declara infundada demanda contra enfoque de género en currículo. *El Comércio Perú*, 4 abr. 2019. Disponível em: <https://elcomercio.pe/peru/corte-suprema-declara-infundada-demanda-enfoque-genero-curriculo-noticia-623130-noticia/>, acesso em: 12 maio 2020.

ORDOÑEZ MALDONADO, Alejandro. *Ideología de género*: utopía trágica o subversión cultural. Bogotá, Universidad Santo Tomas, 2006.

OROSCO, Yury Puello. Mulheres, aids e religião. *Cadernos de Católicas pelo Direito de Decidir*, n. 10, 2002. Disponível em: <http://catolicas.org.br/biblioteca/publicacoes/mulheres-aids-religiao/>, acesso em: 12 maio 2020.

OXFAM BRASIL. *País estagnado*: um retrato das desigualdades brasileiras. *Oxfam Brasil*, 27 nov. 2018. Disponível em: <https://oxfam.org.br/publicacao/pais-estagnado/>, acesso em: 12 maio 2020.

PATEMAN, Carole. *The Sexual Contract*. Stanford, Stanford University Press, 1988.

PATERNOTTE, David; KUHAR, Roman. Disentangling and Locating the "Global Right": Anti--Gender Campaigns in Europe. *Politics & Governance*, v. 6, n. 3, 2018, p. 6-19.

_____; _____. "Ideologia de gênero" em movimento. *Revista Psicologia Política*, São Paulo, v. 18, n. 43, set.-dez. 2018, p. 503-23.

PECHENY, Mario; DE LA DEHESA, Rafael. Sexuality and Politics in Latin America: An Outline for Discussion. In: CORRÊA, Sonia; PARKER, Richard; DE LA DEHESA, Rafael (orgs.). *Sexuality and Politics*: Regional Dialogues from the Global South. Rio de Janeiro, Abia/Sexuality Policy Watch, 2014, p. 96-135.

PEKER, Luciana. Un elefante en el bazar. *Página 12*, 29 jul. 2005. Disponível em: <https://www.pagina12.com.ar/diario/suplementos/las12/13-2111-2005-07-29.html>, acesso em: 12 maio 2020.

PEÑAS DEFAGÓ, María Angélica. Los estudios en bioética y la Iglesia católica en los casos de Chile y Argentina. In: VAGGIONE, Juan Marco (org.). *El activismo religioso conservador en Latinoamérica*. Córdova, Ferreyra Editor, 2010, p. 47-76.

_____. Cuerpos impugnados ante las cortes. *Revista Direito e Práxis*, Rio de Janeiro, v. 9, n. 3, 2018, p. 1.401-23.

_____; CANAVES, Violeta. Movilización legal de mujeres y aborto: el caso de El Salvador. In: BERGALLO, Paola; SIERRA, Isabel Jaramillo; VAGGIONE, Juan Marco (orgs.). *El aborto en América Latina*. Buenos Aires, Siglo Veintiuno Editores, 2018.

_____; FAÚNDES, José Manuel Morán. Conservative Litigation Against Sexual and Reproductive Health Policies in Argentina. *Reproductive Health Matters*, v. 22, n. 44, 2014, p. 82-90.

_____; SGRÓ RUATA, María Candelaria. *Género y religión*: pluralismos y disidencias religiosas. Córdova, Ferreyra Editor, 2009.

PHILLIPS, Anne. *Engendering Democracy*. University Park, Pennsylvania State University Press, 1991.

PIERUCCI, Antônio Flávio. Representantes de Deus em Brasília: a bancada evangélica na Constituinte. *Ciências Sociais Hoje*, São Paulo, Vértice, v. 11, 1989, p. 104-32.

_____. Eleição 2010: desmoralização eleitoral do moralismo religioso. *Novos Estudos Cebrap*, São Paulo, n. 89, mar. 2011, p. 5-15.

POLITICAL NETWORK FOR VALUES. La III Cumbre Transatlántica reunirá en Colombia a líderes políticos de 30 países. *Political Network for Values*, mar. 2019. Disponível em: <http://politicalnetworkforvalues.org/2019/03/anuncio-cumbre-colombia-2019/>, acesso em: 31 jul. 2019.

PONTIFICIO CONSEJO JUSTICIA Y PAZ. Compendio de la doctrina social de la iglesia. *Portal do Vaticano*, 26 maio 2006, §388. Disponível em: <http://www.vatican.va/roman_curia/pontifical_councils/justpeace/documents/rc_pc_justpeace_doc_20060526_compendio-dott-soc_sp.html>, acesso em: 12 maio 2020.

_____. La familia y los derechos humanos. Disponível em: <http://www.vatican.va/roman_curia/pontifical_councils/family/documents/rc_pc_family_doc_20001115_family-human-rights_sp.html#_ftnref65>, acesso em: 12 maio 2020.

PORTAL PADOM. Pastora pentecostal afirma que o Evangelho de João permite a legalização do aborto. *Portal Padom*, 22 abr. 2018. Disponível em: <https://portalpadom.com.br/pastora-evangelho-permite-legalizacao-do-aborto/>, acesso em: 25 mar. 2020.

PRAGER, Becky. The Hungarian Ban on Gender Studies and its Implications for Democratic Freedom. *Harvard Journal of Law and Gender*, jan. 2019. Disponível em: <https://harvardjlg.com/2019/01/the-hungarian-ban-on-gender-studies-and-its-implications-for-democratic-freedom/>, acesso em: 8 dez. 2019.

PROJETO DE LEI N. 2.974/2014. Disponível em: <http://alerjln1.alerj.rj.gov.br/scpro1115.nsf/e4bb858a5b3d42e383256cee006ab66a/45741a7e2ccdc50a83257c980062a2c2?OpenDocument&Start =1.1.1.6>, acesso em: 12 maio 2020.

PROJETO DE LEI N. 867/2014. Disponível em: <http://mail.camara.rj.gov.br/APL/Legislativos/scpro1316.nsf/f6d54a9 bf09ac233032579de006bfef6/5573ae961660b4cd83257ceb006bc7d4?OpenDocument>, acesso em: 12 maio 2020.

PRZEWORSKI, Adam. *Crises of Democracy*. Cambridge, Cambridge University Press, 2019.

PUDDINGTON, Arch. *Breaking Down Democracy*: Goals, Strategies, and Methods of Modern Authoritarians. Nova York, Freedom House, 2017.

PUGA, Mariela; VAGGIONE, Juan Marco. La política de la conciencia. La objeción como estrategia contra los derechos sexuales y reproductivos. In: VASSALLO, Marta (org.). *Peripecias en la lucha por el derecho al aborto*. Córdova, Ferreyra Editor, 2013, p. 94-137.

QUETZALLI, América. *Génesis de uma nueva fuerza política religiosa conservadora*. Paper apresentado na Conferência Polcéntrica IFJP-Flacso México "Feminismos y Conservadurismos", Cidade do México, 2019.

RODAS, Sérgio. MPF move ação contra ministro por censura a projetos LGBT em edital da Ancine. *ConJur*, 2 out. 2019. Disponível em: <https://www.conjur.com.br/2019-out-02/mpf-move-acao-ministro-censura-projetos-lgbt>, acesso em: 20 maio 2020.

ROGGEBAND, Conny; KRIZSÁN, Andrea. Reversing Gender Policy Progress: Patterns of Backsliding in Central and Eastern European New Democracies. *European Journal of Gender and Politics*, v. 1, n. 3, 2018, p. 367-85.

ROSADO-NUNES, Maria José Fontelas. Aborto, maternidade e a dignidade da vida das mulheres. In: CAVALCANTE, Alcilene; XAVIER, Dulce (orgs.). *Em defesa da vida*: aborto e direitos humanos. São Paulo, Católicas pelo Direito de Decidir, 2006, p. 23-39.

_____. Direitos, cidadania das mulheres e religião. *Revista Tempo Social*, São Paulo, v. 20, n. 2, 2008, p. 67-81.

_____. Gênero: uma questão incômoda para as religiões. In: SOUZA, Sandra Duarte; DOS SANTOS, Naira Pinheiro. *Estudos feministas e religião*: tendências e debates. Curitiba, Prismas/ Universidade Metodista, 2014, p. 129-47.

RPP NOTICIAS. Cipriani cuestionó la nueva ley sobre la familia: "Tiene un contrabando". *RPP Noticias*, 15 set. 2018. Disponível em: <https://rpp.pe/politica/actualidad/cipriani-cuestiono-la-nueva-ley-sobre-la-familia-tiene-un-contrabando-noticia-1150112>, acesso em: 28 abr. 2020.

RUBIN, Gayle. The Traffic in Women: Notes on the "Political Economy" of Sex. In: REITER, Rayna R. (org.). *Toward an Anthropology of Women*. Nova York, Monthly Review Press, 1975, p. 157-210.

_____. Thinking Sex: Notes for a Radical Theory of the Politics of Sexuality. In: ABELOVE, Henry; BARALE, Michele Aina; HALPERIN, David M (orgs.). *The Lesbian and Gay Studies Reader*. Nova York, Routledge, 1993.

RUIBAL, Alba M. Feminismo frente a fundamentalismos religiosos: mobilização e contramobilização em torno dos direitos reprodutivos na América Latina. *Revista Brasileira de Ciência Política*, v. 14, 2014, p. 111-38. Disponível em: <https://dx.doi.org/10.1590/0103-335220141405>, acesso em: 12 maio 2020.

_____. Movilización y contra-movilización legal: propuesta para su análisis en América Latina. *Política y gobierno*, Cidade do México, v. 22, n. 1, 2015, p. 175-198.

SADER, Eder. *Quando novos personagens entraram em cena*: experiências e lutas dos trabalhadores da Grande São Paulo, 1970-80. 2. ed., São Paulo, Paz e Terra, 1988.

SAFATLE, Vladimir. *O circuito dos afetos*. São Paulo, Cosac Naify, 2015.

SAGOT, Montserrat. ¿Un paso adelante y dos atrás? La tortuosa marcha del movimiento feminista en la era del neointegrismo y del "fascismo social" en Centroamérica. In: CAROSIO, Alba (org.). *Feminismo y cambio social en América Latina y el Caribe*. Buenos Aires, Clacso, 2012, p. 75-100.

SALDAÑA, Paulo. Governo Bolsonaro cria comissão para fazer análise ideológica de questões do Enem. *Folha de S.Paulo*, 20 mar. 2019. Disponível em: <https://www1.folha.uol.com.br/cotidiano/2019/03/governo-bolsonaro-cria-comissao-para-fazer-analise-ideologica-de-questoes-do-enem.shtml>, acesso em: 20 maio 2020.

_____. Governo quer punir estado que ignora denúncia de ambiente escolar. *Folha de S.Paulo*, 20 nov. 2019. Disponível em: <https://www1.folha.uol.com.br/educacao/2019/11/governo-quer-punir-estado-que-ignora-denuncia-de-ambiente-escolar.shtml>, acesso em: 8 jul. 2020.

_____. Por unanimidade, Supremo declara inconstitucional lei municipal de "ideologia de gênero". *Folha de S.Paulo*, 24 abr. 2020. Disponível em: <https://www1.folha.uol.com.br/educacao/2020/04/stf-forma-maioria-para-declarar-inconstitucional-lei-que-veta-discussao-de-genero-nas-escolas.shtml>, acesso em: 12 maio 2020.

SALES, Lilian; MARIANO, Ricardo. Ativismo político de grupos religiosos e luta por direitos. *Religião & Sociedade*, Rio de Janeiro, v. 39, n. 2, 2019, p. 9-27.

SANDBERG, Russell. *Law and Religion*. Cambridge, Cambridge University Press, 2011.

SANTOS, Boaventura de Souza. *Se Deus fosse um ativista dos direitos humanos*. São Paulo, Cortez, 2013.

SANTOS, Maria Goreth. *A mulher na hierarquia evangélica*: o pastorado feminino. Dissertação de mestrado, Rio de Janeiro, Universidade do Estado do Rio de Janeiro, 2002.

SANTOS, Tatiane. Cultura religiosa e direitos humanos no cotidiano do legislativo brasileiro. *Cultura y Religión*, Iquique, v. 7, n. 2, 2013, p. 156-70.

SCALA, Jorge. *IPPF*: a multinacional da morte. Anápolis, Múltipla, 2004.

_____. *Ideologia de gênero*: o neototalitarismo e a morte da família. São Paulo, Katechesis, 2011.

SCHILD, Verónica. Feminismo y neoliberalismo en América Latina. *Nueva Sociedad*, n. 265, 2016, p. 32-49.

SCHREIBER, Mariana. Contra gravidez na adolescência, Damares busca inspiração nos EUA para estimular jovens a não fazer sexo. *BBC Brasil*, 6 dez. 2019. Disponível em: <https://www.bbc.com/portuguese/brasil-50682336>, acesso em: 12 jan. 2020.

SCOTT, Joan W. Gender: A Useful Category of Historical Analysis. *The American Historical Review*, v. 91, n. 5, 1986, p. 1.053-75.

SEGATO, Rita Laura. *La guerra contra las mujeres*. Madri, Traficantes de Sueños, 2016.

SGRÓ RUATA, María Candelaria; VAGGIONE, Juan Marco. El papa Francisco I y la sexualidad: políticas de dislocación. *Revista Mexicana de Ciencias Políticas y Sociales*, Cidade do México, v. 63, n. 232, 2018.

SIGILIÃO, Claudia; REZENDE, Leonice. Juiz da polêmica sobre "cura gay" já atenuou multas "exageradas" por crimes ambientais. *Agência de Notícias UniCEUB*, 21 set. 2017. Disponível em: <http://www.agenciadenoticias.uniceub.br/?p=14644>, acesso em: 12 maio 2020.

SILANO, Ana Karoline; FONSECA, Bruno. Apoiado por Damares, movimento de ex-gays disputa Conselho de Psicologia. *Pública*, 27 ago. 2019. Disponível em: <https://apublica.org/2019/08/apoiado-por-damares-movimento-de-ex-gays-disputa-conselho-de-psicologia/>, acesso em: 12 maio 2020.

SILVA, Ivan Dias. *Jerry Fawell e a maioria moral*: um estudo sobre a relação entre religião e política no espaço público americano entre 1979 e 1989. Tese de doutorado, Juiz de Fora, Universidade Federal de Juiz de Fora, 2016.

SIMONI, Matheus. Após audiência com Damares, movimento "Eu Escolhi Esperar" prepara livros didáticos para escolas. *Metro1*, 8 jan. 2020. Disponível em: <https://www.metro1.com.br/noticias/politica/85745,apos-audiencia-com-damares-movimento-eu-escolhi-esperar-prepara-livros-didaticos-para-escolas>, acesso em: 20 maio 2020.

SIQUEIRA, Thácio. Ex-feminista, Sara Winter: "Rezo o terço todos os dias, e é uma coisa que eu não abro mão". *Zenit*, 10 jun. 2016. Disponível em: <https://pt.zenit.org/articles/sara-winter-rezo-o-terco-todo-o-dia-que-e-uma-coisa-que-eu-nao-abro-mao/>, acesso em: 20 maio 2020.

SMART, Carol. *Feminism and the Power of Law*. Nova York, Routledge, 1989.

SOARES, Vera. O contraditório e ambíguo caminho para Beijing. *Estudos Feministas*, v. 3, n. 1, 1995, p. 180-90.

SOTO, Clyde; SOTO, Lilian. *Políticas antigénero en América Latina*: Paraguay – el "buen" ejemplo. Rio de Janeiro, Abia/Sexuality Policy Watch, 2020, coleção Género & Política en América Latina.

SPUTNIK NEWS. Obispo desmiente "ideología de género" en acuerdos de paz. *TeleSUR*, 17 out. 2016. Disponível em: <https://www.telesurtv.net/news/Obispo-desmiente-ideologia-de-genero-en-acuerdos-de-paz-en-Colombia-20161017-0039.html>, acesso em: 24 abr. 2020.

STAMBOLIS-RUHSTORFER, Michael; TRICOU, Josselin. Resisting Gender Theory in France. In: KUHAR, Roman; PATTERNOTE, David (orgs.). *Anti-Gender Campaigns in Europe*. Londres/Nova York, Rowman & Littlefield, 2017.

SULLIVAN, Winnifred Fallers; TAUSSIG-RUBBO, Mateo; YELLE, Robert A. Introduction. In: *After Secular Law*. Stanford, Stanford University Press, 2011.

TARDUCCI, Monica. "O senhor nos libertou": gênero, família e fundamentalismo. *Cadernos Pagu*, Campinas, n. 3, 1994, p 143-60.

TEIXEIRA, Raniery Parra. *"Ideologia de gênero"?* As reações à agenda política de igualdade de gênero no Congresso Nacional. Dissertação de mestrado, Brasília, Universidade de Brasília, 2019.

TENEMBAUM, Ernesto. Un mar infinito de pañuelos verdes. *El País Argentina*, 26 dez. 2018. Disponível em: <https://elpais.com/internacional/2018/12/26/argentina/1545862249_741308.html>, acesso em: 28 abr. 2020.

TILLY, Charles. Inequality, Democratization and De-Democratization. *Sociological Theory*, v. 21, n. 1, 2003, p. 37-43.

TODA MATÉRIA. Criacionismo. *Toda Matéria*. Disponível em: <https://www.todamateria.com.br/criacionismo/>, acesso em: 12 maio 2020.

TORIL, Moi. *What Is a Woman?* Oxford, Oxford University Press, 1999.

TORRADO, Santiago. Governo de Iván Duque desperta os temores da comunidade LGBT colombiana. *El País*, 24 jun. 2018. Disponível em: <https://brasil.elpais.com/brasil/2018/06/21/internacional/1529614052_330370.html>, acesso em: 20 maio 2020.

TRAVERSO, Enzo. *Las nuevas caras de la derecha*. Buenos Aires, Siglo Veintiuno Editores, 2018.

TRONTO, Joan C. Beyond Gender Difference to a Theory of Care. *Signs*: Journal of Women in Culture and Society, Boston, v. 12, n. 4, 1987, p. 644-63.

_____. *Caring Democracy*: Markets, Equality, and Justice. Nova York, New York University Press, 2013.

_____. There is an Alternative: *Homines Curans* and the Limits of Neoliberalism. *International Journal of Care and Caring*, v. 1, n. 1, 2017, p. 27-43.

TUFFANI, Maurício. Pró-reitores de pesquisa e pós-graduação repudiam dossiê sobre CNPq. *Direto da Ciência*, 16 nov. 2019. Disponível em: <http://www.diretodaciencia.com/2019/11/16/pro-reitores-de-pesquisa-e-pos-graduacao-repudiam-dossie-sobre-capes-e-cnpq/>, acesso em: 10 mar. 2020.

UNITED NATIONS. *Families in a Changing World*. Nova York, UN Women, 2019.

VAGGIONE, Juan Marco. Reactive Politicization and Religious Dissidence. The Political Mutations of the Religious in Social Theory and Practice. *Social Theory and Practice*, Tallahassee, v. 31, n. 2, 2005, p. 233-55.

_____. Sexual Rights and Religion: Same-Sex Marriage and Lawmakers' Catholic Identity in Argentina. *Miami Law Review*, v. 65, 2011, p. 935-54.

_____. Sexualidad, derecho y religión: entramados em tensión. In: FAÚNDES, José Manuel Morán; SÁEZ, Macarena (orgs.). *Sexo, delitos y pecados*: intersecciones entre religión, género, sexualidad y el derecho em América Latina. Washington, DC, Center for Latin American & Latino Studies – American University, 2016, p. 18-52.

_____. The Politics of Camouflage: Conscientious Objection as a Strategy of the Catholic Church. *Emisférica*, Nova York, v. 12, 2016.

_____. La Iglesia católica frente a la política sexual: la configuración de una ciudadanía religiosa. *Cadernos Pagu*, Campinas, n. 50, 2017.

_____. The Catholic Church's Legal Strategies: The Re-Naturalization of Law and the Religious Embedding of Citizenship. In: CORRÊA, Sonia (org.). *Sex Politics*: Trends & Tensions in the 21st Century. Rio de Janeiro, Abia/Sexuality Policy Watch, 2018.

VALENTE, Gianni. Família *versus* paz: o "estranho caso" do referendo na Colômbia. *Instituto Humanitas Unisinos*, 19 out. 2016. Disponível em: <http://www.ihu.unisinos.br/78-noticias/561307-familia-versus-paz-o-estranho-caso-do-referendo-na-colombia>, acesso em: 20 maio 2020.

VASALLO, Marta. Fundamentalismos religiosos *vs.* Estado laico. In: *Defensa de los derechos sexuales en contextos fundamentalistas*. Buenos Aires/Córdova, CDD/IGLHRC, 2006.

VEJA. Bogotá elege primeira prefeita mulher e LGBT. *Veja*, 28 out. 2019. Disponível em: <https://veja.abril.com.br/mundo/bogota-elege-primeira-prefeita-mulher-e-lgbt/>, acesso em: 30 out. 2019.

VIEIRA, Elaine. Entrevista com Nelson Júnior, pastor: "O jovem não perde nada sem sexo". *A Gazeta*, 19 jul. 2009. Disponível em: <http://gazetaonline.globo.com/_conteudo/2009/07/521548-entrevista+++nelson+junior+++pastor.html>, acesso em: 10 jan. 2020.

VIGOYA, Mara Viveros. The Controversy Surrounding Gender: A Central Question of (Sexual) Politics in Colombia. *Sexuality Policy Watch*, 9 dez. 2016. Disponível em: <https://sxpolitics.org/the-controversy-surrounding-gender-nodal-question-of-sexual-politics-in-colombia/16218>, acesso em: 20 maio 2020.

_____; RODRÍGUEZ RONDÓN, Manuel Alejandro. Dossier hacer y deshacer la ideología de género. *Sexualidad, Salud y Sociedad*, Rio de Janeiro, n. 27, 2017, p. 118-241.

VILLAZON, Júlio Córdova. Velhas e novas direitas religiosas na América Latina. In: VELASCO E CRUZ, Sebastião; KAYSEL, André; CODAS, Gustavo. *Direita, volver!* O retorno da direita e o ciclo político brasileiro. São Paulo, Fundação Perseu Abramo, 2015, p. 163-75.

VITAL, Christina; LOPES, Paulo Victor Leite. *Religião e política*: uma análise da atuação de parlamentares evangélicos sobre direitos das mulheres e dos LGBTs no Brasil. Rio de Janeiro, Fundação Heinrich Böll/Iser, 2013.

_____. *Religião e política*: medos sociais, extremismo religioso e as eleições 2014. Rio de Janeiro, Fundação Heinrich Böll, 2017.

VITERI, Maria Amélia. *Políticas antigénero en América Latina*: Ecuador – La instrumentalización de la ideología de género. Rio de Janeiro, Abia/Sexuality Policy Watch, 2020, coleção Género & Política en América Latina.

WILKINSON, Annie. *Securing the Family*: Transnational Pro-Family Activism in Mexico. *Paper* apresentado na Conferencia Polcéntrica IFJP-Flacso México "Feminismos y Conservadurismos", Cidade do México, 2019.

WILLIAMS, Joan C. *Reshaping the Work-Family Debate*: Why Man and Class Matter. Cambridge, Harvard University Press, 2010.

YOUNG, Iris Marion. *Justice and the Politics of Difference*. Princeton, Princeton University Press, 1990.

ZABALA, Alfredo Serrano. El fenómeno cristiano detrás del no. *El Espectador*, 22 out. 2016. Disponível em: <https://www.elespectador.com/noticias/politica/el-fenomeno-cristiano-detras-del-no-articulo-661678>, acesso em: 10 dez. 2019.

ZAKARIA, Fareed. The Rise of Illiberal Democracy. *Foreign Affairs*, Nova York, v. 76, n. 6, 1997, p. 22-43.

SOBRE AS AUTORAS E O AUTOR

Flávia Biroli é doutora em história pela Universidade Estadual de Campinas (Unicamp). É professora associada do Instituto de Ciência Política da Universidade de Brasília, do qual foi vice-diretora entre 2011 e 2015, e pesquisadora do CNPq. Foi presidenta da Associação Brasileira de Ciência Política (ABCP, 2018-2020) e fez parte do Grupo de Assessoras da Sociedade Civil da ONU Mulheres (2016-2017), com a qual mantém parcerias desde então. Foi editora da *Revista Brasileira de Ciência Política* (2009-2017) e editora-associada da revista *Politics & Gender* (2018-2019). É autora, entre outros, de *Autonomia e desigualdades de gênero: contribuições do feminismo para a crítica democrática* (Eduff/Horizonte, 2013), *Feminismo e democracia* (com Luis Felipe Miguel, Boitempo, 2014), *Família: novos conceitos* (Perseu Abramo, 2014) e *Gênero e desigualdades: limites da democracia no Brasil* (Boitempo, 2018).

Maria das Dores Campos Machado é doutora em sociologia pela Sociedade Brasileira de Instrução do Instituto Universitário de Pesquisas do Rio de Janeiro (SBI/Iuperj). Realizou pós-doutorado na Pontifícia Universidade Católica de São Paulo (PUC/SP), bem como no Instituto de Desarrollo Económico y Social de Buenos Aires. Tornou-se professora titular da Universidade Federal do Rio de Janeiro (UFRJ) em 2017 e atualmente é professora voluntária do Programa de Pós-Graduação em Serviço Social da mesma universidade. É autora, entre outros, de *Carismáticos e pentecostais: adesão religiosa e seus efeitos na esfera familiar* (Editores Autores Associados/Anpocs, 1996); *Política e religião* (Fundação Getulio Vargas, 2006); *Os votos de Deus* (com Joanildo Burity, Massangana, 2006) e *Religiões e homossexualidades* (com Fernanda Delvalas Piccolo, Fundação Getulio Vargas, 2011).

Juan Marco Vaggione é doutor em direito pela Universidade Nacional de Córdoba (UNC), na Argentina, e em sociologia pela New School for Social Research, nos Estados Unidos. É professor titular de sociologia da Faculdade de Direito da UNC e pesquisador do Consejo Nacional de Investigaciones Científicas y Técnicas (Conicet). Atualmente, dirige o Programa de Direitos Sexuais e Reprodutivos da Faculdade de Direito da UNC. Entre suas publicações mais recentes, estão: *Laicidad and Religious Diversity in Latin America* (com José Manuel Morán Faúndes, Springer, 2017) e *El aborto en América Latina: estrategias jurídicas para luchar por su legalización y enfrentar las resistencias conservadoras* (com Paola Bergallo e Isabel Jaramillo, Siglo Veintiuno Editores, 2018).

Cartaz da IV Conferência Mundial sobre as Mulheres, com o tema "Ação para a igualdade, o desenvolvimento e a paz", realizada de 4 a 15 de setembro de 1995 em Pequim, na China.

Publicado em setembro de 2020, nos 25 anos da IV Conferência Mundial sobre as Mulheres (Conferência de Pequim) e da Declaração de Pequim, este livro foi composto em Adobe Garamond Pro, corpo 11,5/15,5, e reimpresso em papel Avena 80 g/m² pela gráfica Forma Certa, para a Boitempo, em abril de 2025, com tiragem de 500 exemplares.